D1754988

STARK

WIRTSCHAFTSSCHULE
Abschluss-Prüfungsaufgaben mit Lösungen
2015

Rechnungswesen
Bayern
2009–2014

STARK

ISBN 978-3-8490-1214-4

© 2014 by Stark Verlagsgesellschaft mbH & Co. KG
32. ergänzte Auflage
www.stark-verlag.de

Das Werk und alle seine Bestandteile sind urheberrechtlich geschützt. Jede vollständige oder teilweise Vervielfältigung, Verbreitung und Veröffentlichung bedarf der ausdrücklichen Genehmigung des Verlages.

Inhalt

Hinweise

Zusatzaufgaben
Zusatzaufgabe I 1
Zusatzaufgabe II 17
Zusatzaufgabe III 33

Abschlussprüfungsaufgaben 2009
Unternehmensbeschreibung 2009-1
Modul 1 2009-2
Modul 2 2009-4
Modul 3 2009-6
Modul 4 2009-8
Modul 5 2009-10
Modul 6 2009-12

Abschlussprüfungsaufgaben 2010
Unternehmensbeschreibung 2010-1
Modul 1 2010-2
Modul 2 2010-4
Modul 3 2010-6
Modul 4 2010-9
Modul 5 2010-12
Modul 6 2010-15

Abschlussprüfungsaufgaben 2011
Unternehmensbeschreibung 2011-1
Modul 1 2011-2
Modul 2 2011-5
Modul 3 2011-9
Modul 4 2011-12
Modul 5 2011-14
Modul 6 2011-18

Abschlussprüfungsaufgaben 2012
Unternehmensbeschreibung 2012-1
Modul 1 2012-2
Modul 2 2012-6
Modul 3 2012-8
Modul 4 2012-12
Modul 5 2012-15
Modul 6 2012-17

Abschlussprüfungsaufgaben 2013

Unternehmensbeschreibung 2013-1
Modul 1 2013-2
Modul 2 2013-5
Modul 3 2013-8
Modul 4 2013-12
Modul 5 2013-14
Modul 6 2013-17

Abschlussprüfungsaufgaben 2014

Unternehmensbeschreibung 2014-1
Modul 1 2014-3
Modul 2 2014-7
Modul 3 2014-9
Modul 4 2014-12
Modul 5 2014-15
Modul 6 2014-18

Schulkontenrahmen

Jeweils im Herbst erscheinen die neuen Ausgaben
der Abschlussprüfungsaufgaben mit Lösungen.

Lösungen:
Dipl.-Kfm. Claus Kolb

Hinweise

Liebe Schülerinnen, liebe Schüler,

dieses Buch unterstützt Sie bei der Vorbereitung auf die Abschlussprüfung im Fach Rechnungswesen. Es enthält sämtliche Prüfungsaufgaben der Jahrgänge 2009–2014 und deren Lösungen sowie drei Zusatzaufgaben, die Ihnen weitere Übungsmöglichkeiten bieten.

In der Abschlussprüfung werden Ihnen **sechs Module** vorgelegt, von denen Sie **vier** bearbeiten müssen. In den einzelnen Modulen sind die Buchhaltung und die Kosten- und Leistungsrechnung miteinander kombiniert.

Alle Aufgaben und Lösungen entsprechen den aktuell geltenden Regelungen.

Ab dem Prüfungsjahrgang 2010 finden Sie bei den Lösungen vieler Aufgaben zusätzliche Erläuterungen – gekennzeichnet durch das ✐-Symbol am linken Textrand –, die Ihnen die Lösungswege noch genauer erklären.

Es empfiehlt sich, die Aufgaben zunächst einmal selbstständig zu lösen, um sich ein Bild über den eigenen Wissensstand machen zu können. Erst dann sollten Sie die Musterlösungen heranziehen und die eigenen Antworten auf ihre Richtigkeit hin überprüfen. Auf diese Weise lassen sich eventuell noch vorhandene Wissenslücken sehr schnell schließen.

Die bei den einzelnen Aufgaben maximal erreichbaren **Bewertungseinheiten** finden Sie bei den entsprechenden Aufgaben.

Die Prüfung dauert 120 Minuten, als Hilfsmittel sind zugelassen:
– ein nicht programmierbarer Taschenrechner,
– der Schulkontenrahmen IKR.

Sollten nach Erscheinen dieses Bandes noch wichtige Änderungen für die Prüfung 2015 vom bayerischen Kultusministerium bekannt gegeben werden, finden Sie aktuelle Informationen dazu im Internet unter:
www.stark-verlag.de/pruefung-aktuell

Mit den besten Wünschen für die Prüfung!

Claus Kolb

Abschlussprüfung an Wirtschaftsschulen
Rechnungswesen – Zusatzaufgabe I

Die XB Bräu KG:

Die XB Bräu KG wurde 2004 von Xaver Balz und Herbert Wurzer als kleine Hausbrauerei gegründet. Diplom-Braumeister Balz entwickelte im Rahmen seiner Tätigkeit als Braumeister bei der Paulaner-Bräu München die Idee, sich mit einer kleinen Brauerei mit eigenem Brauereiausschank (= Gaststätte) selbstständig zu machen. Mit Herbert Wurzer fand er einen Kapitalgeber, der sich mit einer Kommanditeinlage beteiligte.

Produktinformation:

Die XB Bräu KG stellt am Ende des Geschäftsjahres 2009 drei Biere her:
- XB HELL   ein Exportbier
- XB HEFE   ein dunkles Hefeweizen
- XB ALKFREE   ein alkoholfreies Hefeweizen.

- Als Handelswaren vertreibt die XB Bräu KG noch Limonaden und andere Softdrinks der SODI GmbH, sowie Pils, Märzen und Starkbier der RHÖN-BRÄU OHG. Außerdem kann bei Bedarf helles Hefeweizen von dieser Brauerei bezogen werden.

Übersicht: Stoffe, Waren und eigene Erzeugnisse

Rohstoffe	Wasser, Hefe, Malze, Hopfen
Hilfsstoffe	Kleber, Etiketten, Kronkorken
Betriebsstoffe	Öle, Fette
Vorprodukte	Flaschen 0,5 l, Bügelflaschen 0,33 l, Fässer 15 l und 30 l
Eigene Erzeugnisse und Waren	siehe Produktinformation

Auszug aus den Personenkonten

Kreditoren	Konto-Nummer
Krones Maschinenbau AG, Steinweg 65, 90471 Nürnberg	44014
SODI GmbH, Aubachstraße 11, 97833 Habichtsthal	44088
Rhön-Bräu AG, Rotäckerstraße 85-90, 97688 Bad Kissingen	44089
Gemüsemarkt Obleidiger, Trasse 5, 97070 Würzburg	44090

Debitoren	Konto-Nummer
Getränke Röster, Dieselstraße 1, 63741 Aschaffenburg	24300
Zur GOLDENEN GANS, Rennweg 45, 63776 Mömbris-Königshofen	24210

Auszug aus der vorläufigen Saldenliste 2009

Konto	Kontenbezeichnung	
0510	Bebaute Grundstücke	120.000,00 €
0530	Betriebsgebäude	340.000,00 €
0720	Technische Anlagen und Maschinen	380.000,00 €
0850–0870	Betriebs- und Geschäftsausstattung	165.000,00 €
2400	Forderungen aus Lieferung und Leistung	147.798,00 €
2470	Zweifelhafte Forderungen	–
3000	Eigenkapital Balz	250.000,00 €
3001	Privateinlage Balz	20.000,00 €
3010	Eigenkapital Wurzer	1.000.000,00 €
3670	EWB	3.000,00 €
3680	PWB	1.200,00 €

Vorratsbestände lt. Inventur

	Bestand am 01.01.2009	Bestand am 31.12.2009
2000 Rohstoffe	37.900,00 €	26.400,00 €
2200 Fertige Biere	24.090,00 €	30.490,00 €

Informationen aus der Kostenrechnung

Gemeinkostenstelle	Zuschlagssatz
Material	10 %
Fertigung	50 %
Verwaltung	8 %
Vertrieb	12 %

Modul 1

Zum Jahresabschluss 31. 12. 2009 der XB Bräu KG sind noch einige vorbereitende Arbeiten zu erledigen.

1.1 Buchen Sie den vorliegenden Eigen-**Beleg 1/1**, den Herr Balz Ihnen auf den Schreibtisch gelegt hat.

1.2 Schließen Sie die Privat-Unterkonten von Herrn Balz unter Beachtung der vorläufigen Saldenbilanz (siehe Unternehmensbeschreibung) und von Aufgabe 1.1 ab.

1.3 Im Bereich der Vorratskonten wurden bei der Inventur Bestandsveränderungen zum Jahresabschluss ermittelt (siehe Unternehmensbeschreibung).

1.3.1 Nehmen Sie die notwendige Ausgleichsbuchung auf dem Rohstoffkonto vor.

1.3.2 Buchen Sie den notwendigen Ausgleich auf dem Konto „Fertige Biere".

1.4 Auf den Bestand an einwandfreien Forderungen ist eine Pauschalwertberichtigung von 1 % durchzuführen. Berechnen Sie die notwendigen Beträge in einem übersichtlichen Schema und buchen Sie den Vorgang unter Beachtung vorhandener Zahlen.

1.5 Die vorliegende Honorarrechnung unseres Rechtsanwalts **Beleg 1/2** war bereits Anfang Dezember fällig. Leider ist die Bezahlung übersehen worden und kann erst im neuen Jahr vorgenommen werden. Die Rechnung wurde buchhalterisch bislang nicht erfasst.

1.6 Die notwendigen Reparaturen an einem Kessel konnten trotz Auftragserteilung aufgrund der angespannten Auftragslage im letzten Quartal des alten Jahres nicht vorgenommen werden. Der Kostenvoranschlag beläuft sich auf 4.141,20 € brutto. Nehmen Sie eine entsprechende Rückstellung vor.

1.7 Unter kostenrechnerischen Gesichtspunkten interessiert Herrn Balz nach Abschluss des Geschäftsjahres insbesondere ein Vergleich der Normal- und Istkosten.
Berechnen Sie anhand der nachfolgenden Daten die Über- bzw. Unterdeckung der Gemeinkosten im Bereich des Weizenbiers XB ALKFREE sowie das Umsatz- und das Betriebsergebnis im Geschäftsjahr 2009.

- HKE_{Normal} 479.000,00 €
- HKE_{Ist} 485.300,00 €
- $BV_{\text{„Fertige Biere"}}$ (Normal = Ist) siehe Unternehmensbeschreibung
- Vw- und Vt-Zuschlagssätze siehe Unternehmensbeschreibung
- Ist-Verwaltungsgemeinkosten 38.812,00 €
- Ist-Vertriebsgemeinkosten 57.468,00 €
- Umsatzerlöse 623.200,00 €

Verteilung der Bewertungseinheiten

Frage	1.1	1.2	1.3.1	1.3.2	1.4	1.5	1.6	1.7	gesamt
Punkte	2,5	2	1,5	1,5	4	2,5	1,5	4,5	20

Modul 1 – Belege

Beleg 1/1

Habe für meine private Sylvesterfeier ein 30 l-Faß XB Hell im Wert von 32,00 € netto entnommen. Bitte buchen!

X. Balz

Aschaffenburg, 30. 12. 09

Beleg 1/2

Rechtsanwälte Krug & Partner

Rechtsanwaltskanzlei Krug, Am Gericht 1, 63741 Aschaffenburg

XB Bräu KG
z. H. Herrn Xaver Balz
Schweinheimer Str. 659
63743 Aschaffenburg

Tel. 06021 388-0 FAX 06021 388-88
email info@RAW Krug_Co.de

KOSTENRECHNUNG 2766
vom 04. 11. 2009

Sehr geehrter Herr Balz, sehr geehrter Herr Wurzer,

für unsere Bemühungen in der Zeit von 12. 10. 09 bis 02. 11. 09 bezüglich der Patentrechte an XB-Rezepturen erlauben wir uns

2.201,50 €

inclusive 19 % MWSt zu berechnen.

Bitte begleichen Sie den offen stehenden Betrag bis spätestens 04. 12. 2009.

Modul 2

Wir haben am 10. Januar 2010 verschiedene Getränkekästen an den Getränkehändler „Getränke Röster" geliefert.

2.1 Ergänzen Sie den vorliegenden **Beleg 2/1**, indem Sie die grau unterlegten Felder ausfüllen.

2.2 Buchen Sie **Beleg 2/1**.

Getränke Röster hat trotz wiederholter Mahnung am 26.03.10 noch nicht bezahlt. Unter der bekannten Telefonnummer erfahren wir durch eine Bandansage lediglich, dass der gewünschte Gesprächspartner vorübergehend nicht zu erreichen ist. Ein Mitarbeiter erwähnt beim Mittagessen in der Kantine, dass Getränke Röster seit Anfang März nicht mehr geöffnet hat. Ein Zettel mit der Aufschrift „Bis auf Weiteres geschlossen!" hänge an der Eingangstüre. Unter der Kundschaft kursieren die wildesten Gerüchte.

2.3 Buchen Sie den Vorgang unter Maßgabe buchhalterischer Vorsicht.

2.4 Am 15. April meldet sich der Rechtsanwalt Ingo Muschter, der sich als Insolvenzverwalter im Fall der Firma Getränke Röster vorstellt. Röster habe bereits im März Insolvenz beantragt. Leider müsse er mitteilen, dass die Insolvenzquote nur 12 % betragen werde. Eine entsprechende Zahlung werde er in den nächsten Tagen veranlassen. Der Rest der Forderung dürfe als verloren gelten. Buchen Sie den Forderungsausfall zum 15. April.

2.5 Erläutern Sie, warum bei diesem Vorgang (Aufgabe 2.4) eine Umsatzsteuerkorrektur vorgenommen werden darf.

2.6 Wie werden derartige Forderungsausfälle bei der Kalkulation der Verkaufspreise in der Kostenrechnung berücksichtigt?

2.7 Am 21.04. liegt Ihnen der **Beleg 2/2** zur Buchung vor.

2.8 Später finden Sie **Beleg 2/3** in Ihren zu verbuchenden Belegen.

2.9 Welche Auswirkung hat der überraschende Eingang einer abgeschriebenen Forderung auf die USt-Zahllast? Begründen Sie Ihre Antwort!

Verteilung der Bewertungseinheiten

Frage	2.1	2.2	2.3	2.4	2.5	2.6	2.7	2.8	2.9	gesamt
Punkte	5,5	3	1	3	1	1	1	2,5	2	20

Modul 2 – Belege

Beleg 2/1

XB BRÄU

XB Bräu KG, Schweinheimer Str. 659, 63743 Aschaffenburg

Getränke Röster
Dieselstraße 1
63741 Aschaffenburg

Rechnungsdatum	10. 01. 2010
Rechnungsnummer	AR119
Kundennummer	1208
Bitte bei Zahlung stets angeben	

Pos.	Artikel	Menge	Einzelpreis pro Kasten	Rabatt- satz	Rabatt	Gesamtpreis
1	XB Hell, Export	25 Kästen	16,56 €			
2	XB Hefe	70 Kästen	19,68 €			
3	Sodi Pfirsich-Lemon	10 Kästen	12,96 €			

	Netto	USt. 19 %	Brutto

Beachten Sie bitte unsere neue Rabattstaffel!
Es gelten folgende Rabattsätze je Artikel:

bis 20 Kästen	0 %
21 bis 50 Kästen	5 %
ab 51 Kästen	8 %

Bei Zahlung bis 24. 01. 2010 2 % Skontoabzug, entspricht

Zahlung bis 17. 02. 2010 ohne Abzug rein netto Kasse

Sitz der Gesellschaft: Aschaffenburg   USt-ID Nr. DE 82267153   Telefon: 06021 449-0   Bankverbindung:
Amtsgericht: Aschaffenburg HRA 139   Steuer-Nr. 255/269/53219   Telefax: 06021 449-99   Raiffeisenbank Aschaffenburg
Geschäftsführer: E-Mail: info@XB.de   BLZ 795 625 14
Xaver Balz   Kto.-Nr. 303 90833

Beleg 2/2

Raiffeisenbank Aschaffenburg		Kontonummer	Auszug/Jahr	Blatt-Nr.
		303 90833	21/2010	1
BU-TAG Vorgang		**WERT**	**UMSATZ EUR** *	
20.04.	RAE MUSCHTER & KOLLEGEN, INSOLVENZ RÖSTER, QUOTENZAHLUNG XB BRÄU KG	20.04.		255,65 H

Kontoauszug

Herrn/Frau/Fräulein/Firma

XB Bräu KG	LETZTE ERSTELLUNG	ALTER KONTOSTAND EUR
Schweinheimer Straße 659	18.04.2010	7.257,44 H
63743 Aschaffenburg	ERSTELLUNGSTAG	NEUER KONTOSTAND EUR
	20.04.2010	7.513,09 H

* S = BELASTUNG / H = GUTSCHRIFT

Beleg 2/3

Raiffeisenbank Aschaffenburg		Kontonummer	Auszug/Jahr	Blatt-Nr.
		303 90833	27/2010	1
BU-TAG Vorgang		**WERT**	**UMSATZ EUR** *	
03.05.	RAE MUSCHTER & KOLLEGEN, INSOLVENZ RÖSTER, NACHTRAG AUS INSOLVENZMASSE	03.05.		321,00 H

Kontoauszug

Herrn/Frau/Fräulein/Firma

XB Bräu KG	LETZTE ERSTELLUNG	ALTER KONTOSTAND EUR
Schweinheimer Straße 659	02.05.2010	5.453,84 H
63743 Aschaffenburg	ERSTELLUNGSTAG	NEUER KONTOSTAND EUR
	04.05.2010	5.774,84 H

* S = BELASTUNG / H = GUTSCHRIFT

Modul 3

Immer wieder wird bei der XB Bräu KG nachgefragt, ob sie nicht vielleicht auch einmal ein „junges" Bier anbieten möchte. Endlich steht die Rezeptur für ein Biermischgetränk, das ANABANANI, ein helles Hefeweizen mit Ananas-Bananengeschmack.

Da Xaver Balz großen Wert auf Qualität und Naturprodukte legt, will er die Früchte selbst verarbeiten und das Fruchtextrakt selbst gewinnen. Hierfür wäre eine maschinelle Fruchtpresse zu beschaffen. Alle anderen Fertigungsschritte könnten auf bestehenden Anlagen gefertigt werden. Für den ersten Testlauf mietet sich die XB Bräu KG eine entsprechende Fruchtpresse.

3.1 Buchen Sie den Einkauf der Früchte für den ersten Testlauf laut **Beleg 3/1**.

3.2 Dem anliefernden Frachtführer zahlt die XB Bräu KG 59,50 € einschließlich 19 % USt in bar. Buchen Sie diesen Vorgang.

3.3 Buchen Sie auch den **Beleg 3/2**, der sich auf die Zahlung der Rechnung aus Aufgabe 3.1 bezieht, sowie auf die Anmietung der Fruchtpresse für den Testlauf. Zwei Buchungen!

Für den ersten Testlauf werden 30 hl des Biermischgetränks hergestellt. Hierzu werden die Früchte, die von der Firma Obleidiger bezogen wurden, komplett verarbeitet. (Beachten Sie die erfolgten Buchungen bei den Aufgaben 3.1 bis 3.3.)

Außerdem werden 2.880 l unfiltriertes Hefeweizen von der Rhön-Bräu AG verarbeitet, die für 0,60 € netto je Liter bezogen wurden.

Die Arbeitszeit im Fertigungsbereich liegt bei 4,5 Stunden. Die Arbeitsstunde wird mit 30,00 € inklusive Sozialabgaben verrechnet.

3.4 Ermitteln Sie die direkt zurechenbaren Materialeinzelkosten (Hefeweizen und Früchte) für diesen Sud von 30 hl.

3.5 Berechnen Sie die Selbstkosten für diesen ersten Testlauf von 30 hl unter Berücksichtigung der in der Unternehmensbeschreibung vorgegebenen Gemeinkostenzuschlagssätze und der Miete für die Fruchtpresse laut **Beleg 3/2**. Gehen Sie hierbei davon aus, dass die Ermittlung der Materialeinzelkosten (Aufgabe 3.4) 2.804,00 € ergeben habe.

3.6 Berechnen Sie ausgehend von Aufgabe 3.5 die Selbstkosten für eine Kiste (20 Flaschen zu 0,5 Liter) des neuen Biermischgetränks ANABANANI.

3.7 Berechnen Sie den Gewinn oder Verlust in Euro, wenn die Kiste ANABANANI ausgewählten Fachmärkten für 15,50 € bei 5 % Rückvergütung (= Bonus) netto angeboten wird. Gehen Sie davon aus, dass die Selbstkosten je Kiste ANABANANI 14,35 € betragen.

Verteilung der Bewertungseinheiten

Frage	3.1	3.2	3.3	3.4	3.5	3.6	3.7	gesamt
Punkte	1,5	2,5	6	2	4,5	2	1,5	20

Modul 3 – Belege

Beleg 3/1

Gemüsemarkt Obleidiger

Gemüsemarkt Obleidiger, Trasse 5, 97070 Würzburg

XB Bräu KG
Xaver Balz
Schweinheimer Straße 659
63743 Aschaffenburg

USt-ID Nr. DE 811297345	
Steuer-Nr. 255/271/24689	

Rechnungsdatum	12. 02. 2010
Rechnungsnummer	A-33671
Lieferdatum	12. 02. 2010
Bitte bei Zahlung angeben	

Pos.	Artikel	Menge	Rabatt	Einzelpreis	Gesamtpreis
1	Bananen Handelsklasse II	600 kg		0,90 € /kg	540,00 €
2	Ananas Handelsklasse I	450 kg		1,20 € /kg	540,00 €
		Netto		**USt. 7 %**	**Endbetrag**
		1.080,00 €		75,60 €	1.155,60 €

Zahlung bis 27. 02. 2010
Bei Zahlung bis 19. 02. 2010 erhalten Sie 5 % Skonto.

Sitz der Gesellschaft: Würzburg
Amtsgericht: Würzburg HRA 277
Geschäftsführer: Karl Kraus

Telefon: 0931 32617
Telefax: 0931 32289
E-Mail: info@obleidiger.de

Beleg 3/2

Raiffeisenbank Aschaffenburg		Kontonummer	Auszug/Jahr	Blatt-Nr.
		303 90833	12/2010	1
BU-TAG	**Vorgang**	**WERT**	**UMSATZ EUR** *	
18.02.	RG-AUSGLEICH OBLEIDIGER; RG. A_33671 ABZGL. 5 % SKONTO	18.02.	1.097,82 S	
19.02.	MASCHINENVERLEIH EBERT FRUCHT-PRESSE FÜR TESTLAUF INKL. 19 % USt	19.02.	357,00 S	

Herrn/Frau/Fräulein/Firma

Kontoauszug

XB Bräu KG
Schweinheimer Straße 659
63743 Aschaffenburg

LETZTE ERSTELLUNG	ALTER KONTOSTAND EUR
17.02.2010	8.257,76 H
ERSTELLUNGSTAG	NEUER KONTOSTAND EUR
19.02.2010	6.802,94 H

* S = BELASTUNG / H = GUTSCHRIFT

Modul 4

Der Testlauf mit dem Biermischgetränk ANABANANI war ein voller Erfolg. Die XB Bräu KG entschließt sich das neue Getränk dauerhaft einzuführen, zumal einzig die Kosten der anzuschaffenden Fruchtpresse als fixe Kosten ins Gewicht fallen werden.

4.1 Buchen Sie den Kauf der Maschine laut **Beleg 4/1**.

4.2 Mit welchem Fachbegriff bezeichnet man die Position 2 auf dem Beleg 4/1?

4.3 Berechnen Sie den Abschreibungsbetrag für diese Maschine für das erste Jahre, wenn laut AfA-Tabelle eine Nutzungsdauer von 8 Jahren anzusetzen ist. Beachten Sie auch das Rechnungsdatum!

4.4 Berechnen Sie die Maschinenkosten im Jahr für diese Fruchtpresse, wenn neben den **technischen Daten aus Beleg 4/1** noch folgende Informationen vorliegen:
- Strompreis 0,20 €/kWh, zuzüglich 5,00 € Grundgebühr monatlich
- Raumkosten: 8,00 €/m² im Monat
- Laufzeit: 4 Stunden je Sud (= Brauvorgang); zwei Sude je Monat
- Betriebliche Nutzungsdauer: 5 Jahre
- Kalkulatorischer Zinssatz: 8 % p. a.
- Der Wiederbeschaffungswert in fünf Jahren dürfte 20 % über den aktuellen Anschaffungskosten liegen.

Kommanditist Herbert Wurzer möchte wissen, ab welcher Menge sich die Herstellung des ANABANANI für die XB Bräu KG rechnet. Nach der neuen Rezeptur liegen folgende Informationen vor:

Der Fruchtgehalt je hl ANABANANI beträgt 20 kg Bananen sowie 25 kg Ananas und 95 Liter helles Hefe-Weizen. Das helle Hefe-Weizen kauft die XB Bräu KG für 0,60 € je Liter ein. Bananen und Ananas werden von der Firma Obleidiger bezogen, die folgende Preise garantiert: Bananen zu 0,90 €/kg und Ananas zu 1,20 €/kg netto.

4.5 Berechnen Sie die variablen Kosten für einen Sud von 30 hl.

4.6 Berechnen Sie den Deckungsbeitrag für eine Flasche ANABANANI (= 0,5 l), wenn diese für 0,75 € netto verkauft werden kann. Gehen Sie dabei davon aus, dass die variablen Kosten je Sud (Aufgabe 4.5) 3.150,00 € ergeben haben.

4.7 Bei welcher Absatzmenge in Flaschen und Kisten zu je 20 0,5 l-Flaschen erreicht die XB Bräu KG bei ANABANANI den Break-Even-Point? Gehen Sie davon aus, dass die einzig anfallenden Fixkosten (= Maschinenkosten) 8.670,00 € im Jahr betragen.

4.8 Erläutern Sie ohne Rechnung, wie sich der Break-Even-Point verändern würde, wenn die XB Bräu KG bei der Firma Obleidiger eine Jahresrückvergütung von 10 % auf den Bezug der Früchte aushandeln könnte.

Verteilung der Bewertungseinheiten

Frage	4.1	4.2	4.3	4.4	4.5	4.6	4.7	4.8	gesamt
Punkte	1,5	1	2	6,5	3	2	2	2	20

Modul 4 – Belege

Beleg 4/1

Krones Maschinenbau AG

Krones AG, Steinweg 65, 97070 Würzburg

XB Bräu KG
Xaver Balz
Schweinheimer Straße 659
63741 Aschaffenburg

USt-ID Nr.	DE 812355210
Steuer-Nr.	204/270/24770

Rechnungsdatum	02.05.2010
Rechnungsnummer	A-456
Lieferdatum	02.05.2010

Bitte bei Zahlung angeben

Pos.	Artikel	Menge	Rabatt	Listenpreis	Gesamtpreis
1	Fruchtpresse PX II	1	5	24.000,00 €	22.800,00 €
2	Montage, Inbetriebnahme	1		1.200,00 €	1.200,00 €
			Netto	**USt. 19 %**	**Endbetrag**
			24.000,00 €	4.560,00 €	28.560,00 €

Technische Daten:

Stromverbrauch:	30 kWh	
Werkzeugkosten geschätzt:	250,00 €/Quartal	*Wichtige Infos!*
Instandhaltung/Wartung:	50,00 €/Jahr	
Platzbedarf:	9 qm	

Zahlung bis 27.06.2010 netto Kasse.

Sitz der Gesellschaft: Würzburg
Amtsgericht: Würzburg HRA 477
Geschäftsführer: Peter Terson-Kollmann

Telefon: 0931 678525
Telefax: 0931 678529
E-Mail: info@krones.de

Modul 1 – Lösungen

1.1	3005	PrivEntnahme	38,08 €	
	an	5420 Gegenstandsent.		32,00 €
		4800 Umsatzsteuer		6,08 €
1.2	3001	Priv.-Einlage	20.000,00 €	
	an	3000 Eigenkapital Balz		20.000,00 €
1.3	3000	Eigenkapital Balz	38,08 €	
	an	3005 Priv.-Entnahme		38,08 €
1.3.1	6000	AfR	11.500,00 €	
	an	2000 Rohst.		11.500,00 €
1.3.2	2200	Eigene Biere	6.400,00 €	
	an	5202 /5200 BV		6.400,00 €

1.4		Forderung brutto	147.798,00 €	
		– 19 % Umsatzsteuer	23.598,00 €	
		= Forderung netto	124.200,00 €	
		→ notwendige PWB (1 %)	1.242,00 €	
		→ vorhandene PWB	1.200,00 €	
		→ Heraufsetzung	42,00 €	
	6953	Einst. PWB	42,00 €	
	an	3680 PWB		42,00 €
1.5	6770	RBK	1.850,00 €	
	2600	Vorsteuer	351,50 €	
	an	4890 sonst. Verb.		2.201,50 €
1.6'	6160	Fremdinst.	3.480,00 €	
	an	3900 Rückst.		3.480,00 €

1.7

	Normalkosten	Istkosten	Über-/Unterdeckung
HKE	479.000,00 €	485.300,00 €	–6.300,00 €
+/– BV	–6.400,00 €	–6.400,00 €	
= HKU	472.600,00 €	478.900,00 €	
+ VwGK (8 %)	37.808,00 €	38.812,00 €	–1.004,00 €
+ VtGK (12 %)	56.712,00 €	57.468,00 €	–756,00 €
= SK	567.120,00 €	575.180,00 €	–8.060,00 €
→ Umsatzerlöse	623.200,00 €	623.200,00 €	
→ Umsatzergebnis	56.080,00 €		
– Unterdeckung	–8.060,00 €		
= Betriebsergebnis		48.020,00 €	

Berechnung auch weniger ausführlich möglich, soweit Rechenvorgänge ersichtlich!

Modul 2 – Lösungen

2.1

Pos.	Artikel	Menge	Einzelpreis pro Kasten	Rabatt-Satz	Rabatt	Gesamtpreis
1	XB Hell, Export	25 Kästen	16,56 €	5 %	20,70 €	393,30 €
2	XB Hefe	70 Kästen	19,68 €	8 %	110,21 €	1.267,39 €
3	Sodi Pfirsich-Lemon	10 Kästen	12,96 €	0 %	0,00 €	129,60 €

	Netto	USt. 19 %	Brutto
	1.790,29 €	340,16 €	2.130,45 €
Möglicher Skontoabzug			42,61 €

2.2   24300   Debitor Röster   2.130,45 €
     an   5000   UfE   1.660,69 €
              5100   UfW   129,60 €
              4800   Umsatzsteuer   340,16 €

2.3   2470   Zweifelhafte Ford.   2.130,45 €
     an   24300 Debitor Röster   2.130,45 €

2.4   6951   Abschr. Ford. wg. Uneinbringlichk.   1.575,46 €
             4800   Umsatzsteuer   299,34 €
     an   2470 Zweifelhafte Ford.   1.874,80 €

2.5   weil der Ausfall der Forderung sicher ist (direkte Abschreibung)

2.6   durch das Einbeziehen von so genannten kalkulatorischen Wagnissen in die Kalkulation

2.7   2800   Bank   255,65 €
     an   2470 Zweifelhafte Ford.   255,65 €

2.8   2800   Bank   321,00 €
     an   5495 Zahlungseingang abgeschr. Ford.   269,75 €
             4800 Umsatzsteuer   51,25 €

2.9   Die Umsatzsteuerzahllast steigt, da die korrigierte Umsatzsteuer wieder auflebt.

Modul 3 – Lösungen

3.1   6000   AfR   1.080,00 €
             2600   Vorsteuer   75,60 €
     an   44090 Kreditor Obleidiger   1.155,60 €

3.2   6001   Bezugskosten Rohst.   50,00 €
             2600   Vorsteuer   9,50 €
     an   2880 Kasse   59,50 €

3.3 1. Buchung:

44090	Kreditor Obleidiger	1.155,60 €	
an	2800 Bank		1.097,82 €
	6002 Nachlässe für Rohstoffe		54,00 €
	2600 Vorsteuer		3,78 €

2. Buchung:

6700	Mietaufwand	300,00 €	
2600	Vorsteuer	57,00 €	
an	2800 Bank		357,00 €

3.4 Materialeinzelkosten:

Hefeweizen hell:	2.880 l · 0,60 € =	1.728,00 €
Früchte:	1.080,00 € + 50,00 € − 54,00 € =	1.076,00 €
= Gesamte Materialeinzelkosten:		2.804,00 €

3.5

Materialeinzelkosten	2.804,00 €
+ Materialgemeinkosten	280,40 €
= Materialkosten	3.084,40 €
+ Fertigungslöhne	135,00 €
+ Fertigungsgemeinkosten	67,50 €
+ Sondereinzelkosten Fertigung	300,00 €
= Herstellkosten	3.586,90 €
+ Verwaltungsgemeinkosten	286,95 €
+ Vertriebsgemeinkosten	430,43 €
= Selbstkosten	4.304,28 €

3.6 4.304,28 € : 3.000 Liter = 1,43476 €/Liter
1 Kiste entspricht 10 Liter, d. h. 14,35 €/Kiste

3.7

Selbstkosten		14,35 €
Gewinn		**0,37 €**
Barverkaufspreis		14,72 €
Rabatt	(5 %)	0,78 €
Angebotspreis		15,50 €

Modul 4 – Lösungen

4.1

0720	Maschinen	24.000,00 €	
2600	Vorsteuer	4.560,00 €	
an	44014 Kreditor Krones		28.560,00 €

4.2 Anschaffungsnebenkosten

4.3 24.000,00 € : 8 Jahre = 3.000,00 €/Jahr
3.000,00 € : 12 Monate · 8 Monate = 2.000,00 € in 2010

4.4
Kalk. AfA:	24.000,00 € · 1,20 : 5 Jahre =	5.760,00 €
Kalk. Zins:	24.000,00 € : 2 · 8 % =	960,00 €
Energie:	Grundgebühr: 5,00 € · 12 =	60,00 €
Verbrauch:	30 kWh · 4 h · 24 Sude =	576,00 €
Raumkosten:	8,00 € · 9 m² · 12 Monate =	864,00 €
Wartung, Instandhaltung:	50,00 € · 4 =	200,00 €
Werkzeugkosten	=	250,00 €
= Maschinenkosten gesamt		8.670,00 €

4.5 Variable Kosten:

Bier:	30 hl · 95 l · 0,60 € =	1.710,00 €
Bananen:	30 hl · 20 kg · 0,90 € =	540,00 €
Ananas	30 hl · 25 kg · 1,20 € =	900,00 €
= Variable Kosten gesamt		3.150,00 €

4.6 Variable Stückkosten: 3.150,00 € : 3.000 Liter = 1,05 € : 2 = 0,525 €
Deckungsbetrag = 0,75 € – 0,525 € = <u>0,225 €/Flasche</u>

4.7 BEP = 8.670,00 € : 0,225 € = 38.534 Flaschen : 20 Flaschen = <u>1.927 Kisten</u>

4.8 Die variablen Kosten würden sinken, somit würde sich der Deckungsbeitrag erhöhen und damit der Break-Even-Point sinken.

Abschlussprüfung an Wirtschaftsschulen
Rechnungswesen – Zusatzaufgabe II

Ausgangssituation:

Sie sind Mitarbeiter/-in der Firma Holzspielwaren Müller OHG, Jahnstraße 11, 63741 Aschaffenburg. Die Firma Holzspielwaren Müller OHG ist Hersteller von Holzlauflernrädern in verschiedenen Ausführungen.

Holzspielwaren Müller OHG

Rohstoffe sind Sperrholz in verschiedenen Stärken und Maserungen sowie Holzstäbe in verschiedenen Querschnitten.
Hilfsstoffe sind Leim, Nägel, Schrauben, Gummifußnoppen, Farben und Lacke.
Betriebsstoffe sind Benzol und Nitroverdünnung.
Zur Sortimentsergänzung werden daneben noch Schuhschützer und Sturzhelme als Handelswaren geführt. Versand- und Bezugskosten sind generell nicht skontofähig.

Die Firma Holzspielwaren Müller OHG hat drei Gesellschafter:

Gesellschafter	Privateinlagekonto	Privatentnahmekonto
Müller, Dieter	3011	3015
Schmidt, Maximilian	3021	3025
Balz, Karl-Heinz	3001	3005

Debitoren

24001	Kunterbunt GmbH
24002	Kinderkiste GmbH
24003	Kühnemann Spedition GmbH
24004	Mayers Bürobedarf e. K.
24005	MAC GmbH
24006	Sepp KG
24007	Kids & Sports GmbH
24008	Holz Gröller OHG

Kreditoren

44001	Kunterbunt GmbH
44002	Kinderkiste GmbH
44003	Kühnemann Spedition GmbH
44004	Mayers Bürobedarf e. K.
44005	MAC GmbH
44006	Sepp KG
44007	Kids & Sports GmbH
44008	Holz Gröller OHG

Auszug aus der vorläufigen Saldenliste 2009

0510	Bebaute Grundstücke	80.000,00 €
0530	Betriebsgebäude	320.000,00 €
0720	Technische Anlagen und Maschinen	410.000,00 €
0850–0870	Betriebs- und Geschäftsausstattung	125.000,00 €
2400	Forderungen aus Lieferung und Leistung	116.620,00 €
2470	Zweifelhafte Forderungen	4.998,00 €
3000	Eigenkapital Karl-Heinz Balz	250.000,00 €
3010	Eigenkapital Dieter Müller	20.000,00 €
3020	Eigenkapital Maximilian Schmidt	240.000,00 €
3670	EWB	800,00 €
3680	PWB	6.200,00 €

Vorratsbestände lt. Inventur (auszugsweise)

	Bestand am 1.1.2009	Bestand am 31.12.2009
2280 Schuhschützer/Sturzhelme	26.500,00 €	36.400,00 €
2100 Lauflernräder in Produktion	14.080,00 €	6.580,00 €
2030 Benzol, Nitroverdünnung	980,00 €	520,00 €

Informationen aus der Kostenrechnung

Gemeinkostenstelle	Zuschlagssatz
Material	20 %
Fertigung	60 %
Verwaltung	10 %
Vertrieb	15 %

Modul 1

Zum Jahresabschluss (31. 12. 2009) der Holzspielwaren Müller OHG sind noch einige vorbereitende Arbeiten zu erledigen.

1.1 Ende November hatten wir eine Forderung in Höhe von 4.998,00 € aufgrund der Insolvenzeröffnung zweifelhaft gebucht. Inzwischen wurde das Insolvenzverfahren mangels Masse eingestellt. Buchen Sie entsprechend!

1.2 Der Ihnen vorliegende **Beleg 1/1** wurde bislang noch nicht gebucht. Buchen Sie diese Ausgangsrechnung!

1.3 Die unter **Beleg 1/1** vorliegende Rechnung ist die einzig offene Rechnung gegen die Kinderkiste GmbH, da diese wegen des laufenden Insolvenzverfahrens nicht mehr beliefert werden sollte. Buchen Sie die Forderung entsprechend um!

1.4 Bei der Kinderkiste GmbH müssen wir mit einem Ausfall von 90 % rechnen. Passen Sie die Wertberichtigung entsprechend an!

1.5 Auf den Bestand an einwandfreien Forderungen, der in der vorläufigen Saldenliste ausgewiesen ist, ist eine Pauschalwertberichtigung von 1 % durchzuführen. Berechnen Sie die notwendigen Beträge in einem übersichtlichen Schema und buchen Sie den Vorgang unter Beachtung vorhandener Zahlen!

1.6 Die Anpassungsbuchungen für die Vorratsbestände laut Inventur (siehe auch Ausgangssituation) sind noch vorzunehmen. Buchen Sie die drei Inventuranpassungen!

1.7. Nehmen Sie entsprechende Buchung zum 31. 12. 2009 vor, die sich aus dem **Beleg 1/2** ergibt!

1.8. Wie würde sich das Unterlassen der Buchung aus Aufgabe 1.7 auf einen Verlust des Unternehmens auswirken?

Verteilung der Bewertungseinheiten

Frage	1.1	1.2	1.3	1.4	1.5	1.6	1.7	1.8	gesamt
Punkte	2,5	2	1	3,5	4	4,5	1,5	1	20

Modul 1 – Belege

Beleg 1/1

Holzspielwaren Müller OHG

Holzspielwaren Müller OHG, Jahnstrasse 11, 63741 Aschaffenburg

Kinderkiste GmbH
Am Mainufer 12
97072 Würzburg

Kundennummer	Rechnungs-nummer	Rechnungs-datum	Auftrags-nummer	Auftragsdatum	Ihre Bestellnummer
14123	AR-1542	30.12.2009	AN-1542	29.12.2009	BN-818143

Rechnung

Pos.	Art.Nr.	Bezeichnung	Menge	Einzelpreis	Gesamtpreis
1	E-19	Lauflernrad „City"	20	39,90 €	798,00 €
2	H-2	Sturzhelm „K-182"	10	14,90 €	149,00 €
				Listenpreis	947,00 €
				+ Umsatzsteuer 19 %	179,93 €
				Rechnungsbetrag	1.126,93 €

Zahlungsbedingungen: Innerhalb 14 Tagen abzüglich 2 % Skonto = 22,54 €
Innerhalb 30 Tagen rein netto

Bankverbindung:
Sparkasse Aschaffenburg
Bankleitzahl 795 500 00
Konto 2893420

St.Nr.: 070/311/23412
USt-IdNr. DE 780187231

Beleg 1/2

Sparkasse Aschaffenburg
KONTOAUSZUG

Kontonummer	Bankleitzahl	Datum	Umsatzzeitraum	Auszug	Blatt
2893420	795 500 00	03.01.2010	03.01.2010 – 03.01.2010	2	1/1
Kontoinhaber			Kontohinweis		

Kontoinhaber	Filiale	
Holzspielwaren Müller OHG	Filiale Damm	
Jahnstrasse 11	Ansprechpartner	Telefon
63741 Aschaffenburg	Frau Ehrhardt	06021-397123

Buchung	Wert	Buchungsinformation	Zu Ihren Lasten	Zu Ihren Gunsten
		Ihr alter Kontostand		21.000,00 €
Position 1				
03.01.2010	03.01.2010	Leasing PKW AB-DK-111 Brass-Leasing für Monat Dezember 2009 inkl. 19% Ust.	737,80 €	
		Ihr neuer Kontostand		20.262,20 €

Modul 2

Zu Beginn des Jahres sind noch einige Arbeiten mit Rückgriff auf das alte Geschäftsjahr zu erledigen.

2.1 Buchen Sie **Beleg 1/2** zum 3.1.2010 unter Berücksichtigung der Buchung aus Aufg. 1.7!

Ihnen liegt der vorliegende Betriebsabrechnungsbogen vor (alle Angaben in €):

Kosten-arten	Zahlen der KLR	Transport	Material	Fertigung	Verwaltung	Vertrieb
Mieten	55.000,00					
Abschrei-bungen	45.000,00					
Sonst. Gemeinkosten	357.000,00	18.450,00	51.900,00	113.875,00	108.575,00	64.200,00
Summe der GK	457.000,00					
Umlage HK Transport						
Summe der GK	457.000,00					

2.2 Nehmen Sie zuerst die Verteilung der Gemeinkosten für Miete und Abschreibung entsprechend dem folgenden Verteilungsschlüssel vor!

	Transport	Material	Fertigung	Verwaltung	Vertrieb
Miete	220	1.500	1.900	780	600
Abschreibungen [€]	120.000,00	60.000,00	500.000,00	120.000,00	100.000,00

2.3 Führen Sie anschließend die Umlage der Hilfskostenstelle Transport entsprechend des vorliegenden Verteilungsschlüssels durch!

Material	6.520
Fertigung	10.200
Verwaltung	4.620
Vertrieb	32.400

2.4 Geben Sie eine sinnvolle Grundlage für den Verteilungsschlüssel bei der Miete und der Hilfskostenstelle Transport an!

2.5 Berechnen Sie die Material- und Fertigungsgemeinkostenzuschlagssätze, wenn an Fertigungsmaterial 400.000,00 € und an Fertigungslöhnen 250.000,00 € angefallen sind!

2.6 Im vergangenen Jahr wurde ein individueller Kundenauftrag für ein Holzlernlaufrad, der 200,00 € Material und 80,00 € direkt zurechenbarer Fertigungslöhne verursacht, mit den Zuschlagssätzen aus der Unternehmensbeschreibung in der Ausgangssituation gerechnet. Kalkulieren Sie unter Berücksichtigung der in Aufgabe 2.5 errechneten Zuschlagssätze nach und geben Sie die Über- bzw. Unterdeckung entsprechend an.

2.7 Wie hoch war der Gewinn in €, wenn dem Kunden das Holzlernlaufrad bei 2 % Skonto und 5 % Rabatt zu 590,00 € netto angeboten wurde? Die Selbstkosten betrugen 458,00 €.

Verteilung der Bewertungseinheiten

Frage	2.1	2.2	2.3	2.4	2.5	2.6	2.7	gesamt
Punkte	2,5	5	3	2	2	3	2,5	20

Modul 3

Im Verlaufe des Jahres plant die Holzspielwaren Müller OHG ein neues Produkt herzustellen. Hierzu sollen 10 Prototypen hergestellt werden. Es handelt sich um Holzstelzen aus massivem Buchenholz. Die Materialien für die 10 Paar Holzstelzen werden sämtlich bei der Firma Sepp KG eingekauft.

3.1 Verbuchen Sie die Eingangsrechnung, die Ihnen als **Beleg 3/1** vorliegt!

3.2 Außerdem war als einzige weitere Investition die Anschaffung einer speziellen Schleifmaschine notwendig, die für brutto 2.856,00 € in bar angeschafft wurde. Buchen Sie diese Barzahlung!

3.3 **Beleg 3/2** weist zwei Abbuchungen aus, die Sie entsprechend verbuchen sollen!

Nachdem sich die Prototypen Holzstelzen zu 39,90 € netto das Paar haben verkaufen lassen, will die Geschäftsleitung mithilfe der Deckungsbeitragsrechnung überprüfen, ob die Holzstelzen dauerhaft in das Produktionsprogramm aufgenommen werden sollen. Jährlich könnten 200 Stück bei bereits bestehenden Kapazitäten hergestellt werden.

3.4 Berechnen Sie die variablen Kosten je Paar Holzstelzen, wenn lediglich die Materialkosten aus **Beleg 3/1** und **Beleg 3/2** als variable Kosten anzusetzen sind!

3.5 Ermitteln Sie auch die fixen Kosten pro Jahr, wenn neben der Abschreibung und der kalkulatorischen Zinsen lediglich 50,00 € Werkzeugkosten für die Schleifmaschine aus Aufgabe 3.2 anzusetzen sind! Gehen Sie dabei von einer Nutzungsdauer der Maschine von 5 Jahren und einem kalkulatorischen Zinsfuß von 8 % p. a. (pro Jahr) aus. Der Wiederbeschaffungswert der Schleifmaschine dürfte in 5 Jahren um 10 % höher liegen.

3.6 Berechnen Sie den Deckungsbeitrag je Paar Stelzen!

3.7 Berechnen Sie den kritischen Beschäftigungsgrad für das neue Produkt Holzstelzen!

Verteilung der Bewertungseinheiten

Frage	3.1	3.2	3.3	3.4	3.5	3.6	3.7	gesamt
Punkte	3	2,5	5	2	3,5	1	3	20

Modul 3 – Belege

Beleg 3/1

Sepp KG
Holz und noch viel mehr

Sepp KG, Industriestrasse 321, 63762 Großostheim

Holzspielwaren Müller OHG
Jahnstrasse 11
63741 Aschaffenburg

Kd.-Nr.	Rechn.-Nr.	Rechn.-Datum	Auftrags-Nr.	Auftragsdatum	Ihre Bestell-Nr.
KD-92341	AR-45643	30.04.2010	AN-45643	14.04.2010	BN-53812

Rechnung

Pos.	Art.Nr.	Bezeichnung	Menge	Einheit	Einzelpreis	Gesamtpreis
1	ST200	Buchenholzstäbe	20	St	6,50 €	130,00 €
2	HP100	Buchenholzplatten	20	St	7,50 €	150,00 €
3	S-6556	Schrauben (3,5 cm)	80	St	0,13 €	10,40 €
4	L-122	Mattlack	1	kg	17,50 €	17,50 €
5	N-123	Gummifußnoppen	20	St	0,60 €	12,00 €
					Listenpreis	319,90 €
					frachtfrei	0,00 €
					Gesamtpreis	319,90 €
					+ Umsatzsteuer 19 %	60,78 €
					Rechnungsbetrag	380,68 €

Zahlungsbedingungen:

Innerhalb 14 Tagen abzüglich 3 % Skonto = 11,42 €
Innerhalb 30 Tagen rein netto

Bankverbindung:
Sparkasse Aschaffenburg
Konto-Nr. 2834817   St.Nr.: 070/311/57382
Bankleitzahl 795 500 00   USt-IdNr. DE 780379342

Beleg 3/2

Sparkasse Aschaffenburg
KONTOAUSZUG

Kontonummer	Bankleitzahl	Datum	Umsatzzeitraum	Auszug	Blatt
2893420	795 500 00	08.05.2010	08.05.2008 – 08.05.2010	18	1/1
Kontoinhaber			Kontohinweis		

Holzspielwaren Müller OHG	Filiale	
Jahnstrasse 11	Filiale Damm	
63741 Aschaffenburg	Ansprechpartner	Telefon
	Frau Ehrhardt	06021-397123

Buchung	Wert	Buchungsinformation	Zu Ihren Lasten	Zu Ihren Gunsten
		Ihr alter Kontostand		37.500,00 €
Position 1				
08.05.2010	08.05.2010	ER-Ausgleich AR 45643		
		Sepp KG; abzgl. 3% Skonto	369,26 €	
Position 2				
08.05.2010	08.05.2010	Einkommensteuervorauszahlung		
		Dieter Müller	1.200,00 €	
		Ihr neuer Kontostand		35.930,74 €

Modul 4

Eine ältere CNC-Maschine soll durch ein neues Modell ersetzt werden, wobei der Hersteller die alte Maschine in Zahlung nehmen wird. Die alte Maschine steht noch mit einem Erinnerungswert von 1,00 € bei uns in den Büchern.

4.1 Verbuchen Sie die Rechnung über den Kauf der neuen CNC-Maschine, die Ihnen als **Beleg 4/1** vorliegt.

4.2 Für Fundamentierungsarbeiten zur Verankerung der Maschine wurden bereits im Vorfeld 505,75 € in bar bezahlt. Buchen Sie auch diese Barzahlung!

4.3 Buchen Sie die mit **Beleg 4/2** dokumentierte Inzahlunggabe der alten CNC-Maschine!

4.4 Nehmen Sie auch die Ausbuchung der alten CNC-Maschine vor!

4.5 Wie wirkt sich die Buchung des Verkaufs der alten CNC-Maschine auf den Erfolg des Unternehmens aus?

4.6 Ermitteln Sie die Anschaffungskosten der neuen Maschine, wenn die Rechnung entsprechend der **Belege 4/1** und **4/2** unter Abzug von Skonto gezahlt wurde.

4.7 Errechnen und buchen Sie die Abschreibung für die neue Maschine zum 31.12.2008. Gehen Sie dabei von einer Nutzungsdauer von 7 Jahren aus. Runden Sie den Abschreibungsbetrag kaufmännisch auf volle Euro.

Die neue CNC-Maschine ist auch in der Kosten- und Leistungsrechnung zu berücksichtigen. Aufgrund des genaueren Zuschnitts können die Materialkosten in Höhe von 18,50 € für ein Standard-Holzlauflernrad um 12 % gesenkt werden. Gleichzeitig sind die fixen Kosten durch diese neue Maschine im Vergleich zur alten um 4.500,00 € gestiegen.

4.8 Geben Sie die beiden wesentlichen Gründe an, warum sich die Höhe der Abschreibungen in der Kosten- und Leistungsrechnung von der Höhe der Abschreibung in der Finanzbuchhaltung (siehe Aufgabe 1.6.) unterscheidet.

4.9 Geben Sie neben den Abschreibungen zwei weitere typische fixe Kosten an, die durch eine Maschine grundsätzlich verursacht werden.

4.10 Berechnen Sie, ab welcher Stückzahl sich die Umstellung von der alten auf die neue CNC-Maschine auch kostenrechnerisch ausgezahlt haben wird.

Verteilung der Bewertungseinheiten

Frage	4.1	4.2	4.3	4.4	4.5	4.6	4.7	4.8	4.9	4.10	gesamt
Punkte	2,5	2,5	1,5	1	1	2	3,5	2	2	2	20

Modul 4 – Belege

Beleg 4/1

MAC GmbH, Im Hafen 37, 63741 Aschaffenburg

Holzspielwaren Müller OHG
Jahnstrasse 11
63741 Aschaffenburg

MAC GmbH
Max Anzner CNC

Rechnung

Kundennummer:	Rechnungs-Nr.	Rechnungsdatum	Auftrags-Nr.	Auftragsdatum	Bestellnummer
563	7854	04.08.2010	A87	23.06.2010	B819

Pos.	Art.Nr.	Bezeichnung	Menge	Einheit	Einzelpreis	Gesamtpreis
1	CNC32	CNC Maschine lt. Auftrag	1	St	12.600,00 €	12.600,00 €
2	CNC01	Montage	1	St	500,00 €	500,00 €
3	CNC02	Testlauf inkl. Material	1	St	250,00 €	250,00 €
4	CNC03	Lieferung	1	o. B.	0,00 €	0,00 €
				Nettopreis		13.350,00 €
				+ Umsatzsteuer 19 %		2.536,50 €
				Rechnungsbetrag		**15.886,50 €**

Zahlungsbedingungen: Innerhalb 14 Tagen abzüglich 2 % Skonto = 317,73 €
Innerhalb 30 Tagen rein netto

Sitz des Unternehmens: St.Nr.: 070/311/57655   Bankverbindung:
Aschaffenburg   USt-IdNr. DE 780374415   Sparkasse Aschaffenburg
Registergericht: Konto-Nr. 4157875
Amtsgericht Aschaffenburg   Bankleitzahl 795 500 00

Beleg 4/2

MAC GmbH, Im Hafen 37, 63741 Aschaffenburg

MAC GmbH
Max Anzner CNC

Holzspielwaren Müller OHG
Jahnstrasse 11
63741 Aschaffenburg

Gutschrift

Kundennummer:	Rechnungs-Nr.	Rechnungsdatum	Auftrags-Nr.	Bezug zu Rechn.	vom
563	7854	04.08.2010	A87	7854	04.08.2010

Pos.	Art.Nr.	Bezeichnung	Menge	Einheit	Einzelpreis	Gesamtpreis
		Für die Inzahlungnahme Ihrer gebrauchten CNC-Maschine X-Copter CL 55 erlauben wir uns, Ihnen wie vereinbart gutzuschreiben, die Sie bitte mit der genannten Rechnung verrechnen mögen.				1.300,00 €

Gutschrift netto	1.300,00 €
+ Umsatzsteuer 19 %	247,00 €
Rechnungsbetrag	**1.547,00 €**

Zahlungsbedingungen: Beachten Sie bitte, dass der Skontoabzug sich nur auf die Restzahlung bezieht!
Verbleibender Skontoabzug somit: 286,79 €

Sitz des Unternehmens:
Aschaffenburg
Amtsgericht:
Aschaffenburg

St.Nr.: 070/311/57655
USt-IdNr. DE 780374415

Bankverbindung:
Sparkasse Aschaffenburg
Konto-Nr. 4157875
Bankleitzahl 795 500 00

Modul 1 – Lösungen

1.1	6951 4800 an	Abschreibung Forderungen Umsatzsteuer 2470 Zweifelhafte Forderungen	4.200,00 € 798,00 €	4.998,00 €
1.2	24002 an	Debitor Kinderkiste 5000 UE f. eigene Erzeugnisse 5100 UE f. Waren 4800 Umsatzsteuer	1.126,93 €	798,00 € 149,00 € 179,93 €
1.3	2470 an	Zweifelhafte Forderungen 24002 Debitor Kinderkiste	1.126,93 €	1.126,93 €

1.4
Forderung brutto	1.126,93 €
− 19 % Umsatzsteuer	179,93 €
= Forderung netto	947,00 €
notwendige EWB (90 %)	852,30 €
− vorhandene EWB	800,00 €
= Heraufsetzung	52,30 €

	6952 an	Einstellung EWB 3670 EWB	52,30 €	52,30 €

1.5
Forderung brutto	116.620,00 €
− 19 % Umsatzsteuer	18.620,00 €
= Forderung netto	98.000,00 €
notwendige PWB (1 %)	980,00 €
− vorhandene PWB	6.200,00 €
= Herabsetzung	5.220,00 €

	3680 an	PWB 5450 Erträge Herabs. Wertbericht.	5.220,00 €	5.220,00 €
1.6	2280 an	Handelswaren 6080 Aufw. f. Handelswaren	9.900,00 €	9.900,00 €
	5201 an	BV Unfertige Erzeugnisse 2100 Unfertige Erzeugnisse	7.500,00 €	7.500,00 €
	6030 an	Aufw. f. Betriebsstoffe 2030 Betriebsstoffe	460,00 €	460,00 €
1.7	6720 an	Aufwand f. Leasing 4890 Sonst. Verbindlichkeiten	620,00 €	620,00 €

1.8 Da der Aufwand nicht gebucht würde, wären die Gesamtaufwendungen geringer und somit auch ein Verlust geringer.

Modul 2 – Lösungen

2.1   4890   Sonst. Verbindlichkeiten   620,00 €
       2600   Vorsteuer   117,80 €
       an   2800 Bank   737,80 €

2.2 /
2.3   Alle Angaben in €

Kostenarten	Zahlen der KLR	Transport	Material	Fertigung	Verwaltung	Vertrieb
Mieten	55.000,00	2.420,00	16.500,00	20.900,00	8.580,00	6.600,00
Abschreibung	45.000,00	6.000,00	3.000,00	25.000,00	6.000,00	5.000,00
Sonst. Gemeinkosten	357.000,00	18.450,00	51.900,00	113.875,00	108.575,00	64.200,00
Summe GK	457.000,00	26.870,00	71.400,00	159.775,00	123.155,00	75.800,00
Umlage HK			3.260,00	5.100,00	2.310,00	16.200,00
Summe GK	457.000,00		74.660,00	164.875,00	125.465,00	92.000,00

2.4   Die Miete nach Quadratmetern.
       Die Transportkosten nach Kilometern.

2.5   Materialeinzelkosten   400.00,00 €
       Materialgemeinkosten   74.660,00 €   18,67 %
       Materialkosten   474.660,00 €
       Fertigungslöhne   250.000,00 €
       Fertigungsgemeinkosten   164.875,00 €   65,95 %

2.6

	Nachkalkulation	Vorkalkulation	Über-/Unterdeckung
MEK	200,00 €	200,00 €	
MGK	37,34 €	40,00 €	2,66 €
MK	237,34 €	240,00 €	
FL	80,00 €	80,00 €	
FGK	52,76 €	48,00 €	–4,76 €
Über-/Unterdeckung			–2,10 €

2.7   Nettoverkaufspreis   590,00 €
       – 5 % Rabatt   29,50 €

       = Zielverkaufspreis   560,50 €
       – 2 % Skonto   11,21 €

       Barverkaufspreis   549,29 €
       Gewinn   **91,29 €**
       Selbstkosten   458,00 €

Modul 3 – Lösungen

3.1	6000	Aufw. f. Rohstoffe	280,00 €	
	6020	Aufw. f. Hilfsstoffe	39,90 €	
	2600	Vorsteuer	60,78 €	
	an	44006 Kreditor Sepp KG		380,68 €

3.2	0720	Maschine	2.400,00 €	
	2600	Vorsteuer	456,00 €	
	an	2880 Kasse		2.856,00 €

3.3 Position 1:

	44006	Kreditor Sepp KG	380,68 €	
	an	2800 Bank		369,26 €
		6002 Nachlässe Rohstoffe		8,40 €
		6022 Nachlässe Hilfsstoffe		1,20 €
		2600 Vorsteuer		1,82 €

Position 2:

	3015	Privatentnahme Dieter Müller	1.200,00 €	
	an	2800 Bank		1.200,00 €

3.4	Materialwert Beleg 3/1	319,90 €
	– Skonto 3 % Beleg 3/2	9,60 €
	= Gesamtmaterial	310,30 €
	Material für 1 Paar	31,03 €

3.5	Kalk. Abschreibung	2.640,00 : 5 =	528,00 €
	+ Kalk. Zinsen	2.400,00 : 2 · 8 % =	96,00 €
	+ Werkzeugkosten		50,00 €
	= Maschinenkosten		674,00 €

3.6	Verkaufspreis netto	39,90 €
	– variable Kosten	31,03 €
	= Deckungsbeitrag/Paar	8,87 €

3.7 Break-Even-Point = 674,00 € : 8,87 € = 75,98 = 76 Stück
Kritischer Beschäftigungsgrad = (76 · 100) / 200 St. = 38 %

Modul 4 – Lösungen

4.1	0720	Maschinen	13.350,00 €	
	2600	Vorsteuer	2.536,50 €	
	an	44005 Kreditor MAC GmbH		15.886,50 €

4.2	0720	Maschinen	425,00 €	
	2600	Vorsteuer	80,75 €	
	an	2880 Kasse		505,75 €

4.3	44005	Kreditor MAC GmbH	1.547,00 €	
	an	5465 Ertr. Abg. AV (BG)		1.300,00 €
		4800 Umsatzsteuer		247,00 €

4.4	6965	Restbuchwert AV (BG)	1,00 €	
	an	0720 Maschinen		1,00 €

4.5 Sie erhöht den Gewinn des Unternehmens, da der Erlös um 1.299,00 € höher liegt als der Restbuchwert.

4.6	Kaufpreis	13.350,00 €
	+ Fundamentierung	425,00 €
	− Skontoabzug netto	241,00 €
	= Anschaffungskosten	13.534,00 €

4.7   13.534,00 € : 7 = 1.933,43 €   Jahres-Abschreibung
      1.933,43 € : 12 · 5 = 805,59 € = 806 €   jahresanteilige AfA

	6520	Abschreibung Sachanlagen	806,00 €	
	an	0720 Maschinen		806,00 €

4.8 In der Kostenrechnung geht man bei den Abschreibungen vom Wiederbeschaffungswert und von der betriebsgewöhnlichen Nutzungsdauern aus.

4.9 Kalkulatorische Miete, Kalkulatorische Zinsen

4.10 Kostenersparnis: 12 % von 18,50 € = 2,22 €
      Break-Even: 4.500,00 € : 2,22 € = 2.028 Stück (gerundet!)

Abschlussprüfung an Wirtschaftsschulen
Rechnungswesen – Zusatzaufgabe III

Die RIGO TISCH e. K.:
Anfang Februar 2009 meldete Rigobert Boltz sein Unternehmen, die RIGO TISCH e. K., beim Handelsregister in Aschaffenburg als Einzelunternehmen an. Im Modul 1 sind einige der mit der Gründung und Ingangsetzung des Unternehmens vorgefallenen Geschäftsvorfälle zu buchen.

RIGOTISCH e. K.

Geschäftszweck der RIGO TISCH e. K. ist die Herstellung und der Vertrieb von individuell auf Kundenwunsch gefertigten Tischen für den Büro-, Wohnzimmer- und Essbereich. Zur Sortimentsergänzung vertreibt Rigobert Boltz noch Stühle, Sessel, Tisch- und Stehlampen, die als Handelswaren eingekauft und unverändert weiterveräußert werden.

Übersicht: Stoffe, Waren und eigene Erzeugnisse

Rohstoffe	Rohhölzer unterschiedlicher Art
Hilfsstoffe	Schrauben, Nägel
Betriebsstoffe	Öle, Fette, Schmiere
Vorprodukte	Scharniere, Edelmetalltischfüße
Eigene Erzeugnisse	Tische für Büro, Wohnzimmer und Essbereich
Waren	Stühle, Sessel, Tisch- und Stehlampen

Auszug aus den Personenkonten

Kreditoren	Konto-Nummer
Krones Maschinenbau AG, Steinweg 45, 90471 Nürnberg	44010
Kalkmeister Baustoffhandel GmbH, Döllingerstr. 18 b, 63741 Aschaffenburg	44020
Metallbau Engelhardt e. K., Am Forstgraben, 97070 Würzburg	44045
Holzverarbeitung Schwind OHG, Am Kraßberg 6, 63755 Hörstein	44090

Debitoren	Konto-Nummer
Roman Vierenkötter, Schulzengasse 76, 63743 Aschaffenburg	24300
Zur GOLDENEN GANS, Rennweg 45, 63776 Mömbris-Königshofen	24210
Ronald Wengerter, Zu den Honigäckern 62, 63808 Haibach	24890
Möbelhaus AEKI AG, Sonnleite 11, 97070 Würzburg	24900

Eröffnungsbilanz zum 1. April 2009

Bilanzposition	AKTIVA	PASSIVA
2000 Rohstoffe	12.500,00 €	
2020 Hilfsstoffe	2.200,00 €	
2800 Bank	116.300,00 €	
3000 Eigenkapital		131.000,00 €

Kostenrechnerische Informationen zur Kalkulation im Rumpfgeschäftsjahr 2009

Gemeinkostenstelle	Zuschlagssatz
Material	20 %
Fertigung	80 %
Verwaltung	5 %
Vertrieb	10 %

Lohnverrechnungssatz	56 €/Stunde
Angestrebter Gewinnzuschlag	30 %
Standardmäßig eingeräumter Skonto	2 %
Rabattspielraum	10 %

Modul 1

Nehmen Sie die Verbuchungen zu den folgenden Geschäftsvorfällen vor, die im Zusammenhang mit der Gründung des Unternehmens RIGO TISCH e. K. stehen.

1.1 Verbuchen Sie den vorliegenden **Beleg 1/1**.

1.2 Unternehmer Rigobert Boltz hat sich entschlossen, aus seinem Privatvermögen einen kleinen Liefer-LKW mit einem Zeitwert von 18.000,00 € in das Unternehmen ebenso einzubringen wie seine zwei Jahre alte private Computeranlage mit einem Zeitwert von 1.020,00 €. Buchen Sie diesen Vorgang.

1.3 Verbuchen Sie den vorliegenden **Beleg 1/2**.

1.4 Die RIGO TISCH e. K. zahlt die Rechnung der Krones AG aus Beleg 1/1 unter Berücksichtigung der Buchung aus Beleg 1/2 nach Abzug von 2 % Skonto per Banküberweisung. Nehmen Sie die erforderlichen Berechnungen vor und buchen Sie entsprechend.

1.5 Verbuchen Sie **Beleg 1/3**.

1.6 Ermitteln Sie die Anschaffungskosten dieser Multifunktions-Holzschnitt-/-säge-/-hobelmaschine.

1.7 Ermitteln Sie den Maschinenstundensatz für diese Multifunktions-Holzschnitt-/-säge-/-hobelmaschine.

Gehen Sie dabei davon aus, dass die betriebliche Nutzungsdauer 5 Jahre betragen dürfte und die Wiederbeschaffungskosten in 5 Jahren bei 86.000,00 € liegen dürften. Die Anschaffungskosten betragen 76.252,00 €.

Weiterhin sind die technischen Daten auf dem **Beleg 1/1** zu berücksichtigen.

Die RIGO TISCH e. K. rechnet mit einem internen Zinssatz von 8 % p. a. Die Raumkosten werden mit 9,00 € monatlich und je qm angesetzt. Der Strom wird zu 0,17 € je kWh bezogen.

Die Maschine sollte monatlich im Durchschnitt 120 Stunden genutzt werden.

Verteilung der Bewertungseinheiten

Frage	1.1	1.2	1.3	1.4	1.5	1.6	1.7	gesamt
Punkte	2	2	1,5	4	1,5	2	7	20

Modul 1 – Belege

Beleg 1/1

Krones Maschinenbau AG

Krones AG, Steinweg 65, 97070 Würzburg

RIGO TISCH e. K.
Erlenmeyerstr. 3 – 5
63741 Aschaffenburg

USt-ID Nr. DE 812355210
Steuer-Nr. 204/270/24770

Rechnungsdatum	07.04.2009
Rechnungsnummer	A-444
Lieferdatum	06.04.2009
Bitte bei Zahlung angeben	

Pos.	Artikel	Menge	Rabatt	Listenpreis	Gesamtpreis
1	Multifunktions-Holzschnitt-/ -säge-/-hobelmaschine Krones multi-power	1	10	86.000,00 €	77.400,00 €
2	Montage, Inbetriebnahme	1		2.600,00 €	2.600,00 €
			Netto 80.000,00 €	**USt. 19 %** 15.200,00 €	**Endbetrag** 95.200,00 €

Technische Daten:

Stromverbrauch:	80 kWh	
Werkzeugkosten geschätzt:	80,00 EUR/Quartal	*Wichtige Infos für Aufgabe 1.7!*
Instandhaltung/Wartung:	320,00 EUR/Jahr	
Platzbedarf:	16 qm	

Zahlung bis 28.04.2009 netto Kasse oder 21.04.2009 abzgl. 2 % Skonto

Sitz der Gesellschaft: Würzburg
Amtsgericht: Würzburg HRA 477
Geschäftsführer: Peter Terson-Kollmann

Telefon: 0931 678525
Telefax: 0931 678529
E-Mail: info@krones.de

Beleg 1/2

Krones Maschinenbau AG

Krones AG, Steinweg 65, 97070 Würzburg

RIGO TISCH e. K.
Erlenmeyerstr. 3 – 5
63741 Aschaffenburg

GUTSCHRIFT

Rechnungsdatum	07.04.2009
Rechnungsnummer	A-444
Lieferdatum	06.04.2009

Bitte bei Zahlung angeben

Pos.	Artikel	Menge	Rabatt	Listenpreis	Gesamtpreis
1	Rückerstattung Montage und Inbetriebnahme laut gesonderter Vereinbarung mit unserem Kundeninnendienst	1		2.600,00 €	2.600,00 €
		Netto		**USt. 19 %**	**Endbetrag**
		2.600,00 €		494,00 €	3.094,00 €

Sitz der Gesellschaft: Würzburg
Amtsgericht: Würzburg HRA 477
Geschäftsführer: Peter Terson-Kollmann

Telefon: 0931 678525
Telefax: 0931 678529
E-Mail: info@krones.de

Beleg 1/3

Quittung **Nr. 3290**	netto	400,00	EUR
	19 % USt.	76,00	EUR
	gesamt	476,00	EUR

Betrag in Worten: **Vierhundertsechsundsiebzig**---	EURO
	Cent wie oben
von Rigo Tisch e.K.	
für Nachträgliche Fundamentierung für Multifunktionsholzschnittmaschine	

Betrag dankend erhalten!

Ort: 63741 Aschaffenburg	Datum: 23.04.2009
Buchungsvermerke	Unterschrift / Stempel *Roman Kortner* **Bauberger Bau KG** Sandgrube 1 63743 Aschaffenburg

Modul 2

Nach der erfolgreichen Erledigung der mit der Gründung verbundenen Aufgaben und Buchungen erreicht RIGO TISCH e. K. eine Anfrage von Roman Vierenkötter, der für sein Büro einen ovalen Tisch wünscht. Rigobert Boltz muss deshalb für ein Angebot an den Kunden einen Angebotspreis kalkulieren.

Er rechnet damit, dass für diesen Tisch Rohholz im Wert von 140,00 € notwendig sein wird und veranschlagt für die Fertigung 10 Arbeitsstunden. Den Lohnverrechnungssatz entnehmen Sie der Unternehmensbeschreibung.

Auf der Spezialmaschine wird voraussichtlich 90 Minuten gefertigt werden müssen. Gehen Sie hier von einem gerundeten Maschinenstundensatz von 30,00 € aus.

Um den ovalen Zuschnitt zu erreichen, würde er die Tischplatte an die Holzverarbeitung Schwind geben, die diese Tätigkeit für voraussichtlich 90,00 € zuzüglich 19 % USt. erledigt.

2.1 Berechnen Sie einen Angebotspreis netto, der dem Kunden Roman Vierenkötter unterbreitet werden kann. Gehen Sie hierbei von den obigen Informationen und **den Informationen zur Kostenrechnung aus der Unternehmensbeschreibung** aus.

2.2 Letztlich einigt sich Rigobert Boltz mit Roman Vierenkötter auf einen Bruttoverkaufspreis von 2.189,60 €. Wie vereinbart wird dieser Tisch vor Fertigung bereits in Rechnung gestellt, da Roman Vierenkötter eine Anzahlung leisten soll. Buchen Sie die Ausgangsrechnung.

2.3 Herr Vierenkötter leistet vereinbarungsgemäß eine Anzahlung in Höhe von 1.190,00 €. Buchen Sie den Zahlungseingang auf dem Postbankkonto.

2.4 Buchen Sie **Beleg 2/1**, in dem der ovale Zuschnitt durch die Schwind OHG in Rechnung gestellt wird!

2.5 Roman Vierenkötter zahlt die Rechnung letztlich unter Abzug von 3 % Skonto auf den noch offenstehenden Rechnungsbetrag per Banküberweisung.

2.6 Berechnen Sie den Gewinn in Euro und Prozent wenn die Herstellkosten 1.316,00 € betrugen und der Barverkaufspreis 1.814,80 € beträgt.

Verteilung der Bewertungseinheiten

Frage	2.1	2.2	2.3	2.4	2.5	2.6	gesamt
Punkte	7,5	2,5	1	1,5	4	3,5	20

Modul 2 – Belege

Beleg 2/1

Schwind OHG
HOLZVERARBEITUNG

Holzverarbeitung Schwind OHG, Am Kraßberg 6, 63755 Hörstein

RIGO TISCH e. K.
Erlenmeyerstr. 3 – 5
63741 Aschaffenburg

Rechnungsdatum	13.05.2009
Rechnungsnummer	RG 153
Lieferdatum	12.05.2009
Bitte bei Zahlung angeben	

Pos.	Artikel	Menge	Rabatt	Listenpreis	Gesamtpreis
1	Zuschnitt Tischplatte OVAL	1	0	90,00 €	90,00 €
			netto	**USt 19 %**	**Endbetrag**
			90,00 €	17,10 €	107,10 €

Zahlung bis 20.05.2009 netto Kasse

Modul 3

Nach dem erfolgreichen Angebot und Verkauf an Roman Vierenkötter hat die AEKI AG angefragt, ob wir ihr diesen ovalen Tisch auch für netto 1.500,00 € liefern würden. Die AEKI AG wäre bereit, eine Abnahmegarantie von 180 Tischen im Jahr auszusprechen. Gehen Sie davon aus, dass die Rohstoffkosten für einen Tisch entsprechend 140,00 € betragen. Der Zuschnitt soll auch weiterhin fremd vergeben werden, allerdings würde uns die Holzverarbeitung Schwind OHG langfristig nur 85,00 € netto berechnen.

Neben diesen dürfen noch 240,00 € der Löhne als variable Kosten betrachtet werden.

Die fixen Kosten der RIGO TISCH e. K. betragen im Jahr 191.250,00 €.

3.1 Berechnen Sie die gesamten variablen Kosten je ovalem Tisch.

3.2 Berechnen Sie mithilfe der Deckungsbeitragsrechnung und beurteilen Sie, ob grundsätzlich unter der Annahme freier Kapazität der Antrag der AEKI AG angenommen werden sollte.

3.3 Wie hoch läge der Break-Even-Point?

Es soll geprüft werden, ob dieser langfristige Liefervertrag mit der AEKI AG abgeschlossen werden kann, wenn diese in den Nachverhandlungen noch einen Dauerrabatt von 10 % ausgehandelt hat und mit diesem Auftrag über 180 Tische 40 % der Kapazität der RIGO TISCH e. K. ausgelastet wären.

3.4.1 Berechnen Sie die anteiligen erzeugnisfixen Kosten, die dieser Dauerauftrag entsprechend der Kapazitätsauslastung zu tragen hat.

3.4.2 Berechnen Sie die langfristige Preisuntergrenze pro Tisch für diesen Auftrag der AEKI AG.

3.5 Berechnen Sie die Kapazität der RIGO TISCH e. K.

3.6 Wie viele ovale Tische dieser Art könnte RIGO TISCH e. K. im Jahr noch fertigen, wenn sie sich ganz auf dieses Produkt spezialisieren würden und den Auftrag der AEKI AG annehmen?

Die RIGO TISCH e. K. entschließt sich letztlich aufgrund der großen Nachfrage, sich auf dieses Tischmodell OVAL zu spezialisieren. Der Verkaufspreis laut Liste beträgt für dieses Modell 1.500,00 € zuzüglich USt. Mit der AEKI AG wurde der langfristige Belieferungsvertrag zu einem Nettopreis von 1.350,00 € abgeschlossen. D. h. der AEKI AG sollen jährlich 180 Tische geliefert werden.

3.7 Berechnen Sie das maximal erreichbare Betriebsergebnis bei Vollauslastung.

Leider wird schon nach wenigen Wochen bekannt, dass die AEKI AG in Zahlungsschwierigkeiten geraten ist. Die offenen Posten entsprechend unserer Buchhaltung betragen 8.032,50 €.

3.8 Nehmen Sie die entsprechende Buchung vor, die nach Kenntnisnahme des Sachverhalts erfolgen sollte.

3.9 Nehmen Sie die Buchung vor, die sich aus **Beleg 3/1** ergibt.

3.10 Buchen Sie auch den Zahlungseingang auf dem Bankkonto zum 1. September 2009.

Verteilung der Bewertungseinheiten

Frage	3.1	3.2	3.3	3.4.1	3.4.2	3.5	3.6	3.7	3.8	3.9	3.10	gesamt
Punkte	2	2	2	1	2	1	1	3	1	3	2	20

Modul 3 – Belege

Beleg 3/1

Vergleichsvertrag
zwischen AEKI AG und RIGO TISCH e.K.

Wie zum 22. Juli 2009 in den Verhandlungen besprochen, erklären die rechtlich Bevollmächtigten der AEKI AG und RIGO TISCH e. K. Folgendes:

1. Beide Parteien erkennen an, dass die offen stehenden Verbindlichkeiten der AEKI AG gegenüber der RIGO TISCH e. K. **8.032,50 €** betragen.
2. Die RIGO TISCH e. K. erklärt sich bereit, auf **40 % der offen stehenden Forderungen** gegenüber der AEKI AG zu verzichten. Der Verzicht ist sofort mit Vertragsunterzeichnung wirksam.
3. Die AEKI AG wird im Gegenzug zum 1. September 2009 eine Zahlung in Höhe der dann noch offen stehenden Verbindlichkeit leisten.
4. Eine Bankbürgschaft zur Absicherung der Zahlung aus Nr. 3 liegt den beiden Vertragspartnern bereits vor.

Aschaffenburg, den 22. Juli 2009

Rigobert Boltz　　　　　　　　　　*John Delay*

Rigobert Boltz　　　　　　　　　　John Delay
RIGO TISCH e. K.　　　　　　　　Vorstand AEKI AG

Modul 4

Zum Jahresabschluss am 31.12.2009 sind bei der RIGO TISCH e. K. noch einige vorbereitende Arbeiten zu erledigen. Beachten Sie, dass es sich hier um den ersten zu erstellenden Jahresabschluss der RIGO TISCH e. K. handelt.

Folgende Saldenbestände ergeben sich zum 31.12.2008:

Konto 2400	einwandfreie Forderungen	49.980,00 €
Konto 6002	Nachlässe Rohstoffe (brutto)	2.856,00 €
Konto 0890	GWG Sammelposten	1.200,00 €

Folgende Inventurwerte liegen vor:

Rohstoffe/Hölzer	5.600,00 €
Halbfertige Tische	1.700,00 €

Die Anfangsbestände der Rohstoffe entnehmen Sie bitte der Eröffnungsbilanz.

4.1 Nehmen Sie zu den zwei Inventurergebnissen die entsprechenden Anpassungsbuchungen bzw. Ausgleichsbuchungen vor.

4.2 Das Konto 6002 ist entsprechend des Umsatzsteuersatzes von 19 % zu berichtigen, da der Skonto stets brutto, also inklusive der 19 % Umsatzsteuer, gebucht wurde (Bruttomethode).
Im Anschluss ist das Konto 6002 sachlich korrekt abzuschließen.

4.3 Der Kontoauszug von **Beleg 4/1** ist bislang noch nicht gebucht worden.

4.3.1 Buchen Sie die Zahlung an die Stadtwerke Aschaffenburg unter Berücksichtigung eines Privatanteils von 15 %.

4.3.2 Buchen Sie auch die zweite Kontenbewegung und grenzen Sie diese sachgerecht ab.

4.4 Buchen Sie die sachgerechte Abschreibung auf dem Sammelkonto.

4.5 Buchen Sie auch die Abschreibung für die Multifunktions-Holzschnitt-/-säge-/-hobelmaschine aus **Beleg 1/1**. Gehen Sie dabei davon aus, dass die Nutzungsdauer laut AfA-Tabelle 8 Jahre betrage und die Anschaffungskosten letztlich bei 76.252,00 € lagen.

4.6 Aufgrund der sehr angespannten konjunkturellen Lage akzeptiert das Finanzamt zum Ende des Geschäftsjahres 2009 eine Pauschalwertberichtigung von 2 %. Buchen Sie diese entsprechend.

4.7 Nehmen Sie eine sachgerechte Buchung vor, die sich aus **Beleg 4/2** ergibt.

Verteilung der Bewertungseinheiten

Frage	4.1	4.2	4.3.1	4.3.2	4.4	4.5	4.6	4.7	gesamt
Punkte	3	3	3,5	3,5	1,5	2	2	1,5	20

Modul 4 – Belege

Beleg 4/1

Raiffeisenbank Aschaffenburg		Kontonummer	Auszug/Jahr	Blatt-Nr.
		303 90833	86/2008	1
BU-TAG	**Vorgang**	**WERT**	**UMSATZ EUR** *	
29.12.	STADTWERKE ASCHAFFENBURG, STROM ABRECHNUNG DEZ 2009 INKL. 19 % UST.	29.12.	1.237,60 S	
29.12.	LEASING SCHLEIFER – MMV LEASING INKL. 19% UST. FÜR DEZ09 BIS FEB10	29.12.	660,45 S	

Herrn/Frau/Fräulein/Firma

Kontoauszug

RIGO TISCH e. K.
Erlenmeyerstr. 3 – 5
63741 Aschaffenburg

LETZTE ERSTELLUNG	ALTER KONTOSTAND EUR
28.12.2009	6.700,10 S
ERSTELLUNGSTAG	**NEUER KONTOSTAND EUR**
31.12.2009	8.598,15 S

* S = BELASTUNG / H = GUTSCHRIFT

Beleg 4/2

Ingenieurbüro Kluge GbR

Ingenieurbüro Kluge, Am Gericht 1 63739 Aschaffenburg

RIGO TISCH e. K.
Erlenmeyerstr. 3 – 5
63741 Aschaffenburg

Tel. 06021 388-0 FAX 06021 388-88
email info@ikluge.de

KOSTENRECHNUNG 6678
vom 29.12.2009

Sehr geehrter Herr Boltz,

wie von Ihnen gewünscht, haben wir den von Ihnen an die Gaststätte „Zur goldenen Gans" gelieferten ovalen Tisch begutachtet und die Kratzer, die dessen Füße im Parkett der Gaststätte hinterlassen haben. Aufgrund der Untersuchung des Tischfußes sind wir zu der Überzeugung gelangt, dass es sich mit hoher Wahrscheinlichkeit um einen Verarbeitungsfehler handelt. Die versenkbaren Metallstifte wurden von Ihnen nur unzureichend abgedeckt, sodass diese für die Beschädigung des Parketts in Frage kommen. Für den Abschliff des Parketts und dessen Neuversiegelung sollten Sie mit einem Schadensersatz in Höhe von 1.250,00 € zuzügl. 19% USt. rechnen.

Hochachtungsvoll

Peer-Augustin Kluge

Modul 1 – Lösungen

1.1	0720	TA/Maschinen	80.000,00 €	
	2600	Vorsteuer	15.200,00 €	
	an	44010 Kreditor Krones AG		95.200,00 €

1.2	0840	Fuhrpark	18.000,00 €	
	0860	Büromaschinen	1.020,00 €	
	an	3001 Privateinlage		19.020,00 €

1.3	44010	Kreditor Krones AG	3.094,00 €	
	an	0720 TA/Maschinen		2.600,00 €
		2600 Vorsteuer		494,00 €

1.4 Rechnungsbetrag 95.200,00 € – Gutschrift 3.094,00 € = 92.106,00 €

offener Rechnungsbetrag	92.106,00 €
– 2 % Skonto	1.842,12 €
(netto 1.548,00 €; Steueranteil 294,12 €)	
	90.263,88 €

44010	Kreditor Krones AG	92.106,00 €	
an	2800 Bank		90.263,88 €
an	0720 TA/Maschinen		1.548,00 €
	2600 Vorsteuer		294,12 €

1.5	0720	TA/Maschinen	400,00 €	
	2600	Vorsteuer	76,00 €	
	an	2880 Kasse		476,00 €

1.6 Buchungen auf Konto 0720 TA/Maschinen:
80.000,00 € – 2.600,00 € + 400,00 € – 1.548,00 € = 76.252,00 €

1.7
Kalk. AfA:	86.000,00 € : 5 Jahre	=	17.200,00 €
Kalk. Zins:	76.252,00 € : 2 · 8 %	=	3.050,08 €
Energie (Verbrauch):	80 kWh · 1.440 Std. · 0,17 €	=	19.584,00 €
Raumkosten:	9,00 € · 16 qm · 12 Monate	=	1.728,00 €
Wartung, Instandhaltung		=	320,00 €
Werkzeugkosten:	80,00 € · 4	=	320,00 €
Maschinenkosten gesamt		=	42.202,08 €

Maschinenstundensatz: 42.202,08 € : 1.440 Std. = 29,31 €/Std.

Modul 2 – Lösungen

2.1

	Materialeinzelkosten		140,00 €
+	Materialgemeinkosten	20 % =	28,00 €
=	Materialkosten		168,00 €
+	Fertigungslöhne	10 · 56,00 € =	560,00 €
+	Fertigungsgemeinkosten	80 % =	448,00 €
+	Maschinenkosten 1,5 Std. · 30,00 €/Std. =		45,00 €
+	Sondereinzelkosten Fertigung		90,00 €
=	Herstellkosten		1.311,00 €
+	Verwaltungsgemeinkosten	5 % =	65,55 €
+	Vertriebsgemeinkosten	10 % =	131,10 €
=	Selbstkosten		1.507,65 €
+	Gewinn	30 % =	452,30 €
=	Barverkaufspreis		1.959,95 €
+	Skonto		40,00 €
=	Zielverkaufspreis		1.999,95 €
+	Rabatt		222,22 €
=	Angebotspreis		2.222,17 €

2.2
2.2	24300	Debitor Vierenkötter	2.189,60 €	
	an	5000 UE eig. Erz.		1.840,00 €
		4800 Umsatzsteuer		349,60 €
2.3	2850	Postbank	1.190,00 €	
	an	24300 Debitor Vierenkötter		1.190,00 €
2.4	6100	Fremdleistungen	90,00 €	
	2600	Vorsteuer	17,10 €	
	an	44090 Kreditor Schwind OHG		107,10 €
2.5	2800	Bank	969,61 €	
	5001	EB eig. Erz.	25,20 €	
	4800	Umsatzsteuer	4,79 €	
	an	24300 Debitor Vierenkötter		999,60 €

2.6

	Herstellkosten		1.316,00 €
+	Verwaltungsgemeinkosten	5 % =	65,80 €
+	Vertriebsgemeinkosten	10 % =	131,60 €
=	Selbstkosten		1.513,40 €
+	**Gewinn**		**301,40 €**
=	Barverkaufspreis		1.814,80 €

301,40 € · 100 / 1.513,40 € = <u><u>19,92 %</u></u>

Modul 3 – Lösungen

3.1 variable Kosten = kurzfristige Preisuntergrenze
140,00 € + 85,00 € + 240,00 € = <u>465,00 €</u>

3.2 db = 1.500,00 € − 465,00 € = <u>1.035,00 €</u>
Grundsätzlich bei freier Kapazität ja, da ein positiver Beitrag zur Deckung der fixen Kosten geleistet wird.

3.3 db I = 1.500,00 € − 465,00 € = <u>1.035,00 €</u>

BEP = 191.250,00 € : 1.035,00 € = 184,78 = <u>185 Tische</u>

3.4.1 40 % von 191.250,00 € = <u>76.500,00 €</u>

3.4.2 langfristige PU = 465,00 € + 76.500,00 € : 180 Tische = 890,00 €

3.5 40 % = 180 Tische pro Jahr; 100 % = 450 Tische

3.6 Freie Kapazität damit: 450 Tische − 180 Tische = 270 Tische

3.7 (db_{AEKI} = 1.500 € − 10 % Dauerrabatt − 465 € = 885,00 €)
BE = 180 Tische · 885,00 € + 270 Tische · 1.035,00 € − 191.250,00 € = <u>247.500,00 €</u>

3.8	2470	Zweifelhafte Forderungen	8.032,50 €	
	an	24900 Debitor AEKI AG		8.032,50 €
3.9	6951	Abschr. Ford. Uneinbringlichkeit	2.700,00 €	
	4800	Umsatzsteuer	513,00 €	
	an	2470 Zweifelhafte Forderungen		3.213,00 €
3.10	2800	Bank	4.819,50 €	
	an	2470 Zweifelhafte Forderungen		4.819,50 €

Modul 4 – Lösungen

4.1	6000	Aufw. f. Rohstoffe	6.900,00 €	
	an	2000 Rohstoffe		6.900,00 €
	2100	Unfertige Erz.	1.700,00 €	
	an	5201/5200 Bestandsveränd.		1.700,00 €
4.2	6002	Nachlässe f. Rohstoffe	456,00 €	
	an	2600 Vorsteuer		456,00 €
	6002	Nachlässe f. Rohstoffe	2.400,00 €	
	an	6000 Aufw. f. Rohstoffe		2.400,00 €
4.3.1	3005	Privatentnahme	185,64 €	
	6050	Aufw. f. Energie	884,00 €	
	2600	Vorsteuer	167,96 €	
	an	2800 Bank		1.237,60 €

4.3.2	6710	Aufw. f. Leasing	185,00 €	
	2900	Aktive Rechnungsabgrenzung	370,00 €	
	2600	Vorsteuer	105,45 €	
	an	2800 Bank		660,45 €
4.4	6540	Abschreibung Sammelposten	240,00 €	
	an	0890 GWG Sammelposten		240,00 €
4.5	6520	Abschreibung Sachanlagen	7.148,63 €	
	an	0720 TA/Maschinen		7.148,63 €

Anschaffungskosten: 76.252,00 € : 8 Jahre = 9.531,50 € : 12 · 9 = 7.148,63 €

4.6		Forderung brutto	49.980,00 €	
		− 19 % Umsatzsteuer	7.980,00 €	
		= Forderung netto	42.000,00 €	
		→ notwendige PWB (2 %)	840,00 €	
		= Heraufsetzung, da erstmalige PWB!		
	6953	Einst. in Pauschalwertberichtigung	840,00 €	
	an	3680 Pauschalwertberichtigung		840,00 €
4.7	6970	Einst. Gewährleistung	1.250,00 €	
	an	3910 Rückst. f. Gewährleistung		1.250,00 €

Abschlussprüfung 2009 an Wirtschaftsschulen
Rechnungswesen

Bitte beachten Sie:
- Lösungswege bzw. Rechenvorgänge sind klar und nachvollziehbar darzustellen.
- Bei Buchungssätzen kann die volle Punktzahl nur erreicht werden, wenn sowohl Kontonummer als auch Kontenbezeichnung richtig angegeben sind.

Unternehmensbeschreibung

Jump'n Ride OHG

Die *Jump'n Ride OHG* stellt verschiedene Arten von Skateboards her und handelt mit passendem Zubehör.

Gesellschafter/in	Eigenkapitalkonto	Privateinlagekonto	Privatentnahmekonto
Bauer, Anton	30001	30011	30051
Ammer, Lina	30002	30012	30052

Stoffe, Fremdbauteile, eigene Erzeugnisse und Handelswaren

Rohstoffe:	Ahornholz, laminiertes Holz
Hilfsstoffe:	Schrauben, Lacke, Leim
Betriebsstoffe:	Schmieröle, Schleifpapier
Fremdbauteile:	Rollen, Kugellager, Achsen
Eigene Erzeugnisse:	Waveboards, Kinderskateboards
Handelswaren:	Helme, Schutzausrüstungen (Sets)

Lieferanten und Kunden

Kontonummer	Lieferanten
440001	InStore GmbH
440002	ProHolz GmbH
440003	Elektro Schlag KG
440004	Hitzig AG
440005	Spedition Flink KG
440099	Sonstige Lieferanten

Kontonummer	Kunden
240001	Boards & Sports GmbH
240002	Sportwaren Plump AG
240003	Sport & Lifestyle GmbH
240099	Sonstige Kunden

Modul 1

Die *Jump'n Ride OHG* möchte den Eingangsbereich der Unternehmung attraktiver gestalten und eine neue Empfangstheke erwerben. Folgendes Angebot geht ein:

InStore GmbH
Büroausstattung

InStore GmbH, Erlenmeyerstraße 3 - 5, 63741 Aschaffenburg

Jump'n Ride OHG
Philipp-Schwarzenberg-Straße 117
96450 Coburg

Ihr Zeichen, Ihre Nachricht vom	Unser Zeichen, Unsere Nachricht vom	Tel., Name	Aschaffenburg
Anf 23 /gr /05.04.2009	456 /re	06021 12345, Reit	13.04.2009

Angebot

Sehr geehrte Damen und Herren,

vielen Dank für Ihre Anfrage. Wir bieten Ihnen an:

Empfangstheke „Horizon", Farbe Nussbaum, Maße 700 x 81 x 114
zum Listenpreis von 48.000,00 € zzgl. 19 % USt.

Als Neukunden gewähren wir Ihnen einen Rabatt von 10 % auf den Wert der Empfangstheke.
Für Transport und Montage stellen wir Ihnen pauschal 1.260,00 € zzgl. 19 % USt. in Rechnung.

Laut Anweisung der Geschäftsleitung müssen die Anschaffungskosten der neuen Empfangstheke unter 45.000,00 € bleiben.

1.1 Berechnen Sie, ob das Angebot der *InStore GmbH* diese Auflage erfüllt.

Die *InStore GmbH* präsentiert sich im weiteren Verkaufsgespräch sehr positiv, so dass die *Jump'n Ride OHG* die Empfangstheke schließlich zu den obigen Angebotsbedingungen erwirbt. Am 19.06.2009 wird die Empfangstheke geliefert und montiert.

1.2 Buchen Sie die Eingangsrechnung.

Zum Ende des Geschäftsjahres wird das Anlagevermögen bewertet.

1.3 Berechnen und buchen Sie die lineare Abschreibung der Empfangstheke zum 31.12.2009. Nutzungsdauer laut AfA-Tabelle: 13 Jahre.

1.4 Berechnen Sie den Buchwert der Empfangstheke nach der Abschreibung zum 31.12.2010.

1.5 In der Kosten- und Leistungsrechnung wird im Gegensatz zur Geschäftsbuchführung die kalkulatorische Abschreibung angesetzt. Zeigen Sie anhand von zwei Merkmalen den Unterschied zwischen der kalkulatorischen und der bilanziellen Abschreibung auf.

In der Zwischenzeit ist es der *Jump'n Ride OHG* gelungen, die alte gebrauchte Empfangstheke zu verkaufen. Diese weist zum Zeitpunkt des Verkaufs einen Buchwert von 1.400,00 € auf.

Quittung	netto		**2.000**	EUR	**00**
Nr. 231	19 % USt.		**380**	EUR	**00**
	gesamt		**2.380**	EUR	**00**
Betrag in Worten					
zweitausenddreihundertachtzig------------------------					Cent wie oben
von	Firma Neubert OHG, Hof				
für	Gebrauchte Empfangstheke gegen Abholung				
dankend erhalten	*Coburg, 18.07.2009*	*I. A. Greifers*		Jump'n Ride OHG 96450 Coburg	

1.6 Berechnen Sie den Verkaufserfolg der Empfangstheke.

1.7 Buchen Sie den Verkauf.

1.8 Buchen Sie die alte Empfangstheke aus.

Für die weitere Ausstattung des Empfangsraumes kauft die *Jump'n Ride OHG* bei der *InStore GmbH* einen Schreibtischstuhl für brutto 809,20 € sowie eine Schreibtischlampe für brutto 107,10 € (jeweils inkl. 19 % USt.).

1.9 Buchen Sie den Zieleinkauf.

Verteilung der Bewertungseinheiten

Frage	1.1	1.2	1.3	1.4	1.5	1.6	1.7	1.8	1.9	gesamt
Punkte	2	2,5	3	2	2	1,5	1,5	1,5	4	20

Modul 2

In der Kreditorenbuchhaltung der *Jump'n Ride OHG* liegt der Beleg 1 (siehe Anlage) vor.

2.1 Buchen Sie diesen Beleg.

Ein Kubikmeter Ahornholz wird in der Kalkulation mit 794,00 € verrechnet und reicht für die Produktion von 125 Waveboards.

2.2 Mit welchem Betrag gehen die Kosten für das Ahornholz in die Kalkulation der Selbstkosten für **ein** Waveboard ein?

Nach Abschluss aller Vorarbeiten stehen folgende Daten zur Verfügung:

Materialeinzelkosten je Waveboard	20,00 €
Fertigungslöhne je Waveboard	12,00 €
Materialgemeinkostenzuschlagssatz	18 %
Fertigungsgemeinkostenzuschlagssatz	160 %
Verwaltungs-/Vertriebsgemeinkostenzuschlagssatz	10 %
Kosten für Spezialverpackung je Waveboard	2,50 €

2.3 Berechnen Sie die Selbstkosten für ein Waveboard.

Die *Boards & Sports GmbH* ist bereit, für einen Stückpreis von 85,00 € netto insgesamt 300 Waveboards zu bestellen. Sie verlangt 10 % Rabatt und 2 % Skonto. Außerdem kalkuliert die *Jump'n Ride OHG* mit einer Vertreterprovision von 6 %.

2.4 Ermitteln Sie den gesamten Gewinn in Euro und Prozent (auf zwei Dezimalstellen gerundet), wenn die *Jump'n Ride OHG* wegen gestiegener Einkaufspreise mit Selbstkosten von 65,00 €/St. rechnet.

2.5 Die 300 Waveboards werden zu den oben genannten Bedingungen an die *Boards & Sports GmbH* gegen Rechnung geliefert. Berechnen Sie die erforderlichen Beträge und buchen Sie den Verkauf auf Ziel.

Die *Boards & Sports GmbH* gerät in finanzielle Schwierigkeiten. Nach mehreren Monaten einigt man sich auf einen außergerichtlichen Vergleich. Der *Jump'n Ride OHG* werden 10.924,20 € für ihre gesamten Forderungen in Höhe von 54.621,00 € überwiesen.

2.6 Bilden Sie den Buchungssatz für den Ausfall der Restforderung.

2.7 Wie hoch ist die Vergleichsquote bei der Forderung an die *Boards & Sports GmbH*?

Verteilung der Bewertungseinheiten

Frage	2.1	2.2	2.3	2.4	2.5	2.6	2.7	gesamt
Punkte	2	1	3,5	5,5	3,5	3,5	1	20

Modul 2 – Anlage

Beleg 1

ProHolz GmbH

[ProHolz GmbH, Indsutriestraße 11–13, 21107 Hamburg]

Jump'n Ride OHG
Philipp-Schwarzenberg-Straße 117
90450 Coburg

Industriestraße 11–13
21107 Hamburg
Tel.: 040 578232-0
Fax: 040 578233-0
E-Mail: info@proholz.de
Internet: www.proholz.de

USt-IdNr: DE212047612

Rechnung

Steuernr.: 241/130/81410

Diese Daten bitte bei Zahlung und Schriftwechsel angeben			Lieferdatum: 26.06.09			
Kundennummer	Rechnungsnummer	Rechnungsdatum	Auftragsnummer	Auftragsdatum	Ihre Bestellnr.
24137	AR-2009/06-146	26.06.09	298	10.06.09	39061B-12

Pos.	Artikelnummer	Artikelbezeichnung	Menge in m³	Einzelpreis EUR pro m³	Rabatt in %	Gesamt netto EUR
1	10001	Ahornholz	20	800,00		16.000,00
2	10002	Laminiertes Holz	30	650,00		19.500,00

Warenwert netto	Versandkosten netto	Steuerpfl. Nettoentgelt	USt.-Satz	USt.-Betrag	Rechnungsbetrag brutto
35.500,00 €	500,00 €	36.000,00 €	19 %	6.840,00 €	**42.840,00 €**

Zahlung: Innerhalb **10 Tagen** mit **2 % Skonto** *Innerhalb 30 Tagen netto*	Abzugsfähiger Skonto	Skontobetrag brutto	Bei Skontoabzug zu zahlen:
	2 % aus 42.245,00 €	844,90 €	41.995,10 €

Sitz der Gesellschaft	Registergericht	Geschäftsführer	Bankverbindung
Hamburg	Amtsgericht Hamburg HRA Nr. 1081	Peter Linde Barbara Stein	Hamburger Sparkasse BLZ 200 505 50, Kto-Nr. 1943288

2009-5

Modul 3

Die *Jump'n Ride OHG* erhielt folgende E-Mail von einem großen Versandhaus:

> Sehr geehrte Frau Ammer,
> Sehr geehrter Herr Bauer,
>
> wir möchten Ihr Waveboard Modell „*Racer*" in unseren nächsten Katalog aufnehmen, wenn Sie monatlich 400 Stück zum Preis von netto 68,50 € je Stück liefern können.
>
> Bitte teilen Sie uns mit, ob Sie mit diesen Bedingungen einverstanden sind. Wir freuen uns auf eine gute Zusammenarbeit.
>
> Mit freundlichen Grüßen,
>
> Werner Maier
> Sport & Lifestyle GmbH

Für das Modell „*Racer*" liegen für diesen Monat folgende Zahlen vor:

Produktionsmenge	850 Stück
Kapazitätsauslastung	65 %
Variable Stückkosten	45,00 €

3.1 Begründen Sie durch Berechnung der maximalen Kapazität, ob die *Jump'n Ride OHG* die Menge laut E-Mail-Anfrage liefern kann.

3.2 Begründen Sie rechnerisch, ob sich die Annahme des Auftrags über 400 Stück monatlich lohnt.

Das Waveboard „*Racer*" wird beim Versandhaus *Sport & Lifestyle GmbH* stark nachgefragt. Es möchte deshalb die monatliche Abnahmemenge um weitere 200 Stück zum gleichen Preis erhöhen. Dies bedeutet jedoch für die *Jump'n Ride OHG* einen Ausbau der Kapazität. Daher steigen die erzeugnisfixen Kosten um 6.800,00 € monatlich.

3.3 Entscheiden Sie mit einer geeigneten Berechnung, ob die Erweiterung der Kapazität vorgenommen werden sollte, um diese Auftragserweiterung annehmen zu können.

3.4 Um wie viel Stück müsste das Versandhaus *Sport & Lifestyle GmbH* die monatliche Abnahmemenge zusätzlich erhöhen, damit sich der notwendige Kapazitätsausbau trägt?

Nach langen Verhandlungen wird ein Jahresvertrag mit der *Sport & Lifestyle GmbH* über 8.500 Stück des Modells „*Racer*" geschlossen.

3.5 Buchen Sie dazu folgenden (gekürzten) Beleg für eine Teillieferung.

Jump'n Ride OHG

Jump'n Ride OHG, Philipp-Schwarzenberg-Str. 117, 96450 Coburg

Sport & Lifestyle GmbH
Arzloher Str. 63
90482 Nürnberg

Kundennummer:	240003
Ihre Bestellnummer:	2009-324
Bestelldatum:	19.06.2009
Rechnungsnummer:	AR 2468
Rechnungsdatum/ Lieferdatum:	27.06.2009

Bitte bei Schriftverkehr/Zahlung angeben!

Rechnung

Lfd. Nr.	Produkt	Anzahl	Einheit	Preis/Einheit	Listenpreis
1	Waveboard „Racer"	650	Stück	68,50 €	44.525,00 €
2	Leihverpackung	3	Stück	50,00 €	150,00 €

Nettobetrag	44.675,00 €
19 % USt.	8.488,25 €
Rechnungspreis brutto	**53.163,25 €**

Zahlungsbedingungen:
Bei Zahlung innerhalb von 6 Tagen 2 % Skonto = 1.063,27 €
innerhalb von 20 Tagen rein netto

Im Zusammenhang mit dem neuen Auftrag sind noch drei weitere Vorgänge zu buchen:

3.6 Der Handelsvertreter, Herr Schlawinski, erhält eine Vertriebsprovision von 2.100,00 € netto (zzgl. 19 % USt.) in bar.

3.7 Für die Lieferung der Waveboards an den Kunden *Sport & Lifestyle GmbH* stellt uns der Spediteur *Flink KG* 452,20 € brutto in Rechnung.

3.8 Es erfolgt die Rücksendung der Leihverpackung aus Rechnung AR 2468 (siehe oben) durch die *Sport & Lifestyle GmbH*.

Verteilung der Bewertungseinheiten

Frage	3.1	3.2	3.3	3.4	3.5	3.6	3.7	3.8	gesamt
Punkte	2,5	2,5	2	2	3	2,5	2,5	3	20

Modul 4

Die hohe Nachfrage nach Waveboards erfordert eine Erweiterung des Produktionsbereiches. Die *Jump'n Ride* OHG kauft deshalb von der Firma *Hitzig AG* eine neue lasergesteuerte Sägemaschine zum Preis von 420.000,00 € zzgl. 19 % USt.

4.1 Buchen Sie den Kauf der Maschine auf Ziel.

4.2 Um Skonto ausnutzen zu können, nimmt die *Jump'n Ride OHG* vor der Zahlung einen kurzfristigen Überbrückungskredit auf. Der Buchhaltung der *Jump'n Ride OHG* liegt einige Tage später folgender Kontoauszug vor. Buchen Sie beide Vorgänge.

BU-TAG	Vorgang	WERT	UMSATZ EUR
18.06.	KREDITAUSZAHLUNG NR.: 88976-98B	18.06.	400.000,00 H
19.06.	AUSGLEICH RECHNUNG NR. 898 FIRMA HITZIG VOM 09.06.09 UNTER ABZUG VON SKONTO	19.06.	489.804,00 S

Herrn/Frau/Firma	Kontoauszug	
Jump'n Ride OHG	LETZTE ERSTELLUNG	ALTER KONTOSTAND EUR
Philipp-Schwarzenberg-Straße 117	17.06.2009	133.000,00 H
96450 Coburg	ERSTELLUNGSTAG	NEUER KONTOSTAND EUR

Damit die Sägemaschine in Betrieb genommen werden konnte, mussten spezielle elektrische Anschlüsse installiert werden.

4.3 Die *Jump'n Ride OHG* erhält dafür eine Rechnung von der Firma *Elektro Schlag KG* über 3.400,00 € zzgl. 19 % USt. Buchen Sie diese Rechnung.

Frau Ammer und Herr Bauer beschließen, für die Kosten- und Leistungsrechnung die Maschinenstundensatzrechnung einzuführen.

4.4 Erläutern Sie einen Grund für diesen Beschluss.

4.5 Berechnen Sie den Maschinenstundensatz der neuen Sägemaschine unter Berücksichtigung folgender Daten:

Reguläre Laufzeit der Maschine:	272 Stunden monatlich
Wartungsbedingte Ausfallzeit:	24 Stunden jährlich
Anschaffungskosten:	415.000,00 €
Wiederbeschaffungswert:	425.000,00 €
Tatsächliche Nutzungsdauer:	10 Jahre
Kalkulatorischer Zins:	9 %
Energiebedarf:	Grundgebühr: 420,00 € monatlich Verbrauch: 60 kWh zu je 0,17 €
Platzbedarf:	14 m²
Kosten pro m²:	9,00 € monatlich
Wartungskosten:	9.250,00 € jährlich

4.6 Nennen Sie einen Grund, warum die tatsächlichen Fremdkapitalzinsen von den kalkulatorischen Zinsen abweichen können.

Mit dem Einsatz der neuen Sägemaschine müssen die Fertigungskosten für Waveboards neu berechnet werden.

4.7 Übertragen Sie dafür untenstehendes unvollständiges Schema auf Ihr Blatt und berechnen Sie die fehlenden Werte.
Beachten Sie, dass ein Waveboard im Fertigungsprozess 20 Minuten an der neuen Sägemaschine bearbeitet wird.

Fertigungslöhne		7,00 €
Restfertigungsgemeinkosten	? %	8,40 €
Maschinenkosten		? €
Fertigungskosten pro Stück		? €

Verteilung der Bewertungseinheiten

Frage	4.1	4.2	4.3	4.4	4.5	4.6	4.7	gesamt
Punkte	2,5	4,5	2,5	1	6	1	2,5	20

Modul 5

Die Firma *Sportwaren Plump AG* fragt bei der *Jump'n Ride OHG* den Angebotspreis für Kinderskateboards an.

5.1 Kalkulieren Sie den Angebotspreis für ein Kinderskateboard unter Berücksichtigung folgender Daten:

Selbstkosten	50,00 €
Gewinnzuschlag	14 %
Kundenskonto	2 %
Kundenrabatt	10 %

Die *Jump'n Ride OHG* bietet der *Sportwaren Plump AG* die Kinderskateboards zum Nettoverkaufspreis von 64,00 € pro Stück frei Haus an. Die *Plump AG* bestellt daraufhin 40 Kinderskateboards.

5.2 Vervollständigen Sie die Ausgangsrechnung (siehe Anlage) für die Firma *Plump AG* und buchen Sie den Verkauf.

5.3 Für den Versand der Boards an die Firma *Plump AG* erhalten wir eine Rechnung der Spedition *Flink KG* in Höhe von 120,00 € zzgl. 19 % USt.
Buchen Sie den Vorgang.

Der Abteilung Finanzbuchhaltung liegt untenstehender Beleg vor.

5.4 Buchen Sie die Kontobewegungen.

BU-TAG	Vorgang	WERT	UMSATZ EUR *
29.06.	AR 1906 VOM 24.06.2009, PLUMP AG UNTER ABZUG VON SKONTO	30.06.	2.686,92 H
29.06.	FEUERVERSICHERUNG 01.06.2009 BIS 31.05.2010	30.06.	624,00 S
30.06.	ABO FACHZEITSCHRIFT „SKATE" FÜR MONAT JUNI	30.06.	12,84 S

Herrn/Frau/Firma	Kontoauszug	
Jump'n Ride OHG	LETZTE ERSTELLUNG	ALTER KONTOSTAND EUR
Philipp-Schwarzenberg-Straße 117	29.06.2009	36.775,43 H
90403 Nürnberg	ERSTELLUNGSTAG	NEUER KONTOSTAND EUR
	30.06.2009	38.825,51 H

5.5 Berechnen und buchen Sie die zeitliche Abgrenzung der Feuerversicherung zum 31.12.2009 mit Bezug zum vorherigen Kontoauszug.

Die gesamten Versicherungskosten des ersten Halbjahres betragen 3.080,00 € und sind als Gemeinkosten auf die Kostenstellen Material, Fertigung, Verwaltung und Vertrieb im Verhältnis 4:6:3:1 zu verteilen.

5.6 Berechnen Sie den Versicherungskostenanteil je Kostenstelle.

Verteilung der Bewertungseinheiten

Frage	5.1	5.2	5.3	5.4	5.5	5.6	gesamt
Punkte	3	3,5	2,5	7	1,5	2,5	20

Modul 5 – Anlage

Beleg 1

Jump'n Ride OHG

Jump'n Ride OHG, Philipp-Schwarzenberg-Str. 117, 96450 Coburg

Sportwaren Plump AG
Stadionstraße 99
92637 Weiden

Kundennummer:	240002
Ihre Bestellnummer:	B 22-103
Bestelldatum:	19.06.2009
Rechnungsnummer:	**AR 1906**
Rechnungsdatum/ Lieferdatum:	24.06.2009

Bitte bei Schriftverkehr/Zahlung angeben!

Rechnung

Lfd. Nr.	Produkt	Anzahl	Einheit	Preis/Einheit	Listenpreis
1	Kinderskateboard				

abzüglich 10 % Rabatt	
Nettobetrag	
19 % USt.	
Rechnungspreis brutto	

Zahlungsbedingungen:
Bei Zahlung innerhalb von 6 Tagen 2 % Skonto =
innerhalb von 20 Tagen rein netto

Registergericht Coburg	Postanschrift:	Bankverbindung:
HRA Nr. 1871	Philipp-Schwarzenberg-Str. 117	Vereinigte Volksbank Coburg
USt-IdNr.: DE167234958	96450 Coburg	Kto.-Nr. 4646232
St.-Nr. 456/123/78900	E-Mail: info@jumpnride.de	BLZ 770 918 00
	Internet: http://www.jumpnride.de	

Modul 6

Zum Jahresende 2008 sind bei der *Jump'n Ride OHG* noch einige Buchungen und Berechnungen durchzuführen.

6.1 Folgender Beleg liegt auszugsweise vor. Buchen Sie den Vorgang.

Jump'n Ride OHG

Jump'n Ride OHG, Philipp-Schwarzenberg-Str. 117, 96450 Coburg

Anton Bauer

Privatentnahme

Kundennummer:	**Privat**
Ihre Bestellnummer:	
Bestelldatum:	
Rechnungsnummer:	**AR 1899**
Rechnungsdatum/	
Lieferdatum:	**06.12.2009**

Bitte bei Schriftverkehr/Zahlung angeben!

Rechnung

Lfd. Nr.	Produkt	Anzahl	Einheit	Preis/Einheit	Nettobetrag
1	Waveboard	1	Stück	60,00 €	60,00 €
2	Helm	1	Stück	19,00 €	19,00 €
3	Schutzausrüstung (Set)	2	Stück	15,90 €	31,80 €

Von ihrem Holz-Lieferanten *ProHolz GmbH* erhält die *Jump'n Ride OHG* einen Bonus über 2.112,25 € brutto.

6.2 Bilden Sie den Buchungssatz für diesen Vorgang.

Der Kunde *Boards & Sports GmbH* erhält von der *Jump'n Ride OHG* aufgrund einer mangelhaften Lieferung von Helmen einen Preisnachlass in Höhe von 15 % auf den Rechnungsbetrag von 2.261,00 €.

6.3 Bilden Sie den Buchungssatz für diesen Vorgang.

Die gesamten einwandfreien Forderungen der *Jump'n Ride OHG* belaufen sich zum 31. 12. 2008 auf 80.920,00 €.

6.4 Berechnen und buchen Sie die Anpassung der Wertberichtigung in Höhe von 1 %, wenn der Bestand aus dem Vorjahr 500,00 € beträgt.

Für eine bereits abgeschriebene Forderung sind nachträglich überraschend 980,56 € auf dem Bankkonto eingegangen.

6.5 Bilden Sie den Buchungssatz für diesen Vorgang.

6.6 Erläutern Sie zwei Unterschiede zwischen einer Wertberichtigung und der direkten Abschreibung einer Forderung.

Mit den aktuellen Werten am Jahresende sollen die Ist-Gemeinkosten-Zuschlagssätze für die Kostenstellen neu berechnet werden. Dazu liegen die folgenden Zahlen des Betriebsabrechnungsbogens vor:

Kostenart	Verteilungs-schlüssel	Material	Fertigung	Verwaltung	Vertrieb
.	.	.	.	.	.
.	.	.	.	.	.
.	.	.	.	.	.
Summe Gemeinkosten		152.440,00 €	1.362.750,00 €	195.530,00 €	125.010,00 €

Einzelkosten: Fertigungsmaterial: 824.000,00 €
Fertigungslöhne: 862.500,00 €
Herstellkosten des Umsatzes: 3.205.390,00 €

6.7 Berechnen Sie den Ist-Gemeinkosten-Zuschlagssatz (auf zwei Nachkommastellen gerundet) für die Kostenstelle Fertigung.

6.8 Erklären Sie, wie sich eine Bestandsminderung an fertigen und unfertigen Erzeugnissen auf die Herstellkosten des Umsatzes auswirkt.

6.9 Berechnen Sie den Ist-Gemeinkosten-Zuschlagssatz (auf zwei Nachkommastellen gerundet) für die Kostenstelle Verwaltung.

Für die Kostenstelle Material wurde auf Normalkosten-Basis mit einem Zuschlagssatz von 18 % kalkuliert; die Nachkalkulation ergab einen Ist-Gemeinkosten-Zuschlagssatz von 18,5 %.

6.10 Erläutern Sie einen möglichen Grund für diese Abweichung bei der *Jump'n Ride OHG*.

6.11 Zeigen Sie eine Möglichkeit der *Jump'n Ride OHG* auf, auf diese Kostenerhöhung zu reagieren.

Verteilung der Bewertungseinheiten

Frage	6.1	6.2	6.3	6.4	6.5	6.6	6.7	6.8	6.9	6.10	6.11	gesamt
Punkte	3	2,5	3	2	2,5	2	1	1	1	1	1	20

Modul 1 – Lösungen

1.1	Listenpreis Empfangstheke	48.000,00 €
	– 10 % Neukundenrabatt	4.800,00 €
	= Zieleinkaufspreis	43.200,00 €
	+ Transport/Montage (Anschaffungsnebenkosten)	1.260,00 €
	= Anschaffungskosten	44.460,00 €

Das Angebot erfüllt die Anforderung der Geschäftsleitung, da es unter 45.000,00 € Anschaffungskosten liegt.

1.2	0870	Büromöbel		44.460,00 €	
	2600	Vorsteuer		8.447,40 €	
	an	440001 Kreditor InStore GmbH			52.907,40 €

1.3 44.460,00 : 13 Jahre = 3.420,00 € Jahres-AfA
(3.420,00 € : 12 Monate) · 7 Monate = 1.995,00 € AfA 2009

	6520	Abschreibung Sachanlagen	1.995,00 €	
	an	0870 Büromöbel		1.995,00 €

1.4	Anschaffungskosten	44.460,00 €
	– AfA 2009	1.995,00 €
	– AfA 2010	3.420,00 €
	= Anschaffungskosten	39.045,00 €

1.5 In der Kosten und Leistungsrechnung werden die Abschreibungen vom Wiederbeschaffungswert errechnet und auf die betriebsgewöhnliche Nutzungsdauer linear aufgeteilt. In der Geschäftsbuchführung dagegen werden die Abschreibungen mit Hilfe der Nutzungsdauer laut AfA-Tabelle und ausgehend von den Anschaffungskosten errechnet.

1.6	Nettoverkaufserlös	2.000,00 €
	– Restbuchwert lt. Angabe	1.400,00 €
	= Buchgewinn	600,00 €

1.7	2880	Kasse	2.380,00 €	
	an	5465 Erlöse Abg. AV (Buchgewinn)		2.000,00 €
		4800 Umsatzsteuer		380,00 €

1.8	6965	Restbuchwert AV (Buchgewinn)	1.400,00 €	
	an	0870 Büromöbel		1.400,00 €

Achtung: Der Kontenrahmen des ISB sieht für das Konto Restbuchwert AV (Buchgewinn) die Kontonummer 5469 vor. Orientieren Sie sich an dem in Ihrer Schule verwendeten Kontenrahmen.

1.9	0890	Sammelkonto AV	680,00 €	
	6800	Büromaterial	90,00 €	
	2600	Vorsteuer	146,30 €	
	an	440001 Kreditor InStore GmbH		916,30 €

Modul 2 – Lösungen

2.1

	6000	Aufwendungen f. Rohstoffe	35.500,00 €	
	6001	Bezugskosten Rohstoffe	500,00 €	
	2600	Vorsteuer	6.840,00 €	
	an	440002 Kreditor Pro Holz GmbH		42.840,00 €

2.2 794,00 € : 125 Waveboards = 6,35 € / Waveboard

2.3

Fertigungsmaterial	20,00 €
+ 18 % Materialgemeinkosten	3,60 €
= Materialkosten	23,60 €
+ Fertigungslöhne	12,00 €
+ 160 % Fertigungsgemeinkosten	19,20 €
= Herstellkosten	54,80 €
+ 10 % VwVt.-Gemeinkosten	5,48 €
+ Sondereinzelkosten des Vertriebs	2,50 €
= Selbstkosten	62,78 €

2.4

Selbstkosten	19.500,00 €
+ Gewinn	**1.614,00 €**
= Barverkaufspreis	21.114,00 €
+ Vertreterprovision 6 %	1.377,00 €
+ Kundenskonto 2 %	459,00 €
= Zielverkaufspreis	22.950,00 €
+ Kundenrabatt 10 %	2.550,00 €
= Nettoverkaufspreis	25.500,00 €

Gewinn in % = 1.614,00 € : 19.500,00 € · 100 = 8,28

2.5

	240001 Debitor Boards & Sports GmbH		27.310,50 €	
	an	5000 Umsatzerlöse eig. Erz.		22.950,00 €
		4800 Umsatzsteuer		4.360,50 €

2.6

	6951	Abschr. Ford. wg. Uneinbringlichkeit	36.720,00 €	
	4800	Umsatzsteuer	6.976,80 €	
	an	2470 Zweifelhafte Forderungen		43.696,80 €

Es ist davon auszugehen, dass die Forderung bereits umgebucht wurde. Der Ausfallbetrag ergibt sich aus der Differenz der offenen Forderung und des Zahlungseingangs.

2.7 Vergleichsquote = 10.924,20 : 54.621,00 · 100 = 20 %

Modul 3 – Lösungen

3.1 Kapazität: 850 Stück : 65 · 100 = 1.307,69 Stück = 1.307 Stück
Freie Kapazität: 1.307 Stück – 850 Stück = 457 Stück > 400 Stück
Die Annahme des Auftrags ist somit möglich.

3.2 Deckungsbeitrag des Zusatzauftrags: 68,50 € – 45,00 € = 23,50 €/Stück.
Gesamtdeckungsbeitrag des Zusatzauftrags: 400 Stück · 23,50 € = 9.400 €
Die Annahme ist aus rein kostenrechnerischer Sicht sinnvoll.

3.3 Annahme: Die zusätzlichen fixen Kosten sind durch das Absatzplus von 200 Stück zu tragen.
6.800,00 € : 200 Stück = 34,00 € Deckungsbeitrag wären notwendig, d. h. der Verkaufspreis müsste bei 79,00 € liegen. (= variable Kosten + anteilige fixe Kosten)
Der Verkaufspreis des Zusatzauftrags liegt aber nur bei 68,50 €. Somit ist die Annahme des Zusatzauftrags auf Grund der Angaben als nicht sinnvoll zu betrachten.

3.4 Break-Even-Zusatzinvestition: 6.800,00 € : 23,50 € = 289,36 Stück = 290 Stück

Da bislang 200 Stück als Auftrag vorliegen, müssten noch mindestens 90 Stück nachgefragt werden.

3.5 240003 Debitor Sport & Lifestyle 53.163,25 €
    an 5000 Umsatzerlöse eig. Erz. 44.675,00 €
        4800 Umsatzsteuer 8.488,25 €

3.6 6150 Aufwendungen f. Vertriebsprovision 2.100,00 €
    2600 Vorsteuer 399,00 €
    an 2880 Kasse 2.499,00 €

3.7 6140 Aufwendungen f. Ausgangsfracht 380,00 €
    2600 Vorsteuer 72,20 €
    an 440005 Kreditor Flink KG 452,20 €

3.8 5000 Umsatzerlöse eig. Erz. 150,00 €
    4800 Umsatzsteuer 28,50 €
    an 240003 Debitor Sport & Lifestyle 178,50 €

Modul 4 – Lösungen

4.1 0720 Maschinen 420.000,00 €
    2600 Vorsteuer 79.800,00 €
    an 440004 Kreditor Hitzig AG 499.800,00 €

4.2 2800 Bank 400.000,00 €
    an 4200 Kurzfristige Bankverbindlichkt. 400.000,00 €

    440004 Kreditor Hitzig AG 499.800,00 €
    an 2800 Bank 489.804,00 €
        0720 Maschinen 8.400,00 €
        2600 Vorsteuer 1.596,00 €

4.3 0720 Maschinen 3.400,00 €
    2600 Vorsteuer 646,00 €
    an 440003 Kreditor Elektro Schlag KG 4.046,00 €

4.4 Maschinenkosten verursachen Kosten in der Fertigung; um diese maschinenabhängigen Fertigungsgemeinkosten genauer kalkulieren zu können, werden sie als Maschinenkosten über einen Maschinenstundensatz erfasst.

4.5 Laufzeit im Jahr: 272 Stunden · 12 Monate − 24 Stunden Ausfall = 3.240 Stunden

Kalk. Abschreibung:	425.000,00 € : 10 Jahre	= 42.500,00 €
Kalk. Zinsen (vom halben Anschaffungswert)	$\dfrac{415\,000,00\ \text{€} \cdot 9}{100 \cdot 2}$	= 18.675,00 €
Raumkosten:	14 qm · 9,00 €/qm · 12 Mon.	= 1.512,00 €
Energieverbrauch:	3.240 Std. · 60 kWh · 0,17 €	= 33.048,00 €
Energiegrundgebühr:	420,00 € · 12 Mon.	= 5.040,00 €
Wartungskosten:		= 9.250,00 €
= maschinenabhängige Gemeinkosten i. J.:		=110.025,00 €

Maschinenstundensatz: 110.025,00 € : 3.240 Stunden = **33,96 € / Std.**

4.6 In den kalkulatorischen Zinsen werden auch die Zinsen für das Eigenkapital angesetzt.

4.7
Fertigungslöhne	7,00 €
Restfertigungsgemeinkosten 120 %	8,40 €
+ Maschinenkosten 33,96 : 60 · 20	11,32 €
= Fertigungskosten	26,72 €

Restfertigungskosten in %: = (8,40 : 7,00) · 100 = 120

Modul 5 – Lösungen

5.1
Selbstkosten	50,00 €
+ Gewinn 14 %	7,00 €
= Barverkaufspreis	57,00 €
+ Kundenskonto 2 %	1,16 €
= Zielverkaufspreis	58,16 €
+ Kundenrabatt 10 %	6,46 €
= Angebotspreis	64,62 €

5.2

Jump'n Ride OHG

Jump'n Ride OHG, Philipp-Schwarzenberg-Str. 117, 96450 Coburg

Sportwaren Plump AG
Stadionstraße 99
92637 Weiden

Kundennummer:	240002
Ihre Bestellnummer:	B 22-103
Bestelldatum:	19.06.2009
Rechnungsnummer:	AR 1906
Rechnungsdatum/ Lieferdatum:	24.06.2009

Bitte bei Schriftverkehr/Zahlung angeben!

Rechnung

Lfd. Nr.	Produkt	Anzahl	Einheit	Preis/Einheit	Listenpreis
1	Kinderskateboard	40	Stück	64,00 €	2.560,00 €
			abzüglich 10 % Rabatt		256,00 €
			Nettobetrag		2.304,00 €
			19 % USt.		437,76 €
			Rechnungspreis brutto		2.741,76 €

Zahlungsbedingungen:
Bei Zahlung innerhalb von 6 Tagen 2 % Skonto = 54,84 €
innerhalb von 20 Tagen rein netto

Registergericht Coburg
HRA Nr. 1871
USt-IdNr.: DE167234958
St.-Nr. 456/123/78900

Postanschrift:
Philipp-Schwarzenberg-Str. 117
96450 Coburg
E-Mail: info@jumpnride.de
Internet: http://www.jumpnride.de

Bankverbindung:
Vereinigte Volksbank Coburg
Kto.-Nr. 4646232
BLZ 770 918 00

	240002	Debitor Plump AG	2.741,76 €	
	an	5000 Umsatzerlöse eig. Erz.		2.304,00 €
		4800 Umsatzsteuer		437,76 €
5.3	6140	Aufwendungen f. Ausgangsfracht	120,00 €	
	2600	Vorsteuer	22,80 €	
	an	440005 Kreditor Sped. Flink KG		142,80 €
5.4	2800	Bank	2.686,92 €	
	5001	Erlösbericht. eig. Erz.	46,08 €	
	4800	Umsatzsteuer	8,76 €	
	an	240002 Debitor Plump AG		2.741,76 €
	6900	Aufwendungen f. Versicherung	624,00 €	
	an	2800 Bank		624,00 €
	6810	Aufwendungen f. Zeitschr./Lit.	12,00 €	
	2600	Vorsteuer	0,84 €	
	an	2800 Bank		12,84 €

5.5 2900 Aktive Rechnungsabgrenzung   260,00 €
     an   6900 Aufwendungen f. Versicherung   260,00 €
     624,00 € : 12 Monate · 5 Monate im neuen Jahr = 260,00 €

5.6 3.080,00 € : 14 Anteile = 220,00 €/Anteil

     Material: 4 · 220,00 € =   880,00 €
     Fertigung: 6 · 220,00 € =   1.320,00 €
     Verwaltung: 3 · 220,00 € =   660,00 €
     Vertrieb: 1 · 220,00 € =   220,00 €

Modul 6 – Lösungen

6.1 30051 Privatentnahme Bauer   131,85 €
     an   5420 Gegenstandsentnahme   110,80 €
            4800 Umsatzsteuer   21,05 €

6.2 440002 Kreditor Pro Holz GmbH   2.112,25 €
     an   6002 Nachlässe Rohstoffe   1.775,00 €
            2600 Vorsteuer   337,25 €

6.3 5101   Erlösberich. Handelwaren   285,00 €
     4800   Umsatzsteuer   54,15 €
     an   240001 Debitor Boards & Sports GmbH   339,15 €

6.4 Forderungsbestand   80.920,00 €
     − 19 % Umsatzsteuer   12.920,00 €

     = Nettoforderungen   68.000,00 €
     hiervon 1 % = neue Pauschalwertberichtigung   680,00 €
     − vorhandene Pauschalwertberichtigung   500,00 €

     = Erhöhung   180,00 €

     6953   Einstellung PWB   180,00 €
     an   3680 Pauschalwertberichtigung PWB   180,00 €

6.5 2800   Bank   980,56 €
     an   5495 Zahlungseing. abgeschr. Ford.   824,00 €
            4800 Umsatzsteuer   156,56 €

6.6 Bei einer Wertberichtigung handelt es sich um einen geschätzten Ausfall, wobei eine Korrektur der Umsatzsteuer nicht erfolgt.
     Bei einer Abschreibung der Forderung steht der Ausfall definitiv fest. Die Forderung wird aus der Buchhaltung erfolgsmindernd ausgebucht und die Umsatzsteuer korrigiert.

6.7 Fertigungsgemeinkostenzuschlagssatz = 1.362.750,00 : 862.500,00 · 100 = <u>158 %</u>

6.8 Eine Bestandsminderung erhöht die Herstellkosten des Umsatzes.

6.9 Verwaltungsgemeinkostenzuschlagssatz = 195.530,00 : 3.205.390,00 · 100 = <u>6,10 %</u>

6.10 Da es sich um Schätzwerte handelt, führen alle Preisänderungen auch zu Veränderungen der Zuschlagssätze; z. B. Löhne im Lagerbereich, Rohstoffpreise.

6.11 Durch höhere Verkaufspreise die höheren Kosten ausgleichen oder nach Kosteneinsparungspotentialen zu suchen.

> **Abschlussprüfung 2010 an Wirtschaftsschulen**
> **Rechnungswesen**

Bitte beachten Sie:
- Lösungswege bzw. Rechenvorgänge sind klar und nachvollziehbar darzustellen.
- Bei Buchungssätzen kann die volle Punktzahl nur erreicht werden, wenn sowohl Kontonummer als auch Kontenbezeichnung richtig angegeben sind.

Unternehmensbeschreibung

Reitsport Müller OHG

Die Reitsport Müller OHG in Bamberg ist ein mittelständisches Unternehmen, das sich auf die Herstellung von Lederreitstiefeln und Reithosen spezialisiert hat. Darüber hinaus vertreibt das Unternehmen auch Handelswaren (Reithelme und Rückenprotektoren).

Gesellschafter/in	Eigenkapitalkonto	Privateinlagekonto	Privatentnahmekonto
Müller, Ute	30001	30011	30051
Müller, Franz	30002	30012	30052

Mitarbeiter
35 fest angestellte Mitarbeiter/innen

Stoffe, Vorprodukte/Fremdbauteile, eigene Erzeugnisse und Handelswaren

Rohstoffe:	Leder, Gummi, Stoffe
Hilfsstoffe:	Garn, Nieten, Kleber
Betriebsstoffe:	Schmieröle, Schmierfette
Fremdbauteile:	Reißverschlüsse, Schuhsohlen
Eigene Erzeugnisse:	Reitstiefel, Reithosen
Handelswaren:	Reithelme und Rückenprotektoren

Lieferanten und Kunden

Kontonummer	Lieferanten	Kontonummer	Kunden
440001	Bayern-Leder GmbH, Schweinfurt	240001	Ride & Sports GmbH, Augsburg
440002	Pro Garn GmbH, Nürnberg	240002	Ride Style KG, Nürnberg
440003	Gummiwerk AG, Regensburg	240003	Reitsportversand Huber GmbH, Nürnberg
440004	Peter Maschinen AG, Nürnberg	240004	Reitsport 24 OHG, Kempten
440005	Gregor Nadengast OHG, Ingolstadt	240005	Sattelkammer Görl e. K., Ansbach
440006	Reithelm 2000 KG, Coburg	240006	Pferde-Krämer GmbH, Augsburg
440007	Werkstätteneinrichtung Neumann OHG, Hirschaid	240099	Sonstige Debitoren
440099	Sonstige Kreditoren		

Modul 1

Die Reitsport Müller OHG erhält eine Rechnung für den Kauf einer neuen Schneidemaschine für Stoffe (Beleg 1 – siehe Anlage).

1.1 Buchen Sie den Rechnungseingang.

1.2 Für die Montage der neuen Schneidemaschine am 12. Juni 2010 werden Montagekosten von 178,50 € brutto an den Monteur sofort bar bezahlt. Buchen Sie diese Zahlung.

1.3 Buchen Sie die Zahlung der Rechnung (Beleg 1) per Banküberweisung am 22. Juni 2010. Die Zahlungsbedingungen sind dem Beleg zu entnehmen.

1.4 Berechnen Sie die Anschaffungskosten der neuen Schneidemaschine.

Nach einer Mängelrüge konnten die Anschaffungskosten der neuen Schneidemaschine auf 4.000,00 € verringert werden.

1.5 Berechnen und buchen Sie die lineare Abschreibung zum 31. Dezember 2010 bei einer betriebsgewöhnlichen Nutzungsdauer von 10 Jahren.

1.6 Berechnen Sie, mit welchem Wert die neue Schneidemaschine in die Schlussbilanz am 31. Dezember 2010 eingeht.

Die Wiederbeschaffungskosten der neuen Schneidemaschine werden 10 % höher als die Anschaffungskosten (in Höhe von 4.000,00 €) geschätzt. Die Maschine wird an 5 Arbeitstagen pro Woche und 4 Stunden am Tag eingesetzt. Ein Jahr hat 52 Wochen. Für den Betriebsurlaub und die Maschinenwartung werden zusammen 10 Arbeitstage im Jahr angesetzt. Außerdem liegen noch folgende Daten vor:

– kalkulatorische AfA: Nutzungsdauer 10 Jahre
– kalkulatorische Zinsen: 6 %
– Strombedarf: 10 kWh zum Preis von 14 Cent je Kilowattstunde
– Grundgebühr Energie: 50,00 € pro Monat
– Raumbedarf der Maschine: 6 m^2
– Raumkosten: 15,50 € je m^2 pro Monat
– sonstige maschinenabhängige Gemeinkosten pro Quartal: 400,00 €

1.7 Berechnen Sie den Maschinenstundensatz.

1.8 Zeigen Sie einen Unterschied zwischen bilanzieller und kalkulatorischer Abschreibung auf.

Verteilung der Bewertungseinheiten

Frage	1.1	1.2	1.3	1.4	1.5	1.6	1.7	1.8	gesamt
Punkte	1,5	2,5	3,5	1,5	2	1	7	1	20

Modul 1 – Anlage

Beleg 1

PETER MASCHINEN AG

[Peter Maschinen AG, Lange Gasse 20, 90403 Nürnberg]

Reitsport Müller OHG
Kärntenstraße 7
96052 Bamberg

Telefon: 0911 63345
Telefax: 0911 63346
E-Mail: peter-maschinen@pmag.de
Internet: www.petermaschinen.de

Rechnung

Bei Zahlung und Schriftwechsel bitte folgende Daten angeben:					
Kundennummer	Rechnungsnummer	Rechnungsdatum	Auftragsnummer	Auftragsdatum	Lieferdatum
240015	134512	12.06.2010	198	23.05.2010	12.06.2010

Pos.	Artikelnummer	Artikelbezeichnung	Menge Stück	Einzelpreis EUR	Rabatt %	Nettogesamtpreis EUR
1	15	Schneidemaschine für Stoffe	1	4.500,00	10	4.050,00

Warenwert netto	Frachtkosten netto	Steuerpfl. Nettoentgelt	USt.-Satz	USt.-Betrag	Rechnungsbetrag brutto
4.050,00 EUR	150,00 EUR	4.200,00 EUR	19 %	798,00 EUR	4.998,00 EUR

Zahlungsbedingungen:
Zahlbar innerhalb von **10 Tagen** ab Rechnungsdatum mit **2 % Skonto vom Warenwert** oder innerhalb von **30 Tagen ohne Abzug**

Sitz	Registergericht	Vorstand	Bankverbindung
90403 Nürnberg	Amtsgericht Nürnberg HRB Nr. 14555	Hans Peter Franz Peter	Sparkasse Nürnberg BLZ 760 501 01, Kto-Nr. 5024037

USt.-IdNr.:	Steuer-Nr.:		
DE161072899	241/130/81410		

2010-3

Modul 2

Am 15. Juni erhält die Reitsport Müller OHG von der Ride Style KG eine Anfrage zum Angebotspreis für 100 Reithosen aus Leder mit Sonderaufdruck. Für die Vorkalkulation einer Reithose liegen folgende Zahlen vor:

Verbrauch an Fertigungsmaterial	12,00 €
Fertigungslöhne	15,00 €
Kosten für den Sonderaufdruck	0,49 €
Maschinenstundensatz der eingesetzten Lederschneidemaschine	6,00 €/Stunde
Maschinenlaufzeit	20 Minuten
Kosten für die Spezialverpackung	0,44 €
Materialgemeinkostenzuschlagssatz	7 %
Restfertigungsgemeinkostenzuschlagssatz	115 %
Verwaltungs- und Vertriebsgemeinkostenzuschlagssatz	10 %

2.1 Berechnen Sie die Selbstkosten für 100 Reithosen.

2.2 Durch Kosteneinsparungen bei der Materialbeschaffung könnten die Selbstkosten für 100 Reithosen auf 5.000,00 € gesenkt werden. Berechnen Sie den Angebotspreis für 100 Reithosen, wenn 12 % Gewinn erzielt werden soll, dem Kunden 15 % Rabatt und 3 % Skonto gewährt wird und der Handelsvertreter eine Provision von 7 % erhält.

Letztendlich ergaben die Verhandlungen einen Preis von 62,00 € netto je Reithose und die Gewährung von 3 % Skonto bei Begleichung der Rechnung innerhalb von 10 Tagen ab Rechnungsdatum. Der Geschäftsführer der Ride Style KG erteilt daraufhin einen Auftrag für 100 Reithosen.

2.3 Berechnen Sie die erforderlichen Beträge und buchen Sie die Rechnung an die Ride Style KG vom 19. Juni 2010.

2.4 Die Ride Style KG begleicht die Rechnung innerhalb der Skontofrist per Banküberweisung (Beleg 1 – siehe Anlage). Bilden Sie den Buchungssatz.

2.5 Erklären Sie, welche Wirkung die Gewährung des Kundenskontos auf den Unternehmenserfolg der Reitsport Müller OHG im Geschäftsjahr 2010 hat.

2.6 Für den Transport der 100 Reithosen zur Ride Style KG ist die folgende Quittung (Beleg 2 – siehe Anlage) zu buchen.

2.7 Die Reitsport Müller OGH stellt der Ride Style KG, wie im Kaufvertrag vereinbart, die Hälfte der Kosten für den Transport der 100 Reithosen in Rechnung. Buchen Sie die Kundenbelastung.

Verteilung der Bewertungseinheiten

Frage	2.1	2.2	2.3	2.4	2.5	2.6	2.7	gesamt
Punkte	5,5	4	3	3	1	1,5	2	20

Modul 2 – Anlage

Beleg 1

Sparkasse Bamberg 96050 Bamberg BLZ 770 500 00	Kontonummer 96735	Auszug/Jahr 37/2010	Blatt-Nr. 1
BU-TAG Vorgang	**WERT**		**UMSATZ EUR**
29.06. ÜBERWEISUNG AR-1258/2010, SKONTOABZUG 3 %	29.06.		7.156,66 +

Herrn/Frau/Firma

Kontoauszug

REITSPORT MÜLLER OHG
KÄRNTENSTRASSE 7
96052 BAMBERG

LETZTE ERSTELLUNG 26.06.2010	ALTER KONTOSTAND EUR 30.665,56 +
ERSTELLUNGSTAG 29.06.2010	NEUER KONTOSTAND EUR 37.822,22 +

IBAN: DE78 7705 0000 0000 0967 35   SWIFT-BIC BYLA DE MM
http://www.sparkasse-bamberg.de

Beleg 2

Quittung

Nr. 77

	netto	60	EUR	00
	19 % USt.	11	EUR	40
	gesamt	71	EUR	40

Betrag in Worten

einundsiebzig --   Cent wie oben

von   Firma Reitsport Müller OHG, Bamberg

für   Lieferung von 100 Reithosen an die Ride Style KG

dankend
erhalten   Bamberg, 19.06.2010   *F. Walther* | Spedition Walther KG
Kärntenstraße 18
96052 Bamberg |

Modul 3

Um die Auftragslage zu verbessern, startet der Vertrieb der Reitsport Müller OHG die Werbeaktion „Reitstiefel von RSM". Dazu gehören verschiedene Maßnahmen, die zu ersten Ausgaben führen.

3.1 Buchen Sie dazu den folgenden Beleg.

Sparkasse Bamberg 96050 Bamberg BLZ 770 500 00		Kontonummer 96735	Auszug/Jahr 37/2010	Blatt-Nr. 1
BU-TAG	**Vorgang**	**WERT**		**UMSATZ EUR**
01.06.	Werbeagentur Profix „Reitstiefel von RSM" Re. 3928/2 vom 20.05.2010	01.06.		1.856,40 –
02.06.	Miete Ausstellungsraum, Hauptstr. 30 01.06.10 bis 31.05.11	02.06.		540,00 –

Herrn/Frau/Firma	**Kontoauszug**	
REITSPORT MÜLLER OHG KÄRNTENSTRASSE 7 96052 BAMBERG	LETZTE ERSTELLUNG 31.05.2010	ALTER KONTOSTAND EUR 45.255,20 +
	ERSTELLUNGSTAG 02.06.2010	NEUER KONTOSTAND EUR 42.858,80 +
IBAN: DE78 7705 0000 0000 0967 35	SWIFT-BIC BYLA DE MM	
http://www.sparkasse-bamberg.de		

3.2 Der Vorgang vom 02.06.2010 erfordert am 31.12.2010 eine weitere Buchung. Erstellen Sie diesen Buchungssatz zum 31.12.2010 und begründen Sie die Buchung.

Aufgrund der Werbeaktion „Reitstiefel von RSM" erhält die Reitsport Müller OHG im Mai eine Anfrage der Ride & Sports GmbH:
Benötigt werden 200 Paar Reitstiefel „Lady" zum gewünschten Preis von 445,50 € netto je Paar. Die kalkulierten Selbstkosten für dieses Modell belaufen sich auf 335,00 € je Paar.

3.3 Der Verkaufsleiter gibt Ihnen den Auftrag zu prüfen, ob unser Gewinnziel von 20 % der Selbstkosten erreicht wird. Berechnen Sie dazu den voraussichtlichen Gewinn für die Produktion von 200 Paar Reitstiefeln in € und Prozent (2 Dezimalstellen), wenn die Reitsport Müller OHG 10 % Kundenrabatt und 3 % Kundenskonto gewährt.

3.4 Die Verkaufsabteilung entscheidet sich dafür, den Kunden Ride & Sports GmbH zum Preis von 445,50 € zu beliefern. Erläutern Sie zwei Gründe, weshalb wir zu einem geringeren Preis als handelsüblich liefern.

3.5 Berechnen und buchen Sie die Ausgangsrechnung für diesen Vorgang, wenn die Ride & Sports GmbH im Juni wie angefragt bestellt und zu unseren Konditionen (siehe 3.3) beliefert wird.

Der zusätzliche Auftrag führt zu einer besseren Auslastung unserer Lederverarbeitungsmaschine.
Die Rechnungsstellung und die Inbetriebnahme erfolgte im Januar 2010. Die folgende Grafik gibt den geplanten Abschreibungsverlauf auszugsweise für die ersten vier Nutzungsjahre wieder.

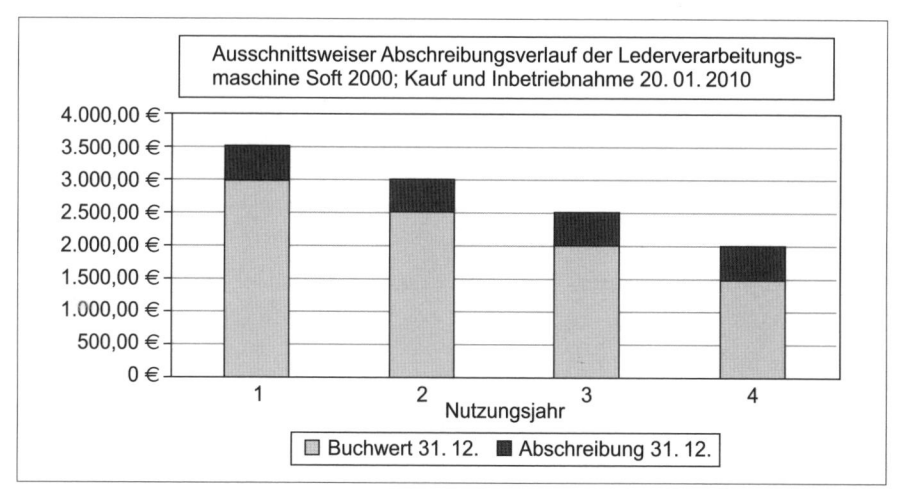

Ausschnittsweiser Abschreibungsverlauf der Lederverarbeitungsmaschine Soft 2000; Kauf und Inbetriebnahme 20. 01. 2010

☐ Buchwert 31. 12.   ■ Abschreibung 31. 12.

3.6 Welche Abschreibungsmethode kam bei dieser Maschine zur Anwendung? Begründen Sie Ihre Antwort.

3.7 Berechnen Sie, welche Nutzungsdauer bei der Ermittlung des jährlichen Abschreibungsbetrags dieser Maschine unterstellt wurde.

Der Raum, in dem die neue Lederverarbeitungsmaschine steht, wird neu gestrichen. Malermeister Wehrer hat auch noch für Franz Müller gearbeitet und legt jetzt seine Abrechnung vor.

3.8 Buchen Sie dazu folgenden Beleg.

Quittung

	netto		605 EUR	04
Nr. 45	19 % USt.		114 EUR	96
	gesamt		720 EUR	00

Betrag in Worten

siebenhundertzwanzig--   Cent wie oben

von   Firma Reitsport Müller OHG, Bamberg

für   80 qm Wand streichen (Fertigung, Kärntenstr. 7)
        40 qm Wand streichen (Privatwohnung von Franz Müller, Laubenhaid 12)

dankend
erhalten   Bamberg, 17.06.2010   *M. Wehrer*   Malermeister Wehrer
                                                    Kapellenstr. 12
                                                    96050 Bamberg

Aufgrund der Werbeaktion „Reitstiefel von RSM" konnte die Zahl der Aufträge gesteigert werden. Ziel ist es nun, die neu gewonnenen Kunden an die Reitsport Müller OHG zu binden.

3.9 Die Ride & Sports GmbH erhält einen Bonus für die Teilnahme an unserer Aktion „Reitstiefel von RSM" in Höhe von 2.618,00 € inkl. 19 % USt. Buchen Sie diesen Vorgang.

Verteilung der Bewertungseinheiten

Frage	3.1	3.2	3.3	3.4	3.5	3.6	3.7	3.8	3.9	gesamt
Punkte	2	2	3	2	3	1	1	3,5	2,5	20

Modul 4

Im Juni bietet die Reitsport Müller OHG die Reithose „Western-Classic" zum Preis von netto 75,00 € an. Die variablen Kosten betragen 47,80 € pro Stück. Die auf dieses Produkt entfallenden monatlichen Fixkosten betragen 12.160,00 € bei einer maximalen monatlichen Produktionskapazität von 900 Stück.

4.1 Berechnen Sie den Stückdeckungsbeitrag.

4.2 Für den Juni 2010 haben Kunden bisher 650 Stück bestellt. Berechnen Sie das zu erwartende Betriebsergebnis.

Außerdem wurde beim Vertrieb ein Zusatzauftrag von der Ride Style KG telefonisch angefragt. Über das Gespräch liegt der Kosten- und Leistungsrechnung folgende Notiz vor:

Gesprächsnotiz

Ride Style KG	Herr Lukowski	0911 6321788
Unternehmen	Gerprächspartner	Telefonnummer
14.06.2010	10:30 Uhr	J. Bertelmayr
Datum	Uhrzeit	aufgenommen von

Thema

– Anfrage Reithose „Western-Classic" in einfacher Ausführung
– Material: einfarbiges Madrasleder anstatt zweifarbiges Nubukleder
– keine Seitentaschen
– Nettostückpreis lediglich 55,90 EUR
– Stückzahl: 180 Stück

J. Bertelmayr

4.3 Soll die Reitsport Müller OHG diesen Auftrag annehmen, wenn die variablen Stückkosten auf Grund der gewünschten Ausstattungsmerkmale um 10 % gesenkt werden können? Begründen Sie Ihre Antwort rechnerisch.

Der Auftrag der Ride Style KG wird zu oben genannten Bedingungen angenommen.

4.4 Berechnen Sie die Veränderung des Betriebsergebnisses in Euro.

4.5 Vervollständigen Sie die aus dem Zusatzauftrag resultierende Rechnung (Beleg 1 – siehe Anlage) an die Ride Style KG. Berücksichtigen Sie, dass pauschal Versandkosten in Höhe von 153,00 € netto anfallen.

4.6 Buchen Sie die Rechnung aus Aufgabe 4.5.

4.7 Da einige Hosen „Western-Classic" nicht in der vereinbarten Qualität geliefert wurden, sendet die Ride Style KG 15 Stück zurück. Buchen Sie den Sachverhalt.

Überraschend muss die Ride Style KG Insolvenz anmelden. Unsere Forderungen betragen insgesamt 25.549,30 €. Um den Forderungsausfall abzuschätzen, kontaktiert Ute Müller den Insolvenzverwalter und erhält einen Brief, der auszugsweise vorliegt:

Sehr geehrte Frau Müller,

bezüglich Ihrer Anfrage zum Insolvenzverfahren der Firma Ride Style KG kann ich Ihnen mitteilen, dass die Quote voraussichtlich 5 % betragen wird. Ich bitte zu beachten, dass es sich hierbei lediglich um eine vorläufige Schätzung handelt. Die endgültige Quote kann hiervon abweichen.

Mit freundlichen Grüßen

Egbert Obermann
Steuerberater, Wirtschaftsprüfer

4.8 Berechnen und buchen Sie die Anpassung der Einzelwertberichtigung zum Jahresende, wenn der Bestand aus dem letzten Jahr 22.538,10 € beträgt und sonst keine Forderungen zweifelhaft sind.

Eine Rückstellung in Höhe von 1.350,00 € wurde zum Jahresende (31. Dezember 2009) gebildet, da eine Reparatur des Dachs der Lagerhalle wegen schlechten Wetters auf den März 2010 verschoben werden musste.

4,9 Buchen Sie die Barzahlung der Dachreparatur am 11.06.2010 in Höhe von 1.487,50 € brutto unter Berücksichtigung der gebildeten Rückstellung.

Verteilung der Bewertungseinheiten

Frage	4.1	4.2	4.3	4.4	4.5	4.6	4.7	4.8	4.9	gesamt
Punkte	1	1	2	2	4	1,5	3	2,5	3	20

Modul 4 – Anlage

Beleg 1

Reitsport Müller OHG

[Reitsport Müller OHG, Kärntenstraße 7, 96052 Bamberg]

Ride Style KG
Hallplatz 7
90402 Nürnberg

Kärntenstraße 7
96052 Bamberg
Telefon: 0951 860-275
Telefax: 0951 860-272
E-Mail: info@rsm-bamberg.de
Internet: www.rsm-bamberg.de

USt.-IdNr.: DE132279156
Steuernr.: 207/159/02508

Rechnung

Diese Daten bitte bei Zahlung und Schriftwechsel angeben			Lieferdatum: 28.06.10			
Kundennummer	Rechnungsnummer	Rechnungsdatum	Unsere Auftragsnr.	Unser Auftragsdatum	Ihre Bestellnr.	
240002	200800429	28.06.10	691	21.06.2010	131428	

Pos.	Artikelnummer	Artikelbezeichnung	Menge	Einzelpreis	Rabatt in %	Gesamt netto
1	RH 67B	Reithose „Western-Classic"	1	55,90 €	---	

Warenwert netto	Versandkosten netto	Steuerpfl. Nettoentgelt	USt.-Satz	USt.-Betrag	Rechnungsbetrag brutto
			19 %		

			Skonto brutto	Bei Skontoabzug zu zahlen:
Zahlung: innerhalb **10 Tagen** mit **3 % Skonto** innerhalb **30 Tagen** netto				

Sitz der Gesellschaft
Bamberg

Registergericht
Amtsgericht Bamberg
HRA Nr. 8335

Vorstand
Ute Müller
Franz Müller

Bankverbindung
Sparkasse Bamberg
BLZ 770 500 00, Kto-Nr. 96 735

2010-11

Modul 5

Da die Werkbank der Reitsport Müller OHG nicht mehr zeitgemäß ist, wird eine neue Werkbank angeschafft.

5.1 Buchen Sie hierzu folgenden (gekürzten) Beleg 1.

Werkstätteneinrichtung Neumann OHG

Werkstätteneinrichtung Neumann OHG, Bahnhofstr. 43, 96114 Hirschaid

Reitsport Müller OHG
Kärntenstraße 7
96052 Bamberg

Kunden-Nr.: RM-240026
Bestell-Nr.: RM 18/10
Bestell-Datum: 12.05.2010
Rechn.-Nr.: AR 632
Rechn.-Dat.: 04.06.2010
Liefer-Dat.: 04.06.2010

Rechnung/Lieferschein

Pos.	Art.-Nr.	Bezeichnung	Menge	Stückpreis	Gesamtpreis
1	HIL 12/1	Werkbank „Multi-Tool"	1	3.260,00 €	3.260,00 €
2	HIL 12/7	Zubehör „Ablage"	1	670,00 €	670,00 €
3	AB 7/03	Lieferung und Aufbau	---	220,00 €	220,00 €
				Nettobetrag	4.150,00 €
				USt. 19%	788,50 €
				Rechnungsbetrag	**4.938,50 €**

Zahlungsbedingungen:
innerhalb 30 Tagen rein netto

Die alte Werkbank nimmt die Werkstätteneinrichtung Neumann OHG für 297,50 € inkl. USt. in Zahlung. Ihr Restbuchwert beträgt 315,00 €.

5.2 Berechnen Sie den Verkaufserfolg der Inzahlunggabe.

5.3 Buchen Sie die Inzahlunggabe.

5.4 Nehmen Sie die Ausbuchung der alten Werkbank vor.

5.5 Durch Nachverhandlungen wurde erreicht, dass die Werkstätteneinrichtung Neumann OHG bei Zahlung innerhalb von 14 Tagen 3 % Skonto auf den noch offenen Betrag gewährt. Buchen Sie die Überweisung des offenen Betrags am 18. Juni 2010.

Da wegen der neuen Werkbank ein altes Lagerregal, das mit Farb- und Lösungsmittelrückständen verunreinigt ist, nicht mehr benötigt wird, wird es beim Wertstoffhof entsorgt.

5.6 Buchen Sie den Beleg 2 (siehe nächste Seite).

Quittung
Nr. 862

	netto	22 Ct 00
	19 %	4 Ct 18
	gesamt	26 Ct 18

Betrag in Worten

sechsundzwanzig--- Cent wie oben

von	Reitsport Müller OHG, Kärntenstr. 7, 96052 Bamberg
für	Entsorgung eines verunreinigten Lagerregals

dankend erhalten!

Ort	Bamberg	Datum	17.06.2010
Buchungsvermerke		Unterschrift/Stempel	
		Recyclinghof Eichkorn	

Die Reitsport Müller OHG erfasst die Kosten der Werkbank wie alle übrigen Gemeinkosten in einem Betriebsabrechnungsbogen (siehe Anlage 1).

5.7 Verteilen Sie in dem beiliegenden Betriebsabrechnungsbogen die kalkulatorischen Zinsen sowie die Heizkosten auf die Kostenstellen.

5.8 Berechnen Sie die Herstellkosten des Umsatzes, wenn im gleichen Zeitraum Fertigungsmaterial von 113.740,00 € und Fertigungslöhne von 258.000,00 € angefallen sind. Berücksichtigen Sie weiterhin eine Bestandsminderung bei den Reithosen von 2.780,00 €.

5.9 Erklären Sie, wie es zu dieser Bestandsminderung gekommen sein kann.

5.10 Berechnen Sie den Zuschlagssatz für die Kostenstelle Verwaltung/Vertrieb. (Auf zwei Dezimalstellen runden.)

Verteilung der Bewertungseinheiten

Frage	5.1	5.2	5.3	5.4	5.5	5.6	5.7	5.8	5.9	5.10	gesamt
Punkte	1,5	1,5	2,5	1	4	1,5	3,5	2	1	1,5	20

Modul 5 – Anlage

Anlage 1

Kostenarten	zu verteilender Betrag	Verteilungs- grundlage	Material	Fertigung	Verwaltung/ Vertrieb
kalk. Zinsen	22.005,00 €	Verhältniszahlen	1	5	3
Heizkosten	13.536,00 €	m³	210 m³	~~1.640 m³~~	~~970 m³~~

Kostenart	zu verteilender Betrag	Material	Fertigung	Verwaltung/ Vertrieb
kalk. Zinsen	22.005,00€	2.445	12.225	2.335
Heizkosten				
sonstige Gemeinkosten	. . .	. . .	. . .	. . .
Summe der Istgemeinkosten	521.790,00	42.360,00	348.600,00	130.830,00

2010-14

Modul 6

Im Rahmen des Kostenmanagements der Fa. Reitsport Müller OHG steht am Ende des zweiten Quartals 2010 eine Überprüfung der wirtschaftlichen Lage an. Diese ist geprägt durch einen Preiswettbewerb mit unseren Konkurrenten bei Reithosen und Reitstiefeln. Die Kosten- und Leistungsrechnung liefert uns hierzu für den Monat Mai folgende Daten:

	Reithosen „Exclusiv"	Reitstiefel „Black Beauty"
Produzierte und verkaufte Menge	1.300 Stück	700 Paar
Kapazität	1.500 Stück	2.800 Paar
Nettoverkaufspreis	73,00 € je Stück	400,00 € je Paar
Variable Kosten	47,00 € je Stück	410,00 € je Paar
Erzeugnisfixe Kosten	5.500,00 €	2.100,00 €
Unternehmensfixe Kosten	5.000,00 €	

6.1 Berechnen Sie das Betriebsergebnis für den Mai 2010.

6.2 Welche Entscheidung über die Sortimentsgestaltung würden Sie auf Basis der Aufgabe 6.1 treffen? Begründen Sie Ihre Antwort!

6.3 Bei welchem Nettoverkaufspreis pro Paar der Reitstiefel „Black Beauty" werden die diesem Produkt zurechenbaren Kosten genau gedeckt? Wie verändert sich bei diesem Preis das Betriebsergebnis aus Aufgabe 6.1?

6.4 Die Reithose „Exclusiv" kann auf dem Markt aufgrund von Preissenkungen der Konkurrenz nur noch für 67,00 € verkauft werden. Wie viel Reithosen müssen pro Monat hergestellt und verkauft werden, damit bei diesem Nettoverkaufspreis die erzeugnisfixen Kosten gedeckt sind?

6.5 Bis zu welchem Betrag kann der Preis bei den Reithosen kurzfristig gesenkt werden, wenn die Konkurrenz weitere Preissenkungen durchführt?

Ein neuer, preisgünstiger Lieferant für Leder, die Bayern-Leder GmbH, ermöglicht uns eine Senkung der variablen Kosten bei den Reitstiefeln „Black Beauty". Bei der Bayern-Leder GmbH kaufen wir am 15. Juni 2010 Leder zum Listenpreis von 38,50 € je qm.

6.6 Buchen Sie die Eingangsrechnung für 100 qm Leder, wenn uns der Lieferant einen Neukundenrabatt von 20 % gewährt und 30,00 € an Transportkosten in Rechnung stellt.

6.7 Buchen Sie die Banküberweisung der Rechnung unter Abzug von 1,5 % Skonto auf den Rechnungsbetrag.

Auch im Absatzbereich der Reitsport Müller OHGT findet eine Überprüfung der finanziellen Lage statt. Dabei wird unter anderem festgestellt:

6.8 Eine Forderung gegenüber dem Kunden Sattelkammer Görl e. K. über 273,70 € inkl. 19 % USt. ist versehentlich in Vergessenheit geraten. Diese Forderung ist zwischenzeitlich verjährt. Erstellen Sie die erforderliche Buchung.

6.9 Unser Kunde Reitsport 24 OHG hat das Zahlungsziel unserer Ausgangsrechnung Nr. 345-02-10 über 4.560,00 € brutto erheblich überschritten. Wir belasten ihn deswegen mit Verzugszinsen in Höhe von 205,20 €. Buchen Sie diesen Geschäftsfall.

Verteilung der Bewertungseinheiten

Frage	6.1	6.2	6.3	6.4	6.5	6.6	6.7	6.8	6.9	gesamt
Punkte	3	1	2	2,5	1	3,5	3,5	2,5	1	20

Modul 1 – Lösungen

1.1	0720	Maschinen	4.200,00 €	
	2600	Vorsteuer	798,00 €	
	an	440004 Kreditor Peter Maschinen AG		4.998,00 €

Die Frachtkosten werden als Anschaffungsnebenkosten (einmalig; dienen der Ingangsetzung des Anlagegutes) aktiviert, d. h. sie werden nicht als Aufwand gebucht, sondern unmittelbar auf dem Anlagekonto.

1.2	0720	Maschinen	150,00 €	
	2600	Vorsteuer	28,50 €	
	an	2880 Kasse		178,50 €

Auch die Montagekosten dienen der Ingangsetzung der Schneidemaschine und sind deshalb ebenfalls mit ihrem Nettowert auf dem Anlagekonto zu aktivieren.

1.3	440004	Kreditor Peter Maschinen AG	4.998,00 €	
	an	2800 Bank		4.901,61 €
		0720 Maschinen		81,00 €
		2600 Vorsteuer		15,39 €

Laut Rechnung werden bei Zahlung binnen 10 Tagen ab Rechnungsdatum 2 % Skonto auf den Warenwert gewährt. Mit Zahlung am 22. Juni 2010 ist der Skontoabzug noch möglich. Somit sind 2 % vom Warenwert der Schneidemaschine zu berechnen: 2 % von 4.050,00 € = 81,00 € netto; zuzüglich 19 % USt. (= 15,39 €) ergibt sich ein Bruttoabzug von 96,39 €. Der Nettoskonto ist als Anschaffungskostenminderung auf dem Anlagekonto unmittelbar zu buchen.

1.4	Kaufpreis der Maschine	4.050,00 €
	+ Fracht	150,00 €
	+ Montage	150,00 €
	– Skonto	81,00 €
	= Anschaffungskosten	4.269,00 €

Die Anschaffungskosten finden sich auf dem jeweiligen Anlagekonto, sodass in diesem Falle alle Buchungen auf dem Konto 0720 Maschinen miteinander zu verrechnen sind.

1.5 4.000,00 € : 10 Jahre = 400,00 € Jahres-AfA
(400,00 € : 12 Monate) · 7 Monate = 233,33 € AfA 2010

	6520	Abschreibung Sachanlagen	233,33 €	
	an	0720 Maschinen		233,33 €

Bei der Berechnung der Abschreibung im Jahr der Anschaffung sind zuerst die Anschaffungskosten auf die Jahre der Nutzung zu verteilen. Die so errechnete Jahres-Abschreibung ist Grundlage für die monatsgenaue Ermittlung der ersten AfA, beginnend mit dem ersten Monat der Nutzung.

1.6	Anschaffungskosten der Maschine	4.000,00 €
	– Abschreibung 2010	233,33 €
	= Restbuchwert 2010	3.766,67 €

1.7 Laufzeit im Jahr: = 4 Stunden · 5 Tage · 52 Wochen – 10 Tage · 4 Stunden
= 1.000 Stunden

Kalk. Abschreibung:	4.400,00 € : 10 Jahre	= 440,00 €
Kalk. Zinsen	$\dfrac{4.000,00\ €\ \cdot\ 6}{100\ \cdot\ 2}$	= 120,00 €
Raumkosten:	6 qm · 15,50 €/qm · 12 Mon.	= 1.116,00 €
Energieverbrauch:	1.000 Std. · 10 kWh · 0,14 €	= 1.400,00 €
Energiegrundgebühr:	50,00 € · 12 Mon.	= 600,00 €
Sonstige Gemeinkosten:	4 · 400,00 €	= 1.600,00 €
= maschinenabhängige Gemeinkosten i. J.:		= 5.276,00 €

Maschinenstundensatz: 5.276,00 € : 1.000 Stunden = 5,28 € / Std.

Es empfiehlt sich, bei der Maschinenstundensatzrechnung die Kosten stets auf ein ganzes Jahr hochzurechnen. Zuerst sollte man die Laufzeit der Maschine bestimmen. In diesem Fall waren 10 Tage für die Wartung von der Maximallaufzeit abzuziehen. Die Abschreibungen werden vom Wiederbeschaffungswert berechnet. Hier von den Anschaffungskosten von 4.000,00 € zuzüglich 10 % Preissteigerung in 10 Jahren. Die kalkulatorischen Zinsen werden grundsätzlich vom halben Anschaffungswert errechnet, da dieser über die gesamte Laufzeit der Maschine die durchschnittliche Kapitalbindung darstellt. Die Summe der sich ergebenden Gemeinkosten ist durch die Laufzeit der Maschine letztlich zu dividieren.

1.8. Die bilanzielle Abschreibung ist durch das Handels- und Steuerrecht bestimmt. Es wird somit von den Anschaffungskosten abgeschrieben. Die Nutzungsdauer ist der gültigen AfA-Tabelle – herausgegeben vom Bundesministerium für Finanzen – zu entnehmen. Dagegen wird in der Kosten- und Leistungsrechnung über die betriebsgewöhnliche Nutzungsdauer und auf den Wiederbeschaffungswert abgeschrieben. Denn Ziel der kalkulatorischen Abschreibung ist die Erwirtschaftung der Ersatzinvestition über die Umsatzerlöse.

Modul 2 – Lösungen

2.1

	1 Reithose	100 Reithosen
Fertigungsmaterial	12,00 €	1.200,00 €
+ 7 % Materialgemeinkosten	0,84 €	84,00 €
= Materialkosten	12,84 €	1,284,00 €
+ Fertigungslöhne	15,00 €	1.500,00 €
+ 115 % Restfertigungsgemeinkosten	17,25 €	1.725,00 €
+ Maschinenkosten (20 Min · 6,00 €/60 Min)	2,00 €	200,00 €
+ Sondereinzelkosten Fertigung (Druck)	0,49 €	49,00 €
= Herstellkosten	47,58 €	4.758,00 €
+ 10 % Verwaltungs-/Vertriebs-Gemeinkosten	4,76 €	475,80 €
+ Sondereinzelkosten des Vertriebs (Verpackung)	0,44 €	44,00 €
= Selbstkosten	52,78 €	**5.277,80 €**

Selbstkosten für 100 Reithosen: 52,78 € · 100 = 5.278,00 €

Es besteht sowohl die Möglichkeit, zuerst die Selbstkosten für eine Reithose zu errechnen (linke Spalte) oder direkt die Kosten für 100 Reithosen zu erfassen. Durch Rundungsdifferenz ergibt sich das geringfügig unterschiedliche Ergebnis. Es ist insbesondere zu beachten, dass die beiden Sonderkosten für Aufdruck bzw. Verpackung getrennt zu erfassen sind.

2.2		
	Selbstkosten	5.000,00 €
	+ 12 % Gewinn	600,00 €
	= Barverkaufspreis	5.600,00 €
	+ 7 % Vertreterprovision	435,56 €
	+ 3 % Skonto	186,67 €
	= Zielverkaufspreis	6.222,23 €
	+ 15 % Kundenrabatt	1.098,04 €
	= Nettoverkaufspreis	7.320,27 €

Auf die gegebenen 5.000,00 € Selbstkosten sind 12 % Gewinn aufzuschlagen. Ausgehend von dem sich ergebenden Barverkaufspreis sind Vertreterprovision und Skonto mit dem verminderten Grundwert zu berechnen (denn der Barverkaufspreis stellt hier 90 % des Zielverkaufspreises dar, von dem Skonto und Provision berechnet werden):
Skonto = 5.600,00 € · 3 : 90 bzw. Provision = 5.600,00 € · 7 : 90
Ebenso ist der Kundenrabatt mit dem verminderten Grundwert zu rechnen:
Kundenrabatt = 6.222,23 · 15 : 85

2.3		
	100 Reithosen · 62,00 €	6.200,00 €
	+ 19 % Umsatzsteuer	1.178,00 €
	= Rechnungsbetrag	7.378,00 €
	240002 Debitor Ride Style KG	7.378,00 €
	an 5000 Umsatzerlöse eig. Erz.	6.200,00 €
	4800 Umsatzsteuer	1.178,00 €

Bei der Berechnung und Buchung der Rechnung sind die 3 % Skonto nicht zu erfassen, denn es liegt letztlich im Ermessen des Kunden, ob dieser die Rechnung binnen der Skontofrist zahlt. Die Reithosen sind eigene Erzeugnisse der Reitsport Müller OHG und somit auf dem Konto 5000 Umsatzerlöse für eigene Erzeugnisse zu buchen.

2.4			
	2800	Bank	7.156,66 €
	5001	Erlösbericht. eig. Erz.	186,00 €
	4800	Umsatzsteuer	35,34 €
	an	240002 Debitor Ride Style KG	7.378,00 €

Der Kontoauszug weist eine Gutschrift in Höhe von 97 % der ursprünglichen Rechnung aus. Da die Zahlung innerhalb der Skontofrist erfolgte, buchen wir den Skonto als Erlösminderung und korrigieren die Umsatzsteuer. Somit ist die Differenz in Höhe von brutto 221,34 € aufzuteilen in Nettoskonto und Umsatzsteueranteil (= 221,34 · 19 : 119).

2.5. Wie aus Aufgabe Nr. 2.4 zu ersehen ist, wird der Nettoskonto auf dem Konto 5001 Erlösberichtigung im Soll gebucht, somit vermindert dieser die Erlöse, wodurch der Unternehmenserfolg sinkt.

2.6   6140   Aufwendung für Ausgangsfrachten   60,00 €
      2600   Vorsteuer   11,40 €
      an   2880 Kasse   71,40 €

Beim vorliegenden Beleg handelt es sich um einen Kassenbeleg über die Zahlung von brutto 71,40 € für die Auslieferung der Erzeugnisse der Reitsport Müller OHG. Dieser Aufwand ist entsprechend als Aufwand für Ausgangsfrachten zu verbuchen.

2.7   240002 Debitor Ride Style KG   35,70 €
      an   5000 Umsatzerlöse eig. Erz.   30,00 €
              4800 Umsatzsteuer   5,70 €

Die Hälfte der 60,00 € für Ausgangsfrachten aus Nr. 2.6. werden dem Kunden in Rechnung gestellt. Auch bei nachträglich in Rechnung gestellten Fracht- oder Verpackungskosten werden diese direkt auf das entsprechende Erlöskonto, in diesem Falle 5000 Umsatzerlöse für eigene Erzeugnisse, gebucht.

Modul 3 – Lösungen

3.1   440099 Sonstige Verbindlichkeiten   1.856,40 €
      an   2800 Bank   1.856,40 €

Es ist davon auszugehen, dass die Rechnung bereits als Verbindlichkeit gebucht worden ist. Andernfalls wären im Soll die Konten 6870 Aufwand für Werbung und 2600 Vorsteuer anzusprechen.

      6700   Aufwand für Miete   540,00 €
      an   2800 Bank   540,00 €

3.2   2900   Aktive Rechnungsabgrenzung   225,00 €
      an   6700 Aufwand für Miete   225,00 €

540,00 € Jahresmietzins : 12 Monate = 45,00 € Monatsmiete
5 Monate liegen im Folgejahr (Zahlung bis 31. 5. 2011)
45,00 € · 5 = 225,00 € sind abzugrenzen.

Würde man diese Abgrenzungsbuchung nicht vornehmen, würde der Mietanteil für die Monate Januar bis Mai ebenfalls in das GuV des Jahres 2010 fließen. Durch die Abgrenzung wird dieser Mietanteil vom Konto 6700 wieder abgezogen und auf dem Konto 2900 Aktive Rechnungsabgrenzung „geparkt". Im Folgejahr wird das Konto 2900 durch die umgekehrte Buchung wieder aufgelöst, der Mietaufwand fließt auf das Konto 6700 des Jahres 2011.

3.3   Selbstkosten   335,00 €
      + Gewinn   **53,92 €**

      = Barverkaufspreis   388,92 €
      + 3 % Skonto   12,03 €

      = Zielverkaufspreis   400,95 €
      + 15 % Kundenrabatt   44,55 €

      = Nettoverkaufspreis   445,50 €

Gewinn in %: (53,92 € · 100) : 335,00 € = 16,10 %
Damit wird das Gewinnziel von 20 % nicht erreicht.

Hierbei handelt es sich um eine Differenzkalkulation. Ausgehend vom Nettoverkaufspreis wird nach Abzug von Rabatt und Skonto der Barverkaufspreis errechnet. Der Gewinn ergibt sich dann als Differenz von Barverkaufspreis und Selbstkosten. Da der Gewinn (hier in Höhe von 53,92 €) als Aufschlag auf die Selbstkosten gerechnet wird, ist er zu diesen in Beziehung zu setzen.

3.4. Für die Reitsport Müller OHG könnte der Kunde von Bedeutung sein, oder man möchte den Kunden langfristig an sich binden. Außerdem könnte die Hoffnung auf Folgeaufträge bestehen. Aus kostenrechnerischer Sicht steht außer Frage, dass auch bei dem niedrigeren Preis alle Kosten gedeckt sind und der Auftrag vielleicht zu einer besseren Auslastung beiträgt.

3.5 240001 Debitor Ride & Sports GmbH   95.426,10 €
    an 5000 Umsatzerlöse eig. Erz.   80.190,00 €
        4800 Umsatzsteuer   15.236,10 €

Der Nettoverkaufserlös ergibt sich aus der Berechnung der 200 Paar Stiefel · 445,50 €, abzüglich 10 % Rabatt. Der Rabatt in der Rechnung, ein sogenannter Sofortrabatt, wird buchhalterisch nicht erfasst.

3.6 Es handelt sich hier um die lineare Abschreibung, da jährlich ein konstanter Betrag von 500,00 € abgeschrieben wird.

3.7 Da bei der linearen Abschreibung die Anschaffungskosten gleichmäßig auf die Jahre der Nutzung verteilt werden, lässt sich die Nutzungsdauer wie folgt errechnen:

Anschaffungskosten : Abschreibungsbetrag = Nutzungsdauer
3.500,00 € : 500,00 € = <u>7 Jahre</u>

3.8 6160   Aufwand für Fremdinstandhaltung 403,36 €
    2600   Vorsteuer   76,64 €
    30052 Privatentnahme Franz Müller   240,00 €
    an 2880 Kasse   720,00 €

Die Quittung weist einen Privatanteil von 40 qm bei einer Gesamtfläche von 120 qm aus. Dieses Drittel der Rechnung ist als Privatentnahme mit dem Bruttobetrag zu buchen. Der verbleibende Quittungsbetrag in Höhe von 480,00 € kann mit Vorsteuer als Aufwand verbucht werden.

3.9 5001 Erlösberich. eig. Erz.   2.200,00 €
    4800 Umsatzsteuer   418,00 €
    an   240001 Debitor Ride & Sports GmbH   2.618,00 €

Der Bonus stellt einen nachträglichen Preisnachlass dar, der beim Verkauf als Erlösberichtigung mit Umsatzsteuerkorrektur zu erfassen ist. Auf der Gegenseite wird das Debitorenkonto um den Bruttobetrag gekürzt, da der Kunde sich diesen Betrag bei der Zahlung der nächsten Rechnung abziehen kann.

Modul 4 – Lösungen

4.1 Deckungsbeitrag = 75,00 € – 47,80 € = 27,20 €/Stück

Der Deckungsbeitrag gibt an, wie viel ein verkauftes Produkt zur Deckung der fixen Kosten beiträgt. Somit sind vom Verkaufspreis die variablen Kosten abzuziehen.

4.2 Betriebsergebnis = 650 Stück · 27,20 € – 12.160,00 €
= + 5.520,00 €

Vom Gesamtdeckungsbeitrag der Rechnungsperiode sind zur Berechnung des Betriebsergebnisses noch die fixen Kosten abzuziehen.

4.3 Kapazität = 900 Stück
Aktuelle Auslastung: 650 Stück + Zusatzauftrag 180 Stück = 830 Stück
Damit wäre es möglich, den Zusatzauftrag anzunehmen.

Variable Kosten für Zusatzauftrag: 47,80 € – 4,78 € = 43,02 €
Deckungsbeitrag Zusatzauftrag pro Stück: 55,90 € – 43,02 € = 12,88 €
Gesamtdeckungsbeitrag Zusatzauftrag: 12,88 € · 180 Stück = 2.318,40 €

Der Zusatzauftrag sollte angesichts der freien Kapazität und des positiven Deckungsbeitrags angenommen werden.

Bei der Frage, ob ein Zusatzauftrag aus kostenrechnerischer Sicht angenommen werden sollte, ist immer zu klären, ob ausreichend freie Kapazität zur Verfügung steht und die variablen Kosten gedeckt sind. Da der Nettoerlös je Stück des Zusatzauftrages über den früheren variablen Kosten liegt, war bereits zu diesem Zeitpunkt klar, dass der Zusatzauftrag anzunehmen ist.

4.4 Gesamtdeckungsbeitrag Zusatzauftrag: 12,88 € · 180 Stück = 2.318,40 €
Betriebsergebnis mit Zusatzauftrag: 5.520,00 € + 2.318,40 € = 7.838,40 €

Das Betriebsergebnis erhöht sich um den Deckungsbeitrag des Zusatzauftrages, da es bereits zuvor positiv war.

4.5

Reitsport Müller OHG

[Reitsport Müller OHG, Kärntenstraße 7, 96052 Bamberg]

Ride Style KG
Hallplatz 7
90402 Nürnberg

Kärntenstraße 7
96052 Bamberg
Telefon: 0951 860-275
Telefax: 0911 860-272
E-Mail: info@rsm-bamberg.de
Internet: www.rsm-bamberg.de

USt.-IdNr.: DE132279156
Steuernr.: 207/159/02508

Rechnung

Diese Daten bitte bei Zahlung und Schriftwechsel angeben			Lieferdatum: 28.06.10			
Kundennummer	Rechnungsnummer	Rechnungsdatum	Unsere Auftragsnr.	Unser Auftragsdatum	Ihre Bestellnr.	
240002	200800429	28.06.10	691	21.06.2010	131428	

Pos.	Artikelnummer	Artikelbezeichnung	Menge	Einzelpreis	Rabatt in %	Gesamt netto
1	RH 67B	Reithose „Western-Classic"	1	55,90 €	---	10.062,00 €

Warenwert netto	Versandkosten netto	Steuerpfl. Nettoentgelt	USt.-Satz	USt.-Betrag	Rechnungsbetrag brutto
10.062,00 €	153,00 €	10.215,00 €	19 %	1.940,85 €	12.155,85 €

				Skonto, brutto	Bei Skontoabzug zu zahlen:
Zahlung: innerhalb **10 Tagen** mit **3 % Skonto** innerhalb **30 Tagen** **netto**				364,68 €	11.791,17 €

Sitz der Gesellschaft
Bamberg

Registergericht
Amtsgericht Bamberg
HRA Nr. 8335

Vorstand
Ute Müller
Franz Müller

Bankverbindung
Sparkasse Bamberg
BLZ 770 500 00, Kto-Nr. 96 735

4.6	240002	Debitor Ride Style KG	12.155,85 €	
	an	5000 Umsatzerlöse eig. Erz.		10.215,00 €
		4800 Umsatzsteuer		1.940,85 €

Die Versandkosten sind beim Verkauf mit auf das Erlöskonto zu buchen. Die Skontoberechnungen aus Nr. 4.5. sind an dieser Stelle nicht zu erfassen, da es die Entscheidung des Kunden ist, ob er innerhalb der Skontofrist mit Abzug zahlt.

4.7	5000	Umsatzerlöse eig. Erz.	838,50 €	
	4800	Umsatzsteuer	159,32 €	
	an	240002 Debitor Ride Style KG		997,82 €

Eine Rücksendung wird buchhalterisch durch eine Stornobuchung erfasst. Der entsprechende Betrag für 150 Reithosen à 55,90 € netto führt mit Umsatzsteuerkorrektur zu einer Minderung der Forderung auf dem Debitorenkonto.

4.8	Forderungsbestand Ride Style KG	25.549,30 €
	– 19 % Umsatzsteuer-Anteil	4.079,30 €
	= Nettoforderungen	21.470,00 €
	hiervon 95 % geschätzter Ausfall	20.396,50 €
	– vorhandene Einzelwertberichtigung	22.538,10 €
	= Herabsetzung	2.141,60 €

	3670	Einzelwertberichtigung	2.141,60 €	
	an	5450 Erträge aus Herabsetzung Wertber.		2.141,60 €

Im Vorfeld waren die Forderungen gegen den Kunden bei Mitteilung über das Insolvenzverfahrens auf das Konto 2470 Zweifelhafte Forderungen umzubuchen. Die Einzelwertberichtigung zum Bilanzstichtag wird immer auf den geschätzten Ausfall der Nettoforderung gebildet. Eine Umsatzsteuerkorrektur ist nur bei definitivem Ausfall zulässig.

4.9	3990	Rückstellung für Aufwendungen	1.350,00 €	
	2600	Vorsteuer	237,50 €	
	an	2880 Kasse		1.487,50 €
		5480 Erträge Herabsetzung Rückstellungen		100,00 €

Bei Zahlung oder Rechnung auf eine gebildete Rückstellungen ist diese im Soll aufzulösen, ebenso ist im Soll die Vorsteuer auf den tatsächlich gezahlten Betrag zu erfassen. Die tatsächliche Zahlung ist im Haben zu buchen. Der Betrag einer in diesem Fall zu hoch gebildeten Rückstellung ist als Ertrag im Haben zu korrigieren.

Modul 5 – Lösungen

5.1	0810	Werkstatteinrichtung	4.150,00 €	
	2600	Vorsteuer	788,50 €	
	an	440007 Kreditor Neumann OHG		4.938,50 €

Die Kosten für Lieferung und Aufbau werden als Anschaffungsnebenkosten (einmalig; dienen der Ingangsetzung des Anlagegutes) aktiviert, d. h. sie werden nicht als Aufwand gebucht, sondern unmittelbar auf dem Anlagekonto erfasst.

5.2 Nettoerlös Werkstatteinrichtung   250,00 €
     – Restbuchwert   315,00 €
     ―――
     = Buchverlust   65,00 €

Bei jedem Verkauf eines Anlagegutes ist zuerst festzustellen, ob es mit Buchgewinn oder Buchverlust verkauft wird. Hierfür sind die Nettoerlöse mit dem Restbuchwert zu vergleichen. In diesem Fall musste die Umsatzsteuer aus dem Bruttobetrag von 297,50 € herausgerechnet werden.

5.3 440007 Kreditor Neumann OHG   297,50 €
     an   5469 Erlöse AV (Buchverlust)   250,00 €
             4800 Umsatzsteuer   47,50 €

Achtung: Der Kontenrahmen des ISB sieht für das Konto Erlöse AV (Buchverlust) die Kontonummer 6965 vor. Orientieren Sie sich an dem in Ihrer Schule verwendeten Kontenrahmen.

5.4 6969   Restbuchwert AV (Buchverlust)   315,00 €
     an   0810 Werkstatteinrichtung   315,00 €

Bei jedem Verkauf eines Anlagegutes fallen zwei Buchungen an: die Verkaufsbuchung über das entsprechende Erlöskonto, hier wegen Buchverlust Konto 5469, und die Ausbuchung des Restbuchwertes über das entsprechende Aufwandskonto, hier Konto 6969.

5.5 440007 Kreditor Neumann OHG   4.641,00 €
     an   2800 Bank   4.501,77 €
             0810 Werkstatteinrichtung   117,00 €
             2600 Vorsteuer   22,23 €

Zuerst ist der noch offenstehende Rechnungsbetrag durch Verrechnung der beiden Aufgaben 5.1. und 5.3. zu ermitteln. Die Minderung des Kaufpreises in Höhe des Abzuges von 3 % Skonto brutto 139,23 € ist netto unmittelbar als Anschaffungskostenminderung auf dem Anlagekonto zu erfassen. Die Vorsteuer ist anteilig zu korrigieren.

5.6 6964   Aufwand Entsorgung AV   22,00 €
     2600   Vorsteuer   4,18 €
     an   2880 Kasse   26,18 €

Bei der Quittung handelt es sich um einen Kassenbeleg. Als Aufwandskonto ist das Konto 6964 anzusprechen, das die Aufwendungen für die Entsorgung von Anlagegütern erfasst, wenn diese nicht mehr an Dritte mit einem Erlös veräußert werden können. Es ist davon auszugehen, dass das Lagerregal bereits in voller Höhe abgeschrieben wurde und eine Ausbuchung eines Restbuchwertes nicht mehr nötig ist.

5.7

Kostenarten	zu verteilender Betrag	Material	Fertigung	Verwaltung/ Vertrieb
kalk. Zinsen	22.005,00 €	2.445,00 €	12.225,00 €	7.335,00 €
Heizkosten	13.536,00 €	1.008,00 €	7.872,00 €	4.656,00 €
sonstige Gemeinkosten	. .	. .	. .	. .
Summe der Istgemeinkosten	521.790,00	42.360,00	348.600,00	130.830,00

> Bei der Verteilung der Gemeinkosten in einem Betriebsabrechnungsbogen sind zuerst
> die Kosten je Verteilungsschlüsselanteil zu errechnen und dann diese wieder hochzu-
> rechnen. Hier: Kalkulatorische Zinsen = 22.005,00 € : 9 Anteile = 2.445,00 €/Anteil,
> Heizkosten = 13.526,00 € : 2.820 qm = 4,80 €/qm.

5.8 Fertigungsmaterial   113.740,00 €
     + Materialgemeinkosten   42.360,00 €

     = Materialkosten   156.100,00 €
     + Fertigungslöhne   258.000,00 €
     + Fertigungsgemeinkosten   348.600,00 €

     = Herstellkosten der Erzeugung   762.700,00 €
     + Minderbestand Reithosen   2.780,00 €

     = Herstellkosten des Umsatzes   765.480,00 €

> Die Gemeinkosten sind dem Betriebsabrechnungsbogen aus Anlage 1 zu entnehmen.
> Eine Bestandsminderung wird zu den Herstellkosten der Erzeugung hinzugerechnet, da
> diese Erzeugnisse neben den in der Rechnungsperiode hergestellten Erzeugnissen eben-
> falls verkauft wurden.

5.9 Eine Bestandsminderung ergibt sich regelmäßig, wenn in einer Rechnungsperiode mehr
     Erzeugnisse verkauft als hergestellt wurden.

5.10 Ist-Zuschlagssatz Verwaltung/Vertrieb: (130.830,00 € · 100) : 765.480,00 € = __17,09 %__

> Die Gemeinkosten der Kostenstelle Verwaltung/Vertrieb werden dem Betriebsabrech-
> nungsbogen aus Anlage 1 entnommen und in Bezug zu den bei Aufgabe Nr. 5.8 errech-
> neten Herstellkosten des Umsatzes gesetzt.

Modul 6 – Lösungen

6.1 Deckungsbeitrag „Exklusiv"   = 73,00 € – 47,00 € = 26,00 €/Stück
     Deckungsbeitrag „Black Beauty" = 400,00 € – 410,00 € = –10,00 €/Stück
     Betriebsergebnis = [1.300 St. · 26,00 €) + (700 St. · (–10,00 €)] – 12.600,00 €
                     = __+14.200,00 €__

> Für die Berechnung des Betriebsergebnisses ist zuerst der Deckungsbeitrag je Produkt
> zu errechnen. Multipliziert mit den verkauften Stückzahlen ergibt sich der Gesamtde-
> ckungsbeitrag, von dem die gesamten fixen Kosten abzuziehen sind.

6.2 Da der Deckungsbeitrag bei den Reitstiefeln „Black Beauty" negativ ist, somit die vari-
     ablen Kosten nicht gedeckt sind, sollten diese aus dem Sortiment genommen werden.
     Alternativ könnte versucht werden, diese durch eine Senkung der variablen Kosten oder
     eine Erhöhung des Verkaufspreises mit einem positiven Deckungsbeitrag auszustatten.

6.3 Langfristige Preisuntergrenze = 410,00 € + 2.100,00 : 700 St. = __413,00 €__

     Betriebsergebnis neu = (1.300 St. · 26,00 €) + (700 St. · **3,00 €**) – 12.600,00 €
                         = __+23.300,00 €__

Sollen die dem Produkt zurechenbaren Kosten gedeckt werden, so sind neben den variablen Kosten auch die erzeugnisfixen Kosten zu decken. Diese müssen auf die durchschnittliche Stückzahl verteilt werden. Mit dem erhöhten Deckungsbeitrag kann das Betriebsergebnis entsprechend um 9.100,00 € gesteigert werden.

6.4 Deckungsbeitrag Reithosen neu: 67,00 € – 47,00 € = 20,00 €
Break-Even-Point Reithosen = 5.500,00 € : 20,00 € = <u>275 Stück</u>

Der Break-Even-Point gibt an, wie viel Stück eines Produkts verkauft werden müssen, um die fixen und variablen Kosten zu decken. Bei einem Mehrproduktunternehmen sollte jedes Produkt zumindest seine variablen und erzeugnisfixen Kosten decken, um darüber hinaus einen Beitrag zur Deckung der unternehmensfixen Kosten leisten zu können.

6.5 Die absolute Preisuntergrenze für ein Produkt liegt bei seinen variablen Kosten. Bei Unterschreiten dieser Grenze würde mit jedem weiteren verkauften Stück der Verlust gesteigert werden.

Preisuntergrenze Reithosen = <u>47,00 €</u>

6.6 | | | |
|---|---|---|
| 6000 | Aufwendungen f. Rohstoffe | 3.080,00 € |
| 6001 | Bezugskosten Rohstoffe | 30,00 € |
| 2600 | Vorsteuer | 590,90 € |
| an | 440001 Kreditor Bayern Leder GmbH | 3.700,90 € |

Beim Bezug von Leder handelt es sich um den Einkauf von Rohstoffen. Vom Listenpreis in Höhe 38,50 € sind 20 % Rabatt abzuziehen, der als Sofortrabatt buchhalterisch nicht erfasst wird. Der Preis 30,80 € ist entsprechend der qm-Zahl mit 100 zu multiplizieren. Die Transportkosten werden beim Einkauf separat als Bezugskosten auf dem entsprechenden Unterkonto erfasst.

6.7 | | | |
|---|---|---|
| 440001 | Kreditor Bayern Leder GmbH | 3.700,90 € |
| an | 2800 Bank | 3.645,39 € |
| | 6002 Nachlässe Rohstoffe | 46,65 € |
| | 2600 Vorsteuer | 8,86 € |

Der Bruttoskontoabzug von 1,5 % (= 55,51 €) ist netto auf dem Konto 6002 Nachlässe zu erfassen und die Vorsteuer anteilig (= 55,51 · 19 : 119) zu korrigieren.

6.8 | | | |
|---|---|---|
| 6951 | Abschreibung Uneinbringl. Ford. | 230,00 € |
| 4800 | Umsatzsteuer | 43,70 € |
| an | 240005 Debitor Sattelkammer Görl e. K. | 273,70 € |

Eine verjährte Forderung ist auch mit gerichtlicher Hilfe nicht mehr einzutreiben und kann deshalb als uneinbringlich abgeschrieben werden. Der Verlust der Nettoforderung wird auf dem Konto 6951 als Aufwand erfasst und die Umsatzsteuer anteilig korrigiert.

6.9 | | | |
|---|---|---|
| 240004 | Debitor Reitsport 24 OHG | 205,20 € |
| an | 5710 Zinsertrag | 205,20 € |

Abschlussprüfung 2011 an Wirtschaftsschulen
Rechnungswesen

Bitte beachten Sie:
- Lösungswege bzw. Rechenvorgänge sind klar und nachvollziehbar darzustellen.
- Bei Buchungssätzen kann die volle Punktzahl nur erreicht werden, wenn sowohl Kontonummer als auch Kontenbezeichnung richtig angegeben sind.

Unternehmensbeschreibung

Ballsportgeräte Morlock OHG

Die Ballsportgeräte Morlock OHG in Nürnberg ist ein mittelständisches Unternehmen, das sich auf die Herstellung von Sportgeräten für den Ballsport spezialisiert hat. Darüber hinaus vertreibt das Unternehmen auch Handelswaren.

Gesellschafter/in	Eigenkapitalkonto	Privateinlagekonto	Privatentnahmekonto
Morlock, Martina	30001	30011	30051
Morlock, Florian	30002	30012	30052

Mitarbeiter/innen
25 fest angestellte Mitarbeiter/innen

Stoffe, Vorprodukte/Fremdbauteile, eigene Erzeugnisse und Handelswaren

Rohstoffe:	Aluminium, Holz
Hilfsstoffe:	Schrauben, Scharniere, Farben, Lacke
Betriebsstoffe:	Schmieröle, Schmierfette
Vorprodukte/Fremdbauteile:	Netze, Befestigungshaken
Eigene Erzeugnisse:	Fußball- und Handballtore
Handelswaren:	Lederbälle, Mannschaftstrikots, Pfeifen

Lieferanten und Kunden

Kontonummer	Lieferanten	Kontonummer	Kunden
440001	Alumetall GmbH, Bamberg	240001	Stadt Augsburg
440002	Holzkontor GmbH, Deggendorf	240002	Private Wirtschaftsschule Sailer, Nürnberg
440003	Nylonnetze Hof AG, Hof	240003	Sportversand Schulze GmbH, Schwabach
440004	Maschinenbau Luga AG, Kempten	240004	1. FC Grün-Weiß Fürth e. V.
440005	Ballsport Müller e. K., Ingolstadt	240005	Stadt München
440006	Trikotgema KG, München	240006	Baskets Bamberg e. V.
440007	Büro 2000 GmbH, Fürth	240007	Sport-Eck GmbH, Bamberg
440099	Sonstige Kreditoren	240099	Sonstige Debitoren

Modul 1

Die Ballsportgeräte Morlock OHG verkauft Fußballtore zum Nettoverkaufspreis von 1.020,00 EUR pro Stück. Die variablen Stückkosten betragen 750,00 EUR. Für das erste Quartal 2011 liegen Aufträge über 240 Stück vor. In diesem Zeitraum betragen die auf dieses Produkt entfallenden Fixkosten 49.100,00 EUR.

1.1 Berechnen Sie den zu erwartenden Deckungsbeitrag für das erste Quartal.

1.2 Berechnen Sie, wie viele Fußballtore die Ballsportgeräte Morlock OHG im ersten Quartal mindestens verkaufen muss, um die Kosten zu decken.

1.3 Errechnen Sie den Nettoverkaufspreis für ein Tor, bei dem die auf dieses Produkt insgesamt entfallenden Kosten bei einer Produktionsmenge von 240 Stück genau gedeckt sind.

Im zweiten Quartal liegt eine Anfrage der Stadt München auszugsweise vor (Beleg 1 – siehe Anlage).

1.4 Die Fertigungsabteilung rechnet aufgrund der besonderen Anforderungen dieses Auftrags mit variablen Stückkosten in Höhe von 960,00 EUR. Des Weiteren ist die Produktion im entsprechenden Zeitraum mit 154 Stück bereits zu 70 % ausgelastet. Soll für diesen Zusatzauftrag ein Angebot abgegeben werden, wenn ein Nettoverkaufspreis von 1.145,00 EUR erzielt werden kann? Begründen Sie Ihre Antwort rechnerisch.

Die Ballsportgeräte Morlock OHG gibt ein Angebot zu oben genannten Bedingungen ab und erhält den Zuschlag. Um eine sehr gute Qualität der Tore sicherzustellen, werden qualitativ besonders hochwertige Aluminiumplatten und Schrauben eingekauft. Folgender Beleg liegt Ihnen auszugsweise vor (Beleg 2 – siehe Anlage).

1.5 Buchen Sie Beleg 2.

Am 23. Mai 2011 begleicht die Ballsportgeräte Morlock OHG den Rechnungsbetrag unter Berücksichtigung der Zahlungsbedingungen per Banküberweisung.

1.6 Berechnen Sie den jeweiligen Skontobetrag (netto) für Aluminiumplatten und Schrauben.

1.7 Buchen Sie die Zahlung der Rechnung (Beleg 2).

1.8 Welcher endgültige Einstandspreis ergibt sich nach der Zahlung für eine Aluplatte?

Nach abgeschlossener Fertigung und Endkontrolle liefert die Ballsportgeräte Morlock OHG die Tore an die Stadt München zu den vereinbarten Bedingungen (siehe 1.4).

1.9 Welchen Betrag stellt die Ballsportgeräte Morlock OHG der Stadt München in Rechnung, wenn pro Tor Versandkosten in Höhe von 20,00 EUR netto anfallen?

1.10 Buchen Sie die Rechnung aus Aufgabe 1.9.

Verteilung der Bewertungseinheiten

Frage	1.1	1.2	1.3	1.4	1.5	1.6	1.7	1.8	1.9	1.10	gesamt
Punkte	2	1,5	2	2	2	2	3,5	1,5	2	1,5	20

Modul 1 – Anlage

Beleg 1

Stadt München
Referat für Bildung und Sport
Sportamt
Ledererstr. 19
80331 München

Landeshauptstadt
München
Referat für Bildung
und Sport

Ballsportgeräte Morlock OHG	Vorgang Nr.:	Telefon:
Rothenburger Str. 27	**562/18923**	**089 23396523**
90443 Nürnberg	Ansprechpartner:	Telefax:
	Herr Max Ortleb	**089 23396525**

München, 21. April 2011

Anfrage: Bitte um ein Angebot besonders strapazierfähiger Fußballtore

Sehr geehrte Damen und Herren,

im Zuge der Neugestaltung von Kinderspielplätzen sowie der Renovierung öffentlicher Bolzplätze der Stadt München plant das Sportamt die Anschaffung von Fußballtoren.

Bitte lassen Sie uns bis spätestens 11. Mai 2011 ein Angebot über 60 Fußballtore zukommen. Wir legen besonderen Wert auf eine lange Lebensdauer, Strapazierfähigkeit sowie Freiheit von Schadstoffen jeglicher Art.

Mit freundlichen Grüßen

Max Ortleb

Alumetall GmbH

Alumetall GmbH, Nürnberger Str. 71, 96050 Bamberg

| Metalle aller Art | Kleineisenwaren |
| Schrauben | Scharniere | Beschläge |

Ballsportgeräte Morlock OHG
Rothenburger Str. 27
90443 Nürnberg

Ihr Ansprechpartner: Ludger Keltheimer
Tel.: +49 951 14293
Fax: +49 951 14295

Lieferschein/Rechnung: Lieferung vom 17. 05. 2011

Kunden-Nr.	Rechn.-Nr.	Rechn.-Datum	Auftr.-Nr.	Auftr.-Datum	Bestell-Nr.
240064	6321	17. 05. 2011	852	12. 05. 2011	963

Pos.	Art.-Nr.	Bezeichnung	Menge	Einzelpreis, netto	Gesamtpreis, netto
1	AlMg7	Aluminiumplatten, Materialstärke 6 mm, Kantenmaße 2,5 m x 0,5 m, Härtegrad 7	160	95,00 €	15.200,00 €
2	S09	Schrauben, Edelstahl, verzinkt; Schließkopf SecuFast, Größe 18/90	800	4,75 €	3.800,00 €
				Gesamtpreis, netto	19.000,00 €
				19 % USt.	3.610,00 €
				Rechnungsbetrag	22.610,00 €

Zahlungsbedingungen:
innerhalb von 10 Tagen abzüglich 2 % Skonto,
innerhalb von 30 Tagen netto

Modul 2

Unser Mitarbeiter Heino Genauer (ledig, keine Kinder, 26 Jahre) hat sich erfolgreich einem Qualifikationslehrgang zur Bedienung unserer neuen CNC-Fräs- und Bohrmaschine unterzogen.

Die Geschäftsleitung erhöht daher seinen Stundenlohn ab Mai 2011 von 15,00 EUR auf 16,50 EUR.

Sozialversicherung 2011
Beitragssätze

Rentenversicherung	19,90 %
Arbeitslosenversicherung	3,00 %
Pflegeversicherung	1,95 %
Krankenversicherung	14,60 %
Arbeitnehmersonderbeitrag zur Krankenversicherung	0,90 %
Pflegeversicherung (Beitragszuschlag für Kinderlose über 23 Jahre)	0,25 %

2.1 Vervollständigen Sie die Tabelle in Anlage 1.

2.2 Berechnen Sie, auf eine Dezimalstelle genau, um wie viel Prozent sich der Stundenlohn und um wie viel Prozent sich der Nettolohn für Herrn Genauer ändert.

2.3 Erläutern Sie, wie es zu diesem Unterschied kommt.

Nachdem alle Lohnabrechnungen im Fertigungsbereich erstellt wurden, muss die Lohnliste für den Monat Mai gebucht werden.

Name	St.Kl.	Bruttolohn	VWL (AG)	ges.stpfl. Entgelt	Lohnst.	Sol.Z.	Ki.St.	Summe Steuern
...	...	...	...	...	...	...	...	...
Summe		30.500,00	240,00	30.740,00	4.483,50	223,15	321,85	5.028,50

KV	PV	RV	AV	Summe SV/AN	VWL (AN)	Pfändung	Summe sonst. Abzüge	Auszahlung
...	...	...	...	...	...	...	...	...
2.520,68	376,57	3.058,63	461,10	6.416,98	600,00	320,00	920,00	18.374,52

SV/AG
...
6.063,47

2.4 Nehmen Sie die entsprechenden Buchungen einschließlich Arbeitgeberanteil vor.

Aufgrund von Lohnerhöhungen im Fertigungsbereich müssen die Zuschlagssätze neu berechnet werden. (Anlage 2 ist dabei zu verwenden.)

2.5 Verteilen Sie in dem beiliegenden Betriebsabrechnungsbogen die Sozialversicherungsbeiträge auf die Kostenstellen.

2.6 Berechnen Sie, auf Grundlage des Bruttolohns aus Aufgabe 2.4, den Ist-Fertigungsgemeinkostenzuschlagssatz, der sich für den Monat Mai ergibt.

2.7 Die Normal-Gemeinkosten für den Materialbereich im Monat Mai wurden mit 5.000,00 EUR kalkuliert. Berechnen Sie, ob es sich um eine Über- oder Unterdeckung handelt.

Nach Abschluss aller Vorarbeiten stehen die folgenden Daten für die Berechnung der Selbstkosten eines Fußballtores zur Verfügung:

Materialeinzelkosten je Fußballtor	450,00 EUR
Fertigungslöhne je Fußballtor	190,00 EUR
Materialgemeinkostenzuschlagssatz	12 %
Fertigungsgemeinkostenzuschlagssatz	55 %
Verwaltungs- und Vertriebsgemeinkostenzuschlagssatz	8 %
Kosten für Sonderlackierung je Fußballtor	25,00 EUR

2.8 Berechnen Sie die Selbstkosten für ein Fußballtor.

Verteilung der Bewertungseinheiten

Frage	2.1	2.2	2.3	2.4	2.5	2.6	2.7	2.8	gesamt
Punkte	3,5	2	1	4,5	2	1	2	4	20

Modul 2 – Anlage

Anlage 1

zu Aufgabe 2.1:

Name, Klasse: ....

Monat	April 2011	Mai 2011
Bruttolohn (für 166 Stunden)	2.490,00 EUR (15,00 EUR/h)	2.739,00 EUR (16,50 EUR/h)
Lohnsteuer	339,41	403,58
Kirchensteuer (8 %)	27,15	32,29
Solidaritätszuschlag (5,5 %)	18,67	22,20
Abzüge Finanzamt	**385,23**	
Krankenversicherung	204,18	
Pflegeversicherung	30,50	33,55
Rentenversicherung	247,76	272,53
Arbeitslosenversicherung	37,35	
Abzüge Sozialversicherungsträger	**519,79**	
Nettolohn	**1.584,98**	

Arbeitgeberanteil zur Sozialversicherung		
Krankenversicherung	181,77	199,95
Pflegeversicherung	24,28	
Rentenversicherung	247,76	272,53
Arbeitslosenversicherung	37,35	
Arbeitgeberanteil (SV)	**491,16**	**540,28**

Anlage 2

zu den Aufgaben 2.5 bis 2.7:

Name, Klasse: ....

Kostenarten	zu verteilender Betrag	Verteilungs-grundlage	Material	Fertigung	Verwaltung/ Vertrieb
SV-Beiträge	10.320,00 EUR	nach Köpfen	6	15	4

Betriebsabrechnungsbogen

Kostenart	zu verteilender Betrag	Material	Fertigung	Verwaltung/ Vertrieb
SV-Beiträge				
sonstige Gemeinkosten	. . .	. . .	. . .	. . .
Summe der Ist-Gemeinkosten	25.300,00	4.900,00	16.100,00	4.300,00

Modul 3

Aufgrund der erfreulichen Auftragslage kann die Ballsportgeräte Morlock OHG in neue Bürotechnik investieren. Hierzu liegt Ihnen folgende Rechnung auszugsweise vor (Beleg 1 – siehe Anlage).

3.1 Buchen Sie den Rechnungseingang am 3. Juni 2011 (Beleg 1).

3.2 Berechnen und buchen Sie die Abschreibung für den Beamer für das Jahr 2011, wenn von einer betriebsgewöhnlichen Nutzungsdauer von vier Jahren ausgegangen wird.

3.3 Warum können die Kopiergeräte bei der Abschreibung anders behandelt werden als der Beamer?

Die neuen Kopiergeräte sollen die Arbeitsabläufe beschleunigen, sie sollen aber auch nicht allzu leichtfertig eingesetzt werden. Um seine Mitarbeiter daran zu erinnern, möchte sie Herr Morlock auch über die Kosten informieren.

Gesprächsnotiz:
Anschaffungskosten lt. Rechnung Nr. AR 232/271 (Beleg 1)
Gesamtkapazität eines Kopierers: 100.000 Kopien DIN A4
Papierpreise DIN A4: 5,00 € netto pro 1.000 Blatt
Toner: 25,00 € netto pro Kartusche, reicht für 5.000 Kopien

3.4 Berechnen Sie die Kosten für eine Kopie DIN A4 in Cent auf zwei Kommastellen genau.

Um der höheren Nachfrage in der Sommersaison gerecht zu werden, erhöht die Ballsportgeräte Morlock OHG die Lagerbestände. Sie erhält am 7. Juni von der Ballsport Müller e. K. eine Rechnung für neue Lederbälle.

3.5 Buchen Sie Beleg 2 (Seite 11 – siehe Anlage).

3.6 Buchen Sie die Zahlung per Bank, wenn die Ballsportgeräte Morlock OHG die Rechnung (Beleg 2) aus Aufgabe 3.5 am 16. Juni 2011 zahlt.

Leider ist einer der neugewonnenen Kunden, die Sportversand Schulze GmbH in Schwabach, in Zahlungsschwierigkeiten geraten. Der Kunde bittet uns am 24. Juni 2011 – wie seine anderen Gläubiger auch – im Rahmen eines außergerichtlichen Vergleichsverfahrens um einen Teilerlass seiner Forderung über 8.026,55 EUR.

3.7 Nehmen Sie die erforderliche Buchung am 24. Juni 2011 vor.

3.8 Zum Bilanzstichtag am 31. Dezember 2011 sind die Verhandlungen über den Teilerlass noch nicht abgeschlossen. Wir rechnen aber mit einem Forderungsausfall unsererseits in Höhe von 40 %. Welcher Wertberichtigungsbetrag ergibt sich hieraus?

3.9 Für alle zweifelhaften Forderungen zusammen sind Wertberichtigungen in Höhe von insgesamt 17.600,00 EUR erforderlich. Es besteht aus dem Vorjahr eine Einzelwertberichtigung in Höhe von 9.750,00 EUR. Buchen Sie die Anpassung zum 31. Dezember 2011.

Verteilung der Bewertungseinheiten

Frage	3.1	3.2	3.3	3.4	3.5	3.6	3.7	3.8	3.9	gesamt
Punkte	2,5	3	2	2	2	3,5	1	2	2	20

Modul 3 – Anlage

Beleg 1

Büro 2000 GmbH
Jahnstr. 15, 90763 Fürth
Tel.: 0911 9764566, Fax: 0911 9764567

Ballsportgeräte Morlock OHG
Rothenburger Str. 27
90443 Nürnberg

Kunden-Nr.:	216726	Rechn.-Nr.:	AR 232/271
Bestell-Nr.:	123/11	Rechn.-Datum:	03. 06. 2011
Bestelldatum: 15. 05. 2011		Lieferdatum:	03. 06. 2011

Pos.	Artikel-Nr.	Artikelbezeichnung	Menge	Einzelpreis	Gesamtpreis
1	T-578-402	Toner für Kopierer	20	25,00 €	500,00 €
2	K-567-567	Kopiergerät Carbon CK 5	3	380,00 €	1.140,00 €
3	B-336-718	Beamer C-Boost 4000 ANSI	1	1.712,00 €	1.712,00 €
			Frachtkostenpauschale		0,00 €
	Messesonderpreise!		Gesamt netto		3.352,00 €
	Bitte zahlen Sie ohne Abzug		+ 19 % Umsatzsteuer		636,88 €
	bis zum 10. 06. 2011		**Rechnungsbetrag brutto**		**3.988,88 €**

Beleg 2

Ballsport Müller e. K.

[Ballsport Müller e. K., Esplanade 11, 85049 Ingolstadt]

Ballsportgeräte Morlock OHG
Rothenburger Str. 27
90443 Nürnberg

Telefon: 08411 63345
Telefax: 08411 63346
E-Mail: müller-ballsport@web.de
Internet: www.ballsportmüller.de

Rechnung

Bei Zahlung und Schriftwechsel bitte folgende Daten angeben:					
Kundennummer	Rechnungsnummer	Rechnungsdatum	Auftragsnummer	Auftragsdatum	Lieferdatum
240014	145612	07. 06. 2011	188	24. 05. 2011	07. 06. 2011

Pos.	Artikelnummer	Artikelbezeichnung	Menge Stück	Einzelpreis €	Rabatt %	Nettogesamtpreis €
1	15	Lederfußbälle	500	19,60	10	8.820,00

Warenwert netto	Frachtkosten netto	Steuerpfl. Nettoentgelt	USt.-Satz	USt.-Betrag	Rechnungsbetrag brutto
8.820,00 €	80,00 €	8.900,00 €	19 %	1.691,00 €	10.591,00 €

Zahlungsbedingungen:
zahlbar innerhalb von **10 Tagen** ab Rechnungsdatum mit **2 % Skonto vom Rechnungsbetrag** oder innerhalb von **30 Tagen ohne Abzug**

Sitz
Ingolstadt

USt.-IdNr.:
DE2120447612

Registergericht
Amtsgericht Ingolstadt
HRA Nr. 1081

Steuer-Nr.:
241 / 130 / 84510

Geschäftsführer
Max Müller

Bankverbindung
Stadtsparkasse Ingolstadt
BLZ 721 500 00, Kto.-Nr. 5024037

Modul 4

Aufgrund der hohen Nachfrage nach unseren Erzeugnissen ist es notwendig, in neue Fertigungsmaschinen zu investieren. Die Ballsportgeräte Morlock OHG kauft daher eine neue Fräs- und Bohrmaschine.

4.1 Buchen Sie den auszugsweise vorliegenden Beleg 1 (siehe Anlage).

4.2 Aufgrund einiger beim Transport verursachter Kratzer am Gehäuse der Maschine erhält die Ballsportgeräte Morlock OHG einen Nachlass in Höhe von 1.150,25 EUR brutto. Buchen Sie den Nachlass.

Eine alte Fräsmaschine, die bereits bis auf den Erinnerungswert abgeschrieben wurde, verkauft die Ballsportgeräte Morlock OHG für 2.832,20 EUR brutto gegen Barzahlung.

4.3 Berechnen Sie den Verkaufserfolg und buchen Sie den Barverkauf.

4.4 Buchen Sie die alte Fräsmaschine aus.

Die neue Fräs- und Bohrmaschine wird zum Teil durch Aufnahme eines kurzfristigen Überbrückungskredits finanziert. Folgender Beleg liegt Ihnen auszugsweise vor (Beleg 2 – siehe Anlage).

4.5 Am 15. Juni 2011 schreibt die Sparda-Bank den Kreditbetrag abzüglich der Bankgebühren laut Beleg 2 auf dem Bankkonto der Ballsportgeräte Morlock OHG gut. Erstellen Sie die Buchung hierzu.

4.6 Buchen Sie die Zahlung des offenen Rechnungsbetrags an die Maschinenbau Luga AG per Bank ohne Skontoabzug und unter Berücksichtigung des Nachlasses (siehe 4.2).

Für die Liquiditätsplanung der Ballsportgeräte Morlock OHG ist es wichtig zu wissen, in welcher Höhe die Sparda-Bank nach sechs Monaten das Konto der Ballsportgeräte Morlock OHG für die Kredittilgung einschließlich der Zinsen belasten wird.

4.7 Berechnen Sie die Zinsen und erstellen Sie den Buchungssatz über die Rückzahlung des Kredits und die gleichzeitige Überweisung der gesamten fälligen Zinsen.

Die neue Maschine läuft 3.600 Stunden im Jahr. Des Weiteren liegen folgende Daten vor:

- endgültige Anschaffungskosten: 65.000,00 EUR
- Wiederbeschaffungskosten: 71.000,00 EUR
- kalkulatorischer Zinssatz: 8,0 % p.a.
- betriebsgewöhnliche Nutzungsdauer: 12 Jahre
- Raumbedarf der Maschine: 15 m^2
- Raumkosten: 25,75 EUR je m^2 pro Monat
- Grundgebühr Energie: 60,00 EUR pro Monat
- Strombedarf: 15 kWh zum Preis von 22 Cent je Kilowattstunde
- Wartungskosten: 3.408,00 EUR pro Jahr

4.8 Berechnen Sie den Maschinenstundensatz.

Verteilung der Bewertungseinheiten

Frage	4.1	4.2	4.3	4.4	4.5	4.6	4.7	4.8	gesamt
Punkte	1,5	2,5	3,5	1	2	1,5	3	5	20

Modul 4 – Anlage

Beleg 1

Maschinenbau Luga AG

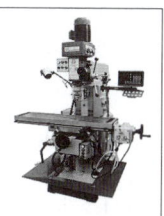

Maschinenbau Luga AG, Schwalbenweg 5, 87439 Kempten

Ballsportgeräte Morlock OHG
Rothenburger Str. 27
90443 Nürnberg

Kunden-Nr.: BSM-4
Bestell-Nr.: 8952
Bestelldatum: 23. 05. 2011
Rechnungs-Nr.: 9632
Rechnungsdatum: 06. 06. 2011
Lieferdatum: 06. 06. 2011

Rechnung/Lieferschein

Pos.	Art.Nr.	Artikelbezeichnung	Stück-zahl	Einzelpreis, netto	Gesamtpreis, netto
1	Flex47	CNC-Fräs- und Bohrmaschine	1	59.500,00 €	59.500,00 €
2	BK73	Bohrkopf zu Flex47	1	4.940,00 €	4.940,00 €

Warenwert, netto	Versandkosten, netto	Steuerpfl. Nettoentgelt	USt. (19 %)	Rechnungsbetrag, brutto
64.440,00 €	0,00 €	64.440,00 €	12.243,60 €	76.683,60 €

Beleg 2

Kredit mit Festzins

Die Ballsportgeräte Morlock OHG, Rothenburger Str. 27, 90443 Nürnberg
– nachstehend Kreditnehmer genannt – erhält von der Sparda-Bank Nürnberg eG einen Kredit zu folgenden Bedingungen:

- Kreditbetrag: -----45.000,00 EUR-----
- Bankgebühren: -----115,00 EUR-----
- jährlicher Zinssatz: -----7,80 %-----
- Laufzeit: -----6 Monate-----

Unten bezeichnetes Bankkonto wird am Ende der Laufzeit mit dem Kreditbetrag sowie den fälligen Zinsen belastet.

Modul 5

Aufgrund einer Empfehlung konnte die Ballsportgeräte Morlock OHG einen neuen Kunden, die Sport-Eck GmbH, gewinnen. Nach erfolgtem Auftrag und nach Lieferung gemäß den Vertragsvereinbarungen erstellt die Fakturierung die Ausgangsrechnung.

5.1 Vervollständigen Sie die Rechnung (siehe Beleg 1 – siehe Anlage). Berücksichtigen Sie hierbei auch, dass pro Tor 20,00 EUR netto für den Versand in Rechnung gestellt werden.

5.2 Erstellen Sie die Buchung zur Rechnung aus 5.1.

Als Grundlage für die regelmäßige Abteilungsbesprechung liegen für den Monat Mai, inklusive des Auftrages aus 5.1, folgende Daten vor:

	Fußballtore	Handballtore
Produzierte und verkaufte Menge	100 Stück	90 Stück
Kapazität	150 Stück	120 Stück
Nettoverkaufspreis	1.000,00 EUR/Stück	750,00 EUR/Stück
Variable Kosten	740,00 EUR/Stück	520,00 EUR/Stück
Erzeugnisfixe Kosten	10.000,00 EUR	6.800,00 EUR
Unternehmensfixe Kosten	3.000,00 EUR	

5.3 Berechnen Sie das Betriebsergebnis und stellen Sie dabei Ihre Rechnung in einem geeigneten Schema dar.

5.4 Formulieren Sie einen begründeten Vorschlag darüber, welches Produkt auf Basis der berechneten Ergebnisse aus 5.3 besonders beworben werden sollte.

5.5 Berechnen Sie die Kapazitätsauslastung in Prozent (zwei Dezimalstellen) für beide Produktgruppen.

Per Mail zeigt die Sport-Eck GmbH auch Interesse an unseren Handballtoren und fragt an, ob wir diese für 720,00 EUR je Stück anbieten können.

5.6 Die Ballsportgeräte Morlock OHG beschließt, diesen Preis allen Kunden anzubieten. Berechnen Sie auf Grundlage der Daten aus 5.3, wie viele Handballtore die Ballsportgeräte Morlock OHG pro Monat herstellen und verkaufen muss, damit die erzeugnisfixen Kosten gedeckt sind.

Die Sport-Eck GmbH reklamiert vier der im Beleg 1 in Rechnung gestellten Fußballtore und sendet diese an uns zurück.

5.7 Nach unserer Prüfung der Schweißnähte erkennen wir den Mangel an. Buchen Sie die Rücksendung ohne Berücksichtigung der Versandkosten.

5.8 Die Sport-Eck GmbH begleicht unsere noch offene Forderung. Berechnen und buchen Sie gemäß des vorliegenden Kontoauszugs (Beleg 2 – siehe Anlage).

Durch eine Veränderung im Produktionsprozess ist es der Ballsportgeräte Morlock OHG gelungen, die Qualität vor allem der Schweißnähte zu erhöhen und die Gewährleistungsansprüche deutlich zu senken. Die hierfür vorgesehene Rückstellung kann am Jahresende um 15.000,00 EUR gesenkt werden.

5.9 Buchen Sie diesen Vorgang zum 31. Dezember 2011.

Verteilung der Bewertungseinheiten

Frage	5.1	5.2	5.3	5.4	5.5	5.6	5.7	5.8	5.9	gesamt
Punkte	3	1,5	4	1	1	2	3	3,5	1	20

Modul 5 – Anlage

Beleg 1

zu Aufgabe 5.1:

Name, Klasse: ....

Ballsportgeräte Morlock OHG

Ballsportgeräte Morlock OHG, Rothenburger Str. 27, 90443 Nürnberg

Sport-Eck GmbH
Gingsterweg 12–14
96052 Bamberg

Sachbearbeiter:	Ingmar Lunz
Telefon:	+49 911 231746
Fax:	+49 911 231742
Email:	i.lunz@bsg-morlock.de
USt.-IdNr.:	DE229231343
St.-Nr.:	238/162/05050

Rechnung

Kunden-Nr.	Rechnungs-Nr.	Rechnungsdatum
240007	135612	23. 05. 2011

Lieferdatum	Auftrags-Nr.	Auftragsdatum	Bestell-Nr.
20. 05. 2011	168	19. 05. 2011	562/18923

Pos.	Artikelnummer	Artikelbezeichnung	Menge Stück	Einzelpreis EUR	Rabatt %	Gesamt netto EUR
1	F1/102	Fußballtor „Mailand"	20	1.000,00	–	

Vielen Dank für Ihren Auftrag!

Warenwert, netto	
Versandkosten, netto	
Steuerpfl. Entgelt	
19 % USt.	
Rechnungsbetrag, brutto	
Skonto, brutto	
bei Skontoabzug zu zahlen	

Zahlungsbedingungen:
innerhalb **10 Tagen 3 % Skonto** auf den Rechnungsbetrag, innerhalb **30 Tagen rein netto**

Sitz der Gesellschaft: Nürnberg • Geschäftsführer: Martina Morlock, Florian Morlock • Internet: www.bsg-morlock.de
Bankverbindung: Sparda-Bank Nürnberg eG, Kto.-Nr. 2409070, BLZ 760 905 00, IBAN DE10 7609 0500 0002 4090 70
Registergericht: Amtsgericht Nürnberg, HRA 14531

Beleg 2

Sparda-Bank Nürnberg eG BLZ 760 905 00 Tel. 0800 76090500	Kontonummer 2409070	Auszug/Jahr 37/2011	Blatt-Nr. 1
BU-TAG Vorgang	**WERT**		**UMSATZ EUR**
01. 06. ReNr.: 135612 v. 23. 05. 11 abzügl. Rücksendung und Skonto Sport-Eck GmbH	01. 06.		18.930,52 +

Herrn/Frau/Firma

Kontoauszug

BALLSPORTGERÄTE MORLOCK OHG
ROTHENBURGER STR. 27
90443 NÜRNBERG

LETZTE ERSTELLUNG	ALTER KONTOSTAND EUR
27. 05. 2011	20.000,00 +
ERSTELLUNGSTAG	NEUER KONTOSTAND EUR
02. 06. 2011	38.930,52 +

IBAN: DE10 7609 0500 0002 4090 70   BIC: GENODEF1S06

http://www.sparda-n.de

Modul 6

Zum Jahresende führt die Ballsportgeräte Morlock OHG eine Gesellschafterversammlung durch. Im Rahmen mehrerer Tagesordnungspunkte (TOPs) werden unternehmerische Entscheidungen getroffen.

TOP 1: Die Preiskalkulation differenzieren

6.1 Kalkulieren Sie hierzu den Nettoverkaufspreis für das Produkt „Aluminiumtore für Streetsoccer", wenn auf der Basis von Selbstkosten in Höhe von 450,00 EUR je Tor mit 30 % Gewinnzuschlag und 3 % Skonto gerechnet und kein Kundenrabatt gewährt wird.

6.2 Es wird überlegt, bestimmten Kunden bei einem Nettoverkaufspreis von 620,00 EUR 10 % Rabatt einzuräumen. Berechnen Sie, ob unter sonst gleichen Bedingungen ein angestrebtes Gewinnziel von 20 % erreicht wird.

TOP 2: Bestehende Lieferer- und Kundenbeziehungen sichern und ausbauen

6.3 Um den Umsatzbonus von 4 % zu erhalten, wird eine Bestellung bei unserem Holzlieferanten Holzkontor GmbH vorgezogen. Insgesamt haben wir damit im Jahr 2011 Hölzer im Nettowert von 115.300,00 EUR gekauft. Berechnen und buchen Sie den Bonus.

6.4 Aus Kulanz akzeptieren wir die nicht fristgerechte Mängelrüge der Sport-Eck GmbH Bamberg bezüglich einer Lieferung von Mannschaftstrikots im Bruttowert von 4.938,50 EUR und erteilen eine Gutschrift in Höhe von 622,50 EUR netto. Buchen Sie den Vorgang.

TOP 3: Risiken erkennen und begrenzen
Bereich Forderungsmanagement:

6.5 Der gesamte Bestand an einwandfreien Forderungen der Ballsportgeräte Morlock OHG zum 31. Dezember 2011 beträgt 98.175,00 EUR. Aus dem letzten Jahr ist eine Pauschalwertberichtigung über 1.645,90 EUR vorhanden und das allgemeine Ausfallrisiko wird mit 1,25 % angesetzt. Berechnen Sie die erforderlichen Beträge und buchen Sie die notwendige Anpassung.

Bereich Personalmanagement:

6.6 Aufgrund der erfreulichen Geschäftsentwicklung im Jahr 2011 stockt die Geschäftsleitung der Ballsportgeräte Morlock OHG die betriebliche Altersvorsorge der Belegschaft auf. Hierzu wird die bestehende Rückstellung um 15.000,00 EUR erhöht. Buchen Sie die Rückstellung.

Bereich Lagermanagement:

6.7 Am 31. Dezember 2011 ergeben sich die folgenden Lagerbestände bei Holz und Handballtoren. Berechnen und buchen Sie die Bestandsveränderungen.

	Bestand am 1. Januar 2011	Bestand am 31. Dezember 2011
Holz	14.000,00 EUR	26.000,00 EUR
Handballtore	16.000,00 EUR	12.000,00 EUR

TOP 4: Den Erfolg periodengerecht ermitteln

6.8 Ihnen liegt ein bereits im Mai gebuchter Kontoauszug vor (Beleg 1 – siehe Anlage). Nehmen Sie die notwendige Abgrenzungsbuchung zum 31. Dezember 2011 vor.

6.9 Wie wirkt sich die Abgrenzungsbuchung auf den Unternehmenserfolg aus? Begründen Sie Ihre Antwort.

Verteilung der Bewertungseinheiten

Frage	6.1	6.2	6.3	6.4	6.5	6.6	6.7	6.8	6.9	gesamt
Punkte	2,5	3,5	2,5	2,5	2,5	1	3	1,5	1	20

Modul 6 – Anlage

Beleg 1

Sparda-Bank Nürnberg eG BLZ 760 905 00 Tel 0800 76090500	Kontonummer 2409070	Auszug/Jahr 32/2011	Blatt-Nr. 1
BU-TAG Vorgang	**WERT**		**UMSATZ EUR**
20. 05. Gebäude-Versicherung Nr. 20304-F-2011/12 05/11 – 04/12	20. 05.		654,00 –

Herrn/Frau/Firma

Kontoauszug

BALLSPORTGERÄTE MORLOCK OHG
ROTHENBURGER STR. 27
90443 NÜRNBERG

LETZTE ERSTELLUNG 19. 05. 2011	ALTER KONTOSTAND EUR 21.757,76 +
ERSTELLUNGSTAG 21. 05. 2011	NEUER KONTOSTAND EUR 21.103,76 +

IBAN: DE10 7609 0500 0002 4090 70   BIC: GENODEF1S06
http://www.sparda-n.de

Modul 1 – Lösungen

1.1 Deckungsbeitrag Fußballtor = 1.020,00 € – 750,00 € = 270,00 €/Stück
Deckungsbeitrag I. Quartal = 240 St. · 270,00 € = 64.800,00 €

Der Deckungsbeitrag ist der Betrag, der nach Abzug der variablen Kosten vom Verkaufspreis übrig bleibt, um die fixen Kosten zu decken. Multipliziert mit der verkauften Stückzahl ergibt sich der Gesamtdeckungsbeitrag einer Rechnungsperiode.

1.2 Break-Even-Point = 49.100,00 € : 270,00 € = 181,85 = 182 St.

Gesucht ist bei der Aufgabenstellung der Break-Even-Point, also die zu verkaufende Menge, bei der erstmals alle fixen Kosten gedeckt sind. Hierbei sind die fixen Kosten durch den Deckungsbeitrag je Stück zu dividieren.

1.3 Langfristige Preisuntergrenze = 750,00 € + 49.100,00 € : 240 St. = 954,58 €

Bei der langfristigen Preisuntergrenze sind neben den variablen Kosten auch die anteiligen fixen Kosten eines Produkts zu decken. Daher sind die fixen Kosten auf die Anzahl der zu verkaufenden Menge zu verteilen.

1.4 Deckungsbeitrag Zusatzauftrag = 1.145,00 € – 960,00 € = 185,00 €/St.
Kapazität = (154 St. : 70) · 100 = 220 Stück
Freie Kapazität = 220 St. – 154 St. = 66 Stück > 60 Stück

Da sich sowohl ein positiver Deckungsbeitrag ergibt, als auch die Kapazität ausreicht, könnte der Auftrag angenommen werden. Es sollte demnach auch ein Angebot abgegeben werden.

1.5
6000	Aufwendungen für Rohstoffe	15.200,00 €	
6020	Aufwendungen für Hilfsstoffe	3.800,00 €	
2600	Vorsteuer	3.610,00 €	
an	440001 Kreditor Alumetall GmbH		22.610,00 €

Wie aus der Unternehmensbeschreibung zu entnehmen ist, handelt es sich bei den Aluminiumplatten um Rohstoffe und bei den Schrauben um Hilfsstoffe.

1.6 Aluminiumplatten: 2 % von 15.200,00 € = 304,00 €

Schrauben: 2 % von 3.800,00 € = 76,00 €

1.7
440001	Alumetall GmbH	22.610,00 €	
an	2800 Bank		22.157,80 €
	6002 Nachlässe Rohstoffe		304,00 €
	6022 Nachlässe Hilfsstoffe		76,00 €
	2600 Vorsteuer		72,20 €

Vom Rechnungsbetrag ist neben den in Aufgabe 1.6 errechneten Nettoskonti auch die anteilige Vorsteuerkorrektur aus 380,00 € abzuziehen. Die Skonti sind auf das entsprechende Unterkonto Nachlässe zu buchen. Die Vorsteuer ist entsprechend im Haben zu korrigieren.

1.8 Einstandspreis = (15.200,00 € – 304,00 €) : 160 St. = 93,10 €/Platte

Der Einstandspreis wird netto errechnet. Somit sind die in der Rechnung ausgewiesenen 15.200,00 € um den Skontoabzug zu kürzen und auf die Stückzahl von 160 Platten zu verteilen.

1.9 Listenpreis lt. Angebot   60 · 1.145,00 € =   68.700,00 €
     + Fracht   60 · 20,00 € =   1.200,00 €

     = Nettorechnungsbetrag   69.900,00 €
     + 19 % USt.   13.281,00 €

     = Rechnungsbetrag (brutto)   83.181,00 €

1.10 240005 Debitor Stadt München   83.181,00 €
      an   5000 Umsatzerlöse eig. Erzeugnisse   69.900,00 €
           4800 Umsatzsteuer   13.281,00 €

Beim Verkauf werden die einem Kunden in Rechnung gestellten Versandkosten auf dem jeweiligen Erlöskonto erfasst.

Modul 2 – Lösungen

2.1

Monat	April 2011	Mai 2011
Bruttolohn (für 166 Stunden)	2.490,00 EUR (15,00 EUR/h)	2.739,00 EUR (16,50 EUR/h)
Lohnsteuer	339,41	403,58
Kirchensteuer (8 %)	27,15	32,29
Solidaritätszuschlag (5,5 %)	18,67	22,20
Abzüge Finanzamt	**385,23**	**458,07**
Krankenversicherung	204,18	224,60
Pflegeversicherung	30,50	33,55
Rentenversicherung	247,76	272,53
Arbeitslosenversicherung	37,35	41,09
Abzüge Sozialversicherungsträger	**519,79**	**571,77**
Nettolohn	**1.584,98**	**1.709,16**

Arbeitgeberanteil zur Sozialversicherung		
Krankenversicherung	181,77	199,95
Pflegeversicherung	24,28	26,71
Rentenversicherung	247,76	272,53
Arbeitslosenversicherung	37,35	41,09
Arbeitgeberanteil (SV)	**491,16**	**540,28**

Bei der Krankenversicherung sind 8,2 % vom Bruttolohn zu errechnen. Diese setzen sich aus der Hälfte des allgemeinen Satzes von 14,6 % und den 0,9 % Arbeitnehmersonderbeitrag zusammen. Bei der Arbeitslosen- und Pflegeversicherung ist jeweils mit dem halben Versicherungssatz zu rechnen.

2.2 Berechnung der Lohnerhöhung:
Stundenlohn = 1,50 € · 100 / 15,00 € = <u>10 %</u>

Nettolohn = 124,18 · 100 / 1.584,98 € = <u>7,8 %</u>

Bei der Berechnung der Lohnerhöhung in % ist grundsätzlich vom vorausgehenden Lohn auszugehen und die Erhöhung hierzu in Beziehung zu setzen.

2.3 Der höhere Stundenlohn führt zu einem höheren Bruttolohn, dessen Steuerlast dann aber überproportional steigt.

2.4 6200 Aufwendungen für Lohn   30.500,00 €
     6220 Sonstige tarifliche Aufwendungen   240,00 €
     an   4830 Verbindlichkeiten Finanzamt   5.028,50 €
           4840 Verbindlichkeiten Sozialversicherung   6.416,98 €
           4860 Verbindlichkeiten aus VWL   600,00 €
           4890 Sonstige Verbindlichkeiten   320,00 €
           4850 Verbindlichkeiten gegen Mitarbeiter   18.374,52 €

     6400 AG-Anteil Sozialversicherung   6.063,47 €
     an   4840 Verbindlichkeiten Sozialversicherung   6.063,47 €

Es ist zu beachten, dass es sich um eine Lohnabrechnung handelt und dass dementsprechend auch die Aufwandskonten aus dem Lohnbereich anzusprechen sind.

2.5 **Betriebsabrechnungsbogen**

Kostenart	zu verteilender Betrag	Material	Fertigung	Verwaltung/ Vertrieb
SV-Beiträge	10.320,00	2.476,80	6.192,00	1.651,20
sonstige Gemeinkosten	. .	. .	. .	. .
Summe der Ist-Gemeinkosten	**25.300,00**	**4.900,00**	**16.100,00**	**4.300,00**

Berechnung des Wertes je Kopf: 10.320,00 € : 25 =   412,80 €
Berechnung der Kostenstellenwerte:
Material: 6 · 412,80 € =   2.476,80 €
Fertigung: 15 · 412,80 € =   6.192,00 €
Verwaltung: 4 · 412,80 € =   1.651,20 €

2.6 Ist-Fertigungsgemeinkostenzuschlagssatz = 16.100,00 · 100 / 30.500,00 € = 52,79 %

Um den Ist-Fertigungsgemeinkostenzuschlagssatz zu erhalten, sind die Gemeinkosten aus dem Betriebsabrechnungsbogen in Beziehung zum Bruttolohn zu setzen.

2.7 Ist-Kosten: 4.900,00 € < Normalkosten 5.000,00 € = 100,00 € Überdeckung

Da die geplanten Kosten über den tatsächlich entstandenen Kosten liegen, wurden mehr Kosten eingeplant, als später entstanden sind. Somit handelt es sich um eine Überdeckung.

2.8

Fertigungsmaterial	450,00 €
+ 12 % Materialgemeinkosten	54,00 €
= Materialkosten	504,00 €
+ Fertigungslöhne	190,00 €
+ 55 % Fertigungsgemeinkosten	104,50 €
+ Sondereinzelkosten Fertigung (Lackierung)	25,00 €
= Herstellkosten	823,50 €
+ 8 % Verwaltungs-/Vertriebs-Gemeinkosten	65,88 €
= Selbstkosten je Fußballtor	889,38 €

Modul 3 – Lösungen

3.1
0860	Büromaschinen	1.712,00 €	
0890	GWG BGA	1.140,00 €	
6800	Aufwendungen für Büromaterial	500,00 €	
2600	Vorsteuer	636,88 €	
an	440007 Kreditor Büro 2000 GmbH		3.988,88 €

Der Beamer mit einem Anschaffungswert von über 1.000,00 € wird als Büromaschine aktiviert. Die Kopiergeräte mit einem Einzelpreis unter 410,00 € bzw. 1.000,00 € können als GWG oder als Sammelposten gebucht werden. Der Toner als Verbrauchsmaterial wird unmittelbar als Aufwand erfasst.

3.2 Berechnung Jahres-AfA: 1.712,00 € : 4 Jahre = 428,00 €
Abschreibung 2011 monatsanteilig: 428,00 € : 12 Monate · 7 Monate = 249,67 €

6520	Abschreibung Sachanlagen	249,67 €	
an	0860 Büromaschinen		249,67 €

3.3 Die Kopiergeräte können entweder als GWG im Jahr der Anschaffung in voller Höhe abgeschrieben werden oder im Rahmen des Sammelpostens über fünf Jahre verteilt.

3.4	Werteverzehr =	380,00 € : 100.000 Kopien	= 0,38 Cent
	+ Papierkosten:	5,00 € : 1.000 Kopien	= 0,50 Cent
	+ Toner:	25,00 € : 5.000 Kopien	= 0,50 Cent
	= Kosten pro Kopie		1,38 Cent

> Neben dem Toner- und Papierverbauch sind die Anschaffungskosten auf die angenommene Kapazität des Kopierers zu verteilen.

3.5

6080	Aufwendungen für Waren	8.820,00 €	
6081	Bezugskosten Waren	80,00 €	
2600	Vorsteuer	1.691,00 €	
an	440005 Kreditor Ballsport Müller		10.591,00 €

> Die Frachtkosten sind beim Einkauf von Waren und RHB-Stoffen auf dem Unterkonto Bezugskosten separat zu erfassen.

3.6

440005	Kreditor Ballsport Müller	10.591,00 €	
an	2800 Bank		10.379,18 €
	6082 Nachlässe Waren		178,00 €
	2600 Vorsteuer		33,82 €

> Laut Rechnung werden bei Zahlung binnen 10 Tagen ab Rechnungsdatum 2 % Skonto auf den Warenwert gewährt. Mit Zahlung am 16. Juni 2011 ist der Skontoabzug noch möglich. Somit sind 2 % vom Rechnungsbetrag zu errechnen: 211,82 €. Dieser Betrag ist zum einen vom Rechnungsbetrag in Abzug zu bringen, zum anderen ist er in den Nettoskonto- und Vorsteueranteil aufzuteilen.

3.7

2470	Zweifelhafte Forderungen	8.026,55 €	
an	240003 Debitor Sportversand Schulze		8.026,55 €

> Mit der Bitte um einen Teilerlass im Rahmen eines außergerichtlichen Vergleichsverfahrens wird die offene Forderung gegen diesen Kunden zumindest zweifelhaft und ist entsprechend umzubuchen.

3.8

	Bruttoforderung	8.026,55 €
	− 19 % Umsatzsteuer	1.281,55 €
	= Nettoforderung	6.745,00 €
	davon 40 % = erforderliche Wertberichtigung	2.698,00 €

> Wertberichtigungen zum Bilanzstichtag sind grundsätzlich auf den Nettowert zu bilden. Die Umsatzsteuer wird erst bei einem definitiven Ausfall korrigiert.

3.9

	Erforderliche Einzelwertberichtigung	17.600,00 €
	− bestehende Einzelwertberichtigung	9.750,00 €
	= Erhöhung	7.850,00 €

6952	Einstellung EWB	7.850,00 €	
an	3670 EWB		7.850,00 €

Modul 4 – Lösungen

4.1	0720	Maschinen	64.440,00 €	
	2600	Vorsteuer	12.243,60 €	
	an	440004 Kreditor Maschinenbau Luga AG		76.683,60 €

4.2	440004	Kreditor Maschinenbau Luga AG	1.150,25 €	
	an	0720 Maschinen		966,60 €
		2600 Vorsteuer		183,65 €

Beim Kauf eines Anlageguts sind die Anschaffungsnebenkosten sowie nicht selbstständig nutzungsfähige Bauteile eines Anlageguts auf dem entsprechenden Anlagekonto zu aktivieren. Auch die Anschaffungsnebenkosten werden auf dem Anlagekonto verbucht.

4.3
Verkaufserlös brutto	2.832,20 €
– 19 % Umsatzsteuer	452,20 €
= Nettoerlös	2.380,00 €
– Restbuchwert	1,00 €
= Buchgewinn	2.379,00 €

	2880	Kasse	2.832,20 €	
	an	5465 Erlöse Abg. AV (Buchgewinn)		2.380,00 €
		4800 Umsatzsteuer		452,20 €

Beim Verkauf eines Anlagegutes ist stets der Verkaufserfolg durch den Vergleich von Nettoerlös und Restbuchwert zu ermitteln, um die entsprechenden Erfolgskonten ansprechen zu können. Im vorliegenden Fall die Konten 5465 und 6965.

| 4.4 | 6965 | Restbuchwert AV (Buchgewinn) | 1,00 € | |
| | an | 0720 Maschinen | | 1,00 € |

Achtung: Der Kontenrahmen des ISB sieht für das Konto Restbuchwert AV (Buchgewinn) die Kontonummer 5469 vor. Orientieren Sie sich an dem in Ihrer Schule verwendeten Kontenrahmen.

4.5	2800	Bank	44.885,00 €	
	6750	Kosten des Geldverkehrs	115,00 €	
	an	4200 Kurzfristige Bankverbindlichkeiten		45.000,00 €

Der Kreditbetrag wird abzüglich der Bankgebühr dem Konto gutgeschrieben. Mit einer Laufzeit von sechs Monaten handelt es sich um eine kurzfristige Bankverbindlichkeit.

4.6
Rechnungsbetrag	76.683,60 €
– Gutschrift aus Nr. 4.2	1.150,25 €
= offener Rechnungsbetrag	75.533,35 €

| | 440004 | Kreditor Maschinenbau Luga AG | 75.533,35 € | |
| | an | 2800 Bank | | 75.533,35 € |

4.7
Kurzfristiger Bankkredit	45.000,00 €
+ Zinsen = $45.000 \cdot 7{,}8 \cdot 180 / (100 \cdot 360)$	1.755,00 €
= Rückzahlungsbetrag inkl. Zinsen	46.755,00 €

	4200	Kurzfristige Bankverbindlichkeiten	45.000,00 €	
	7510	Zinsaufwendungen	1.755,00 €	
	an	2800 Bank		46.755,00 €

4.8 Laufzeit im Jahr: $= 3.600$ Stunden

Kalk. Abschreibung:	71.000,00 € : 12 Jahre	=	5.916,67 €
Kalk. Zinsen:	$\dfrac{65.000\ € \cdot 8}{100 \cdot 2}$	=	2.600,00 €
Raumkosten:	15 m² · 25,75 €/m² · 12 Monate	=	4.635,00 €
Energieverbrauch:	3.600 Std. · 15 kWh · 0,22 €	=	11.880,00 €
Energiegrundgebühr:	60,00 € · 12 Monate	=	720,00 €
Wartungskosten:		=	3.408,00 €
= maschinenabhängige Gemeinkosten im Jahr:		=	29.159,67 €

Maschinenstundensatz: 29.159,67 € : 3.600 Stunden   = 8,10 €/Std.

Es empfiehlt sich, bei der Maschinenstundensatzrechnung die Kosten stets auf ein ganzes Jahr hochzurechnen. Die Abschreibungen werden vom Wiederbeschaffungswert berechnet. Die kalkulatorischen Zinsen werden grundsätzlich vom halben Anschaffungswert errechnet, da dieser über die gesamte Laufzeit der Maschine die durchschnittliche Kapitalbindung darstellt. Die Summe der sich ergebenden Gemeinkosten ist durch die Laufzeit der Maschine zu dividieren.

Modul 5 – Lösungen

5.1

Ballsportgeräte Morlock OHG

Ballsportgeräte Morlock OHG, Rothenburger Str. 27, 90443 Nürnberg

Sport-Eck GmbH
Gingsterweg 12–14
96052 Bamberg

Sachbearbeiter:	Ingmar Lunz
Telefon:	+49 911 231746
Fax:	+49 911 231742
Email:	i.lunz@bsg-morlock.de
USt.-IdNr.:	DE229231343
St.-Nr.:	238/162/05050

Rechnung

Kunden-Nr.	Rechnungs-Nr.	Rechnungsdatum
240007	135612	23.05.2011

Lieferdatum	Auftrags-Nr.	Auftragsdatum	Bestell-Nr.
20.05.2011	168	19.05.2011	562/18923

Pos.	Artikelnummer	Artikelbezeichnung	Menge Stück	Einzelpreis EUR	Rabatt %	Gesamt netto EUR
1	FT/102	Fußballtor „Mailand"	20	1.000,00	–	20.000,00

Vielen Dank für Ihren Auftrag!

Warenwert, netto	20.000,00
Versandkosten, netto	400,00
Steuerpfl. Entgelt	20.400,00
19 % USt.	3.876,00
Rechnungsbetrag, brutto	24.276,00
Skonto, brutto	728,28
bei Skontoabzug zu zahlen	23.547,72

Zahlungsbedingungen:
innerhalb **10 Tagen 3 % Skonto** auf den Rechnungsbetrag, innerhalb **30 Tagen rein netto**

Sitz der Gesellschaft: Nürnberg • Geschäftsführer: Martina Morlock, Florian Morlock • Internet: www.bsg-morlock.de
Bankverbindung: Sparda-Bank Nürnberg eG, Kto.-Nr. 2409070, BLZ 760 905 00, IBAN DE10 7609 0500 0002 4090 70
Registergericht: Amtsgericht Nürnberg, HRA 14531

5.2 240007 Debitor Sport-Eck   24.276,00 €
     an   5000 Umsatzerlöse eig. Erzeugnisse   20.400,00 €
          4800 Umsatzsteuer   3.876,00 €

Beim Verkauf werden die einem Kunden in Rechnung gestellten Versandkosten ebenfalls auf dem jeweiligen Erlöskonto erfasst.

5.3 Deckungsbeitrag Fußballtore   = 1.000,00 € – 740,00 €   = 260,00 €/Stück
     Deckungsbeitrag Handballtore = 750,00 € – 520,00 €   = 230,00 €/Stück
     Betriebsergebnis   = 100 · 260,00 € + 90 · 230,00 € – 19.800,00 €
                                   = +26.900,00 €

Vom Gesamtdeckungsbeitrag der Fußball- und Handballtore sind zur Ermittlung des Betriebsergebnisses die gesamten fixen Kosten (= erzeugnisfixe und unternehmensfixe Kosten) zu subtrahieren.

5.4 Da die Fußballtore einen höheren Deckungsbeitrag erzielen und zudem auch noch über mehr freie Kapazität verfügen, sollten diese besonders beworben werden.

5.5 Auslastung Fußballtore   =   100 Tore · 100 / 150 Tore   = 66,67 %

     Auslastung Handballtore   =   90 Tore · 100 / 120 Tore   = 75,00 %

5.6 Deckungsbeitrag neu   =   720,00 € – 520,00 €   = 200,00 €
     Break-Even-Point Handballtore = 6.800,00 € : 200,00 €   = 34 Tore

Ein Produkt sollte neben den variablen Kosten mindestens auch seine erzeugnisfixen Kosten decken. In diesem Fall ist zu ermitteln, wie oft der neue Deckungsbeitrag erzielt werden muss, um die 6.800,00 € erzeugnisfixe Kosten zu decken.

5.7 5000 Umsatzerlöse eig. Erzeugnisse   4.000,00 €
     4800 Umsatzsteuer   760,00 €
     an   240007 Debitor Sport-Eck   4.760,00 €

Für die Berechnung der Gutschrift an den Kunden ist der Einzelverkaufspreis von 1.000,00 € netto mit vier zu multiplizieren und die Umsatzsteuer ist entsprechend zu korrigieren.

5.8 Ursprünglicher Rechnungsbetrag   24.276,00 €
     – Gutschrift aus Nr. 5.7   4.760,00 €

     = offener Rechnungsbetrag   19.516,00 €
     – Bankgutschrift   18.930,52 €

     = Skonto brutto   585,48 €
     – Umsatzsteueranteil 19 %   93,48 €

     = Skonto netto   492,00 €

     2800 Bank   18.930,52 €
     5001 Erlösbericht. eig. Erzeugnisse   492,00 €
     4800 Umsatzsteuer   93,48 €
     an   240007 Debitor Sport-Eck   19.516,00 €

Die Überprüfung ergibt, dass es sich bei dem Abzug von 585,48 € um genau 3 % des noch offenen Rechnungsbetrags handelt. Der Kunde hat sich somit den korrekten Skontobetrag abgezogen.

5.9 3910 Rückstellungen für Gewährleistung   15.000,00 €
     an   5480 Erträge Herabsetzung Rückstellungen   15.000,00 €

Modul 6 – Lösungen

6.1

Selbstkosten	450,00 €
+ 30 % Gewinn	135,00 €
= Barverkaufspreis	585,00 €
+ 3 % Skonto	18,09 €
= Ziel-/Listenverkaufspreis	603,09 €

Auf die gegebenen 450,00 € Selbstkosten sind 30 % Gewinn aufzuschlagen. Ausgehend von dem sich ergebenden Barverkaufspreis ist der Skonto vom verminderten Grundwert zu berechnen: Skonto = 585,00 · 3 / 97.

6.2

Selbstkosten	450,00 €
+ Gewinn	**91,26 €**
= Barverkaufspreis	541,26 €
+ 3 % Skonto	16,74 €
= Zielverkaufspreis	558,00 €
+ 10 % Kundenrabatt	62,00 €
= Nettoverkaufspreis	620,00 €

Gewinn in %   = 91,26 € · 100 / 450,00 €   =   20,28 %
Damit wird das Gewinnziel von 20 % knapp erreicht.

Es handelt sich hierbei um eine Differenzkalkulation. Ausgehend vom Nettoverkaufspreis von 620,00 € werden Rabatt und Skonto abgezogen. Die Differenz aus dem sich ergebenden Barverkaufspreis und den Selbstkosten ist der verbleibende Gewinn. Dieser ist dann zu den Selbstkosten in Beziehung zu setzen.

6.3

Nettowert Bezug der Hölzer	115.300,00 €
hiervon 4 % Bonus	4.612,00 €
+ 19 % Umsatzsteuer	876,28 €
= Bruttobonus / Gutschrift	5.488,28 €

440002 Kreditor Holzkontor GmbH   5.488,28 €
an   6002 Nachlässe Rohstoffe   4.612,00 €
        2600 Vorsteuer   876,28 €

Der Bonus für das Erreichen eines Umsatzziels stellt einen nachträglichen Preisnachlass dar, sodass dieser über das entsprechende Unterkonto Nachlässe mit Vorsteuerkorrektur zu erfassen ist.

6.4	5101	Erlösbericht, Handelswaren	622,50 €	
	4800	Umsatzsteuer	118,28 €	
	an	240007 Debitor Sport Eck		740,78 €

6.5 Forderungsbestand insgesamt   98.175,00 €
    – 19 % Umsatzsteuer   15.675,00 €

= Nettoforderungen   82.500,00 €
hiervon 1,25 % Wertberichtigung   1.031,25 €
– vorhandene Pauschalwertberichtigung   1.645,90 €

= Herabsetzung   614,65 €

	3680	Pauschalwertberichtigung	614,65 €	
	an	5450 Erträge aus Herabsetzung Wertberichtigung		614,65 €

Vom einwandfreien Nettoforderungsbestand ist der vom Finanzamt anerkannte Wertberichtigungssatz zu errechnen. Die sich ergebende neue Pauschalwertberichtigung ist mit einer bestehenden zu vergleichen und entsprechend anzupassen.

6.6	6440	Aufwendungen für Altersversorgung	15.000,00 €	
	an	3700 Pensionsrückstellungen		15.000,00 €

6.7	Anfangsbestand – Endbestand Holz		= 12.000,00 €	Mehrbestand
	Anfangsbestand – Endbestand Handballtore		= –4.000,00 €	Minderbestand
	2000	Rohstoffe	12.000,00 €	
	an	6000 Aufwand für Rohstoffe		12.000,00 €
	5202	Bestandsveränderung Fert. Erzeugnisse	4.000,00 €	
	an	2200 Fertige Erzeugnisse		4.000,00 €

Die aktiven Bestandskonten wie Rohstoffe und Fertige Erzeugnisse nehmen nur den Anfangsbestand auf. Ein- und Verkäufe werden während des Jahres fertigungssynchron als Aufwand bzw. Erlös verbucht. Am Jahresende sind die Anfangsbestände an die Inventurbestände anzupassen. Rohstoffe werden über Aufwand für Rohstoffe angepasst, während die Fertigen Erzeugnisse über das spezielle Bestandsveränderungskonto gebucht werden.

6.8	2900	Aktive Rechnungsabgrenzung	218,00 €	
	an	6900 Aufwand für Versicherung		218,00 €

654,00 € Jahresprämie : 12 Monate = 54,50 € Monatsprämie
4 Monate liegen im Folgejahr (Zahlung bis 30. 4. 2012)
54,50 € · 4 = 218,00 € sind abzugrenzen.

Würde man diese Abgrenzungsbuchung nicht vornehmen, würde der Versicherungsanteil für die Monate Januar bis April ebenfalls in das GuV des Jahres 2011 fließen. Durch die Abgrenzung wird dieser Anteil vom Konto 6900 wieder weggenommen und auf dem Konto 2900 Aktive Rechnungsabgrenzung „geparkt". Im Folgejahr wird das Konto 2900 durch die umgedrehte Buchung wieder aufgelöst und der Versicherungsaufwand fließt auf das Konto 6900 des Jahres 2012.

6.9   Da der Aufwand vom Konto 6900 in Höhe von 218,00 € weggebucht wird, vermindert sich der Aufwand. Eine Aufwandsminderung erhöht somit den Unternehmenserfolg.

Abschlussprüfung 2012 an Wirtschaftsschulen
Rechnungswesen

Bitte beachten Sie:
- Lösungswege bzw. Rechenvorgänge sind klar und nachvollziehbar darzustellen.
- Bei Buchungssätzen kann die volle Punktzahl nur erreicht werden, wenn sowohl Kontonummer als auch Kontenbezeichnung richtig angegeben sind.

Unternehmensbeschreibung

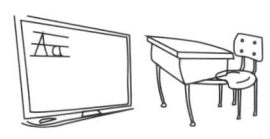

Schulmöbel Bayer OHG

Die Schulmöbel Bayer OHG in Landshut fertigt an zwei Produktionsstandorten Möbel aus heimischem Holz für den Bildungsbereich. Außerdem handelt das Unternehmen mit Tafeln und Flipcharts. Das Unternehmen beschäftigt 25 festangestellte Mitarbeiter/-innen sowie gelegentlich Aushilfen.

Rohstoffe	Hilfsstoffe	Betriebsstoffe	Vorprodukte bzw. Fremdbauteile
• Holzbretter • Rundholzstangen • Holzplatten	• Schrauben • Leim • Lacke • Farben	• Schmieröle • Schmierfette	• Kunststoffgleiter und Filzgleiter für die Stuhl- und Tischbeine • Klappscharniere für Tische

Eigene Erzeugnisse	Handelswaren
• Tische • Stühle	• Tafeln • Flipcharts

Gesellschafter/-in	Eigenkapitalkonto	Privateinlagekonto	Privatentnahmekonto
Bayer, Ludwig	30001	30011	30051
Bayer, Susanne	30002	30012	30052

Konto-nummer	Lieferanten	Konto-nummer	Kunden
440001	Holzkontor AG, München	240001	Europaschule Landshut e. V.
440002	Mayer Apparatebau GmbH, Passau	240002	Berufliches Fortbildungszentrum der Bayerischen Wirtschaft (BFZ), Landshut
440003	Kortes KG, Rosenheim	240003	Bildungsakademie, Landshut
440004	Donau Lehrmittel GmbH, Ingolstadt	240004	Kongresshotel GmbH, München
440005	Bürowelt Bleck e. K., Landshut	240005	EDV-Fortbildungszentrum GmbH, Ingolstadt
440006	Anwaltskanzlei Kurt Knauer, Landshut	240099	Sonstige Debitoren
440007	Lapstore 24 GmbH, Landshut		
440099	Sonstige Kreditoren		

Modul 1

Die Schulmöbel Bayer OHG kauft bei der Mayer Apparatebau GmbH eine neue Maschine für das Zuschneiden von Holz, da die alte Schneidemaschine in den letzten Monaten häufig Ausfallzeiten wegen Reparaturen hatte.

1.1 Buchen Sie den Rechnungseingang (Beleg 1 – siehe Anlage).

Ebenfalls am 15. Juni 2012 wird die alte Holzschneidemaschine für 24.990,00 EUR brutto verkauft.

1.2 Berechnen Sie den Restbuchwert zum 15. Juni 2012 anhand der Anlagenkartei auf 2012-5 (Beleg 2) und nehmen Sie die beiden notwendigen Eintragungen vor.

1.3 Berechnen Sie den Buchgewinn/Buchverlust beim Verkauf der alten Holzschneidemaschine. (Falls Sie Aufgabe 1.2 nicht gelöst haben, legen Sie für die weitere Berechnung die Daten vom 31. Dezember 2011 zugrunde.)

1.4 Buchen Sie den Barverkauf der alten Holzschneidemaschine.

1.5 Bilden Sie den Buchungssatz für die Ausbuchung der alten Holzschneidemaschine.

1.6 Buchen Sie die Zahlung der offenen Rechnung per Banküberweisung am 24. Juni 2012. Die Zahlungsbedingungen sind Beleg 1 zu entnehmen.

Aufgrund der Reklamation wegen einer Beschädigung erhalten wir einen Preisnachlass. Dadurch sinken die endgültigen Anschaffungskosten der neuen Holzschneidemaschine auf 144.000,00 EUR.

1.7 Berechnen und buchen Sie die lineare Abschreibung am 31. Dezember 2012 bei einer betriebsgewöhnlichen Nutzungsdauer von 10 Jahren.

Nach dem Ersatz der alten durch die neue Holzschneidemaschine müssen für eine genaue Kostenkalkulation die Maschinenkosten in der Kostenstelle Fertigung A neu berechnet werden. Dazu liegen folgende Daten vor:

endgültige Anschaffungskosten	144.000,00 EUR
Wiederbeschaffungskosten	10 % über den Anschaffungskosten
kalkulatorischer Zinssatz	6 %
Energiekosten	Preis pro kWh: 0,26 EUR Energieverbrauch: 20 kWh Grundgebühr: 45,00 EUR pro Monat
Nutzungsdauer	10 Jahre
Raumkosten	10,00 EUR pro qm und Monat
Raumbedarf	30 qm
sonstige Gemeinkosten	310,00 EUR pro Quartal

1.8 Berechnen Sie den Maschinenstundensatz, wenn die neue Holzschneidemaschine 2 000 Stunden im Jahr läuft.

Verteilung der Bewertungseinheiten

Frage	1.1	1.2	1.3	1.4	1.5	1.6	1.7	1.8	gesamt
Punkte	1,5	1	1,5	2,5	1	3,5	3	6	20

Modul 1 – Anlage

Beleg 1

Mayer Apparatebau GmbH

Mayer Apparatebau GmbH, Innstraße 41, 94032 Passau

Schulmöbel Bayer OHG
Parkstraße 18
84032 Landshut

Telefon: 0851 518-0
Telefax: 0851 518-1005
E-Mail: mayerapparatebau@aol.de
Internet: www.mayerapparatebau.de

Rechnung

Kundennummer	Rechnungsnummer	Rechnungsdatum	Auftragsnummer	Auftragsdatum	Lieferdatum
240002	564	15. 06. 2012	178	23. 05. 2012	15. 06. 2012

Pos.	Artikelnummer	Artikelbezeichnung	Menge Stück	Einzelpreis EUR	Rabatt %	Nettogesamtpreis EUR
1	10	CNC-Holzschneidemaschine	1	148.800,00		148.800,00

Warenwert netto	Fracht netto	Gesamtnetto	USt.-Satz	USt.-Betrag	Rechnungsbetrag
148.800,00 EUR	1.200,00 EUR	150.000,00 EUR	19 %	28.500,00 EUR	**178.500,00 EUR**

Zahlungsbedingungen: zahlbar innerhalb von **10 Tagen** mit **2 % Skonto vom Rechnungsbetrag** oder innerhalb von **30 Tagen ohne Abzug**

Sitz
94032 Passau

USt.-IdNr.:
DE813567195

Registergericht
Amtsgericht Passau
HRB Nr. 6324

Steuer-Nr.:
153 / 142 / 50616

Geschäftsführer
Franz Strobel
Justus Mayer

IBAN:
DE 07 7507 0013 0095 1456 67

Bankverbindung
Deutsche Bank Passau
BLZ 750 700 13, Kto.-Nr. 095145667

Beleg 2

zu Aufgabe 1.2:

Name, Klasse: ....

Anlagenkarte für bewegliche Gegenstände des Anlagevermögens

Gegenstand	Schneidemaschine	Kostenstelle	402
Baujahr	2006	**Anschaffungskosten**	120.000,00 EUR
Hersteller	Dr. Keller GmbH		
Standort	Landshut	**Abschreibung:**	
Inbetriebnahme	23.04.2006	– **linear**	12,5 %
Nutzungsdauer	8 Jahre	– **degressiv**	–
Verkauf am	15.06.2012	**Verkaufspreis netto**	21.000,00 EUR

Datum	AK bzw. RBW Vorjahr	Abschreibung	Restbuchwert
31.12.2006	120.000,00 EUR	11.250,00 EUR	108.750,00 EUR
31.12.2007	108.750,00 EUR	15.000,00 EUR	93.750,00 EUR
31.12.2008	93.750,00 EUR	15.000,00 EUR	78.750,00 EUR
31.12.2009	78.750,00 EUR	15.000,00 EUR	63.750,00 EUR
31.12.2010	63.750,00 EUR	15.000,00 EUR	48.750,00 EUR
31.12.2011	48.750,00 EUR	15.000,00 EUR	33.750,00 EUR
15.06.2012	————	7.500,00 EUR	————

Modul 2

Aufgrund steigender Nachfrage nach Seminarraumtischen muss die Schulmöbel Bayer OHG neue Fertigungsmaterialien bestellen. In diesem Zusammenhang liegt Ihnen folgender Rechnungsauszug der Holzkontor AG vor:

Beleg 1

Rechnungs-Nr. 2548-12			Rechnungsdatum: 04. 06. 2012		
Pos.	Menge	Artikel	Einheit	Preis (EUR)	Gesamtpreis (EUR)
1	500	Rundholzstangen, Buche, 1 m, 70 mm Durchmesser	Stück	2,25	1.125,00
2	100	Holzplatten, Buche, 160 cm x 90 cm x 1,5 cm	Stück	10,00	1.000,00
3		Frachtkosten, netto			85,00
		Umsatzsteuer 19 %			419,90
		Rechnungsbetrag			**2.629,90**
Zahlbar innerhalb von 20 Tagen netto, bei Zahlung innerhalb von 10 Tagen 2 % Skonto auf den Rechnungsbetrag					

2.1 Buchen Sie den Beleg 1.

Mit einer Lieferung der Kortes KG hat die Schulmöbel Bayer OHG bereits Filzgleiter im Nettowert von 2.750,00 EUR erhalten und verbucht. Aufgrund eines Produktionsfehlers ist diese Lieferung zu einem großen Teil mangelhaft und die Schulmöbel Bayer OHG sendet 80 % der Lieferung zurück.

2.2 Berechnen Sie den erforderlichen Betrag und buchen Sie die Rücksendung.

Die Kongresshotel GmbH fragt bei der Schulmöbel Bayer OHG den Preis für Seminarraumtische mit einer Sonderlackierung in den Farben des Hotellogos an. Die folgenden Zahlen liegen Ihnen vor:

Materialeinsatz je Tisch	35,00 EUR
Fertigungslöhne je Tisch	25,00 EUR
Kosten für die Sonderlackierung je Tisch	1,50 EUR
Maschinenstundensatz der Holzbearbeitungsmaschine	16,80 EUR/Stunde
Maschinenlaufzeit je Tisch	20 Minuten
Materialgemeinkostenzuschlagssatz	12 %
Rest-Fertigungsgemeinkostenzuschlagssatz	110 %
Verwaltungsgemeinkostenzuschlagssatz	15 %
Vertriebsgemeinkostenzuschlagssatz	5 %

2.3 Kalkulieren Sie die Normal-Selbstkosten für einen Tisch.

Die Mitarbeiterin der Schulmöbel Bayer OHG, Helene Schneider, bringt im Rahmen des betrieblichen Vorschlagswesens die Idee ein, die einzelnen Arbeitsschritte der Tischproduktion sinnvoller anzuordnen. Die hierdurch mögliche Verkürzung der Bearbeitungszeit führt zu einer Senkung der Selbstkosten je Seminarraumtisch auf 110,50 EUR.

2.4 Berechnen Sie auf Basis der reduzierten Selbstkosten von 110,50 EUR den Angebotspreis für 50 Seminarraumtische. Berücksichtigen Sie 10 % Mengenrabatt, 30 % Gewinnzuschlag, 5 % Vertriebsprovision sowie 2 % Kundenskonto.

2.5 Frau Helene Schneider erhält für den betrieblichen Verbesserungsvorschlag eine Prämie in Höhe von 500,00 EUR zusätzlich zum Gehalt. Als Frau Schneider ihre Gehaltsabrechnung überprüft, stellt sie fest, dass sie gegenüber dem Vormonat lediglich 308,00 EUR mehr ausbezahlt bekommt. Nennen Sie zwei Gründe, wie diese Differenz zustande kommen kann.

Folgender Kontoauszug für die Schulmöbel Bayer OHG liegt Ihnen vor (vergleiche Aufgabe 2.1):

Beleg 2

DKB Deutsche Kreditbank

Deutsche Kreditbank, Aktiengesellschaft, Taubenstr. 7 – 9, 10117 Berlin

Schulmöbel Bayer OHG
Parkstr. 18
84032 Landshut

Kontoauszug Nummer 038/2012
vom 13. 06. 2012 bis 14. 06. 2012
Kontonummer 12577370

Bu.-Tag	Wert	Wir haben für Sie gebucht	Belastung in EUR	Gutschrift in EUR
13. 06. 12	13. 06. 12	Holzkontor AG, Rg. 2548-12, v. 04. 06. 2012, abzgl. 2 % Skonto	2.577,30	

ALTER KONTOSTAND	24.512,10 EUR H	
NEUER KONTOSTAND	21.934,80 EUR H	IHR DISPOKREDIT 10.000,00 EUR

DEUTSCHE KREDITBANK AG
TAUBENSTR. 7 – 9
10117 BERLIN

IBAN. DE20120300000012577370
BIC: BYLADEM1001
Steuernr.: DE137178746

Seite 1 von 1

2.6 Buchen Sie den Beleg 2.

2.7 Am Ende des Jahres belaufen sich die Nachlässe für Rohstoffe auf 203,00 EUR. Wie lautet der Buchungssatz zum Abschluss dieses Kontos am 31. Dezember 2012?

Verteilung der Bewertungseinheiten

Frage	2.1	2.2	2.3	2.4	2.5	2.6	2.7	gesamt
Punkte	2	3	5	4,5	1	3,5	1	20

Modul 3

Die Schulmöbel Bayer OHG verzeichnet steigende Umsätze und stellt Personal ein. Einer der neuen Mitarbeiter, Herr Hannes Hellmann, verstärkt die Vertriebsabteilung. Die Personalbuchhaltung hat seine Daten im untenstehenden Personalstammblatt erfasst.

Personalstammblatt

Name des Mitarbeiters:
Hellmann, Hannes

Adresse:
Goethestraße 60
84032 Landshut

Telefon:
0871 955540

Geburtsdatum: Geburtsort:
15. 10. 1986 Hof

Familienstand: Anzahl der Kinder:
ledig 0

Konfession:
evangelisch

Anstellung ab: Anstellung als:
01. 06. 2012 Industriekaufmann

Monatsverdienst (brutto):
2.900,00 €

Freiwillige Leistungen:
AG-Anteil zu vwL: 20,00 €

Sonstiges:
monatl. Sparrate für vwL-Bausparvertrag: 40,00 €

Sozialversicherung 2012

Beitragssätze
Rentenversicherung	19,60 %
Arbeitslosenversicherung	3,00 %
Pflegeversicherung	1,95 %
Krankenversicherung	14,60 %

Vom Arbeitnehmer zu tragen
Arbeitnehmersonderbeitrag zur Krankenversicherung	0,90 %
Pflegeversicherung	
Beitragszuschlag für Kinderlose über 23 Jahre	0,25 %

3.1 Herr Hellmann erhielt am 10. Juni 2012 einen Vorschuss von 1.000,00 EUR. Buchen Sie die Überweisung dieses Vorschusses.

3.2 Füllen Sie auf der Grundlage des Ihnen vorliegenden Personalstammblattes und Aufgabe 3.1 die Gehaltsabrechnung für Herrn Hellman (Beleg 1 – siehe Anlage) aus.

Die Aufwendungen für die neuen Mitarbeiter werden auch in der Kostenrechnung berücksichtigt. Die Herstellkosten des Umsatzes betrugen im Mai 132.500,00 EUR. Die Vertriebsgemeinkosten laut BAB beliefen sich auf 17.450,00 EUR. Ab Juni werden sich die Vertriebsgemeinkosten wegen der Einstellung von Herrn Hellmann voraussichtlich um 3.000,00 EUR erhöhen.

3.3 Berechnen Sie den Vertriebsgemeinkostenzuschlagsatz für den Monat Mai (auf zwei Dezimalstellen runden).

3.4 Begründen Sie, warum der Vertriebsgemeinkostenzuschlagsatz für den Monat Juni noch nicht berechnet werden kann.

Des Weiteren liegt Ihnen folgender Kontoauszug vor:

Beleg 2

DKB Deutsche Kreditbank

Deutsche Kreditbank, Aktiengesellschaft, Taubenstr. 7 – 9, 10117 Berlin

Schulmöbel Bayer OHG	Kontoauszug Nummer 050/2012
Parkstr. 18	vom 26. 06. 2012 bis 27. 06. 2012
84032 Landshut	Kontonummer 12577370

Bu.-Tag	Wert	Wir haben für Sie gebucht	Belastung in EUR	Gutschrift in EUR
27. 06.	27. 06.	Lastschrift PN 43578 AOK Landshut Sozialversicherungsbeiträge 06/12	4.389,79	
27. 06	27. 06	Aushilfslohn Müllermann		541,45

| ALTER KONTOSTAND | 12.345,98 EUR H | |
| NEUER KONTOSTAND | 7.414,74 EUR H | IHR DISPOKREDIT 10.000,00 EUR |

DEUTSCHE KREDITBANK AG
TAUBENSTR. 7 – 9
10117 BERLIN

IBAN. DE20120300000012577370
BIC: BYLADEM1001
Steuernr.: DE137178746

Seite 1 von 1

3.5 Buchen Sie den Beleg 2.

3.6 Herr Müllermann erhielt den Aushilfslohn für Wartungsarbeiten an den Holzbearbeitungsmaschinen. In welcher Kostenstelle wird dieser Lohn verrechnet?

Auch auf die vorbereitenden Buchungen zum Jahresabschluss wirkt sich die Erhöhung der Beschäftigtenzahl aus.

3.7 Setzen Sie die bereits vorhandenen Pensionsrückstellungen in Höhe von 580.000,00 EUR wegen der neuen Mitarbeiter zum Jahresende um 10 % herauf.

3.8 Erläutern Sie, warum es notwendig ist, eine solche Rückstellung zu bilden.

Ein im letzten Jahr begonnenes Arbeitsgerichtsverfahren gegen unseren ehemaligen Mitarbeiter, Herrn Anton Müller, konnte nun erfolgreich abgeschlossen werden. Für die Kosten des Verfahrens wurde im Jahr 2011 eine Rückstellung in Höhe von 1.200,00 EUR gebildet. Die abschließende Rechnung der Anwaltskanzlei Kurt Knauer liegt auszugsweise vor (siehe Anlage – Beleg 3).

3.9 Buchen Sie den Vorgang unter Berücksichtigung der Schlussrechnung unseres Anwalts und lösen Sie die Rückstellung auf.

Verteilung der Bewertungseinheiten

Frage	3.1	3.2	3.3	3.4	3.5	3.6	3.7	3.8	3.9	gesamt
Punkte	1	6,5	1,5	1	3	1	2	1	3	20

Modul 3 – Anlage

Beleg 1
zu Aufgabe 3.2:

Name, Klasse: ....

Schulmöbel Bayer OHG

Vergütungsübersicht (Gehalt)
Datei: Hannes Hellmann (Industriekaufmann)

Name: Hannes Hellmann	Geburtsdatum: 15. 10. 1986
Bundesland	Bayern
Jahr/Monat	2012/Juni

Brutto-Verdienst:	Monat		2.900,00 €
Brutto-Bestandteile:			
Bruttobetrag:	2.900,00 €		2.900,00 €
vwL-Zuschuss Arbeitgeber:	20,00 €		20,00 €
Brutto gesamt:			----------------- €
Abzüge (gesetzliche):			
Lohnsteuer:	A I/0		446,75 €
Solidaritätszuschlag:	5,5 %		24,57 €
Kirchensteuer:	8,0 %		35,74 €
Abzüge (Sozialversicherung):			
Krankenversicherung:			----------------- €
Pflegeversicherung:			35,77 €
Rentenversicherung:			286,16 €
Arbeitslosenversicherung:			----------------- €
Abzüge (sonstige):			
Überweisung an Bausparkasse	Sparrate:		----------------- €
Vorschuss	Juni 2012:		----------------- €

Gesamtbetrag
Überweisung: ----------------- €

2012-10

Beleg 3

Rechnungsnummer: 2011001134

KOSTENRECHNUNG

In der Angelegenheit

Schulmöbel Bayer OHG / Anton Müller

erlauben wir uns, für unsere Tätigkeit gem. dem Rechtsanwaltsvergütungsgesetz (RVG) i. V. m. dem Vergütungsverzeichnis (VV) in der Fassung vom 01. 09. 2009 zu berechnen:

Gegenstandswert: 6.000,00 Euro

Leistungszeitpunkt: 03. 12. 2011 – 04. 05. 2012

1,3 Verfahrensgebühr §§ 2, 13 RVG, Nr. 3100 VV	439,40 Euro
1,2 Termingebühr §§ 2, 13 RVG, Nr. 3104 VV	405,60 Euro
1,0 Einigungsgebühr §§ 2, 13 RVG, Nrn. 1003, 1000 VV	338,00 Euro
Post- und Telekommunikationspauschale Nr. 7002 VV	20,00 Euro
Zwischensumme	1.203,00 Euro
Umsatzsteuer Nr. 7008 VV (19,00 %)	228,57 Euro
Endsumme	1.431,57 Euro

Wir bitten um Anweisung des vorstehenden Betrages unter Angabe von Akt.-Nr. 00631-11 und der Rechnungsnummer auf das angegebene Bankkonto.

Rechtsanwalt
K. Knauer

Modul 4

Die Europaschule Landshut e. V. fordert bei der Schulmöbel Bayer OHG ein Angebot für die Einrichtung eines EDV-Saals mit neuen Stühlen an. Sie verweist dabei auf den Internetauftritt eines auf Bürobedarf spezialisierten Unternehmers, das in den Schulbereich expandieren möchte. Dieses bietet zu unserem Produkt Ergo-Flex vergleichbare Stühle zum Nettostückpreis von 110,00 EUR an und gewährt 10 % Rabatt sowie 2 % Skonto.

4.1 Berechnen Sie den möglichen Gewinn/Verlust der Schulmöbel Bayer OHG in Euro und Prozent für einen Stuhl, wenn der Nettoverkaufspreis des neuen Konkurrenten bei ansonsten gleichen Bedingungen um 5,50 EUR unterboten werden soll. Unsere Selbstkosten betragen 94,00 EUR.

4.2 Nennen Sie zwei Gründe dafür, dass die Schulmöbel Bayer OHG ein Angebot abgibt, obwohl der geplante Gewinn nicht erreicht wird.

Nach zähen Verhandlungen mit der Europaschule Landshut e. V. erhält die Schulmöbel Bayer OHG den Auftrag für die Stühle sowie für Tafeln. Folgender Beleg liegt Ihnen auszugsweise vor: (siehe Anlage – Beleg 1)

4.3 Buchen Sie den Beleg 1.

4.4 Die Europaschule Landshut e. V. begleicht die Rechnung. Buchen Sie den vorliegenden Kontoauszug (Beleg 2 – siehe Anlage).

Aufgrund des neuen Konkurrenten sind in Zukunft voraussichtlich nur noch geringere Preise für unsere Schülerstühle durchsetzbar. Folgende Plandaten liegen zu den derzeitigen Produkten in unserem Betrieb I (Außenstelle Achdorf) für das nächste Quartal vor:

	Ergo-Flex	**Swing-Star**
Kapazität	1.500 Stück	3.600 Stück
Kapazitätsauslastung	75 %	80 %
Nettoverkaufspreis/Stück	97,00 EUR	69,00 EUR
variable Kosten/Stück	73,00 EUR	51,00 EUR
erzeugnisfixe Kosten	31.500,00 EUR	17.600,00 EUR
unternehmensfixe Kosten (Außenstelle Achdorf)	11.000,00 EUR	

4.5 Berechnen Sie das Betriebsergebnis für den Betrieb I mit Hilfe eines geeigneten Schemas.

4.6 Welchen Preis für das Produkt Swing-Star kann die Schulmöbel Bayer OHG kurzfristig gerade noch akzeptieren? Erklären Sie, warum dieser Preis nur für sehr kurze Zeit und in Ausnahmefällen gelten kann.

4.7 Berechnen Sie, wie viel Stück des Produktes Ergo-Flex insgesamt hergestellt und verkauft werden müssen, damit sämtliche diesem Erzeugnis zurechenbaren Kosten gerade gedeckt sind.

Verteilung der Bewertungseinheiten

Frage	4.1	4.2	4.3	4.4	4.5	4.6	4.7	gesamt
Punkte	5,5	2	2	1	5,5	2	2	20

Modul 4 – Anlage

Beleg 1

Schulmöbel Bayer OHG

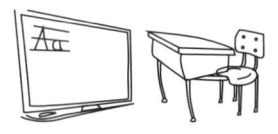

[Schulmöbel Bayer OHG, Parkstraße 18, 84032 Landshut]

Europaschule Landshut e. V.
Seligenthaler Str. 22
84032 Landshut

Telefon: 0871 323-0
Telefax: 0871 323-30
E-Mail: info@schumöba.de
Internet: www.schumöba.de

Rechnung

Rechnungsdatum: 22. 05. 2012
Rechnungsnummer: 1704-12
Kundennummer: 240001

Ihre Bestellung vom 04. 05. 2012 / Auslieferung am 22. 05. 2012

Pos.	Artikel-nummer	Artikelbezeichnung	Menge Stück	Einzelpreis EUR	Rabatt %	Nettogesamtpreis EUR
1	ST014	Stuhl Ergo-Flex	24	105,00	10	2.268,00
2	TA089	Tafel, Ausstattung „Mobil & magnetisch", 160 x 110 cm	2	567,00	---	1.134,00

Warenwert netto	Frachtkosten netto	Steuerpfl. Netto-entgelt	USt-Satz	USt.-Betrag	Rechnungsbetrag
3.402,00 EUR	0,00 EUR	3.402,00 EUR	19 %	646,38 EUR	4.048,38 EUR

Zahlungsbedingungen:
zahlbar innerhalb von **14 Tagen** mit **2 % Skonto vom Rechnungsbetrag** oder **innerhalb von 30 Tagen ohne Abzug**

Beleg 2

DKB Deutsche Kreditbank

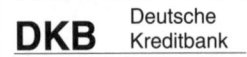

Deutsche Kreditbank, Aktiengesellschaft, Taubenstr. 7 – 9, 10117 Berlin

Schulmöbel Bayer OHG
Parkstr. 18
84032 Landshut

Kontoauszug Nummer 35 / 2012
vom 10. 06. 2012 bis 10. 06. 2012
Kontonummer 12577370

Bu.-Tag	Wert	Wir haben für Sie gebucht	Belastung in EUR	Gutschrift in EUR
10. 06.	27. 06.	Europaschule Landshut e. V. RN 1704-12		4.048,38

ALTER KONTOSTAND	12.358,61 EUR H	
NEUER KONTOSTAND	16.406,99 EUR H	IHR DISPOKREDIT 10.000,00 EUR

DEUTSCHE KREDITBANK AG
TAUBENSTR. 7 – 9
10117 BERLIN

IBAN. DE20120300000012577370
BIC: BYLADEM1001
Steuernr.: DE137178746

Seite 1 von 1

Modul 5

Am 21. Juni 2012 liefert die Schulmöbel Bayer OHG folgende Artikel für einen Tagungsraum an die Kongresshotel GmbH und stellt nachfolgende auszugsweise vorliegende Rechnung:

Beleg 1

Schulmöbel Bayer OHG

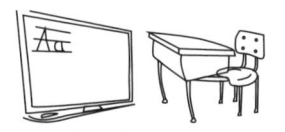

[Schulmöbel Bayer OHG, Parkstraße 18, 84032 Landshut]

Kongresshotel GmbH
Leopoldstraße 194
80804 München

Hinweis an die Buchhaltung:
90 % der Transportkosten entfallen auf die Trapeztische, 10 % auf die Flipcharts.

Rechnungsdatum: 21. 06. 2012
Rechnungsnummer: 2986-12
Kundennummer: 240004

Ihre Bestellung vom 29. 05. 2012 / Auslieferung am 21. 06. 2012

Pos.	Artikel-nummer	Artikelbezeichnung	Menge Stück	Einzelpreis EUR	Rabatt %	Nettogesamtpreis EUR
1	Tl132	Trapeztisch, Höhe 71 cm	30	225,00	---	6.750,00
2	FC009	Flipchart, Ausstattung „Präsentations-Mobil"	2	635,00	---	1.270,00

Warenwert netto	Frachtkosten netto	Steuerpfl. Netto-entgelt	USt-Satz	USt.-Betrag	Rechnungsbetrag
8.020,00 EUR	350,00 EUR	8.370,00 EUR	19 %	1.590,30 EUR	9.960,30 EUR

5.1 Buchen Sie den Beleg 1.

5.2 Da die Kongresshotel GmbH berechtigterweise Materialfehler der Trapeztische reklamiert, gewährt die Schulmöbel Bayer OHG eine Gutschrift in Höhe von 1.428,00 EUR brutto. Buchen Sie den Vorgang.

Die Kongresshotel GmbH kann sich der allgemeinen wirtschaftlichen Entwicklung nicht entziehen und gerät in Zahlungsschwierigkeiten. Die Schulmöbel Bayer OHG ist nach den Verhandlungen bereit, auf 40 % der gesamten Forderungen gegenüber der Kongresshotel GmbH zu verzichten. Für die verbleibenden 60 % der gesamten Forderungen erhält die Schulmöbel Bayer OHG einen Bankscheck in Höhe von 5.119,38 EUR.

5.3 Berechnen und buchen Sie den Forderungsverzicht sowie die Bankgutschrift für die Scheckeinreichung.

Die Buchungen wirken sich auf den Jahresabschluss 2012 aus.

5.4 Aufgrund der schlechteren Zahlungsmoral unserer Debitoren muss die bestehende Pauschalwertberichtigung von 2.000,00 EUR auf 2.500,00 EUR erhöht werden. Buchen Sie die Anpassung.

Nachforschungen haben ergeben, dass die Materialfehler der Tische durch mangelhafte Lagerung der unfertigen Erzeugnisse und fertigen Erzeugnisse verursacht wurden. Daher wurden die Bestände neu bewertet und die Kosten neu ermittelt. Jetzt liegen folgende Daten vor:

Materialgemeinkosten	126.410,00 EUR	Fertigungsmaterial	170.630,00 EUR
Fertigungsgemeinkosten	283.280,00 EUR	Fertigungslöhne	214.250,00 EUR
Verwaltungs- und Vertriebsgemeinkosten	78.630,00 EUR		

Fertigerzeugnisse	
Bestand am 1. Januar 2012	12.400,00 EUR
Bestand am 31. Dezember 2012	4.300,00 EUR

Unfertige Erzeugnisse	
Bestand am 1. Januar 2012	2.400,00 EUR
Bestand am 31. Dezember 2012	8.300,00 EUR

5.5 Berechnen und buchen Sie die Bestandsveränderungen der Fertigerzeugnisse und der unfertigen Erzeugnisse.

5.6 Berechnen Sie anhand der vorliegenden Daten die Selbstkosten der verkauften Stühle und Tische für das Jahr 2012.

Um die Ertragssituation zu verbessern, werden die nicht benötigten Stellplätze auf dem Grundstücksgelände der Schulmöbel Bayer OHG ab dem 1. Dezember 2012 an eine benachbarte Firma vermietet. Diese zahlt die Miete vereinbarungsgemäß für sechs Monate im Voraus. Die erste Mietgutschrift auf dem Bankkonto erfolgt am 1. Dezember 2012 in Höhe von 3.000,00 EUR.

5.7 Buchen Sie die Mietgutschrift am 1. Dezember 2012.

5.8 Bilden Sie den Buchungssatz, der zum 31. Dezember 2012 notwendig ist.

Verteilung der Bewertungseinheiten

Frage	5.1	5.2	5.3	5.4	5.5	5.6	5.7	5.8	gesamt
Punkte	3	2,5	4	1,5	3	3,5	1	1,5	20

Modul 6

Die Gesellschafter der Schulmöbel Bayer OHG, Susanne und Ludwig Bayer, treffen am Ende des Geschäftsjahres unternehmerische Entscheidungen, die auch Auswirkungen auf die verschiedenen Aufgabenbereiche in der Abteilung Rechnungswesen haben.

Aufgabenbereich 1: Kostenkontrolle

6.1 Berechnen Sie die tatsächlich angefallenen Selbstkosten für einen Tisch des Typs ConectusPlus, wenn die Kosten- und Leistungsrechnung folgende Daten zur Verfügung stellt:

Fertigungsmaterial	18,00 EUR
Fertigungslöhne	80 Minuten zu 27,60 EUR/Stunde
Materialgemeinkostenzuschlagssatz	65 %
Fertigungsgemeinkostenzuschlagssatz	160 %
Verwaltungs- und Vertriebsgemeinkostenzuschlagssatz	15 %
Kosten für Spezialverpackung	2,40 EUR

6.2 Führen Sie die Kostenkontrolle durch, wenn bei diesem Tisch ursprünglich Selbstkosten in Höhe von 123,00 EUR kalkuliert wurden. Geben Sie an, ob es sich um eine Kostenüberdeckung oder Kostenunterdeckung handelt und wie sich diese auf den Gewinn der Schulmöbel Bayer OHG auswirkt.

Aufgabenbereich 2: Festigung von Kundenbeziehungen

Um Kunden langfristig an sich zu binden, gewährt die Schulmöbel Bayer OHG ihren Kunden am Jahresende einen Bonus gemäß folgender Staffelung:

Schulmöbel Bayer OHG – Vertrieb/Abt. Kundenservice

Bonusstaffelung Kundenumsätze (Fertigerzeugnisse)

Nettoumsatz: ab 10.000,00 EUR	bis	20.000,00 EUR	Bonus:	1 %
	bis	50.000,00 EUR		3 %
	bis	75.000,00 EUR		5 %
	bis	150.000,00 EUR		7 %
	ab	150.000,01 EUR		9 %

6.3 Laut Debitorenkontoauszug hat die Bildungsakademie Landshut einen Brutto-Jahresumsatz von 54.145,00 EUR (Tische, Stühle) bei der Schulmöbel Bayer OHG erzielt. Berechnen und buchen Sie den Bonus.

Aufgabenbereich 3: Finanzierung von Investitionen

Der Kontoauszug Nr. 96 der Schulmöbel Bayer OHG weist folgende Zahlungsbewegung auf:

Beleg 1

DKB Deutsche Kreditbank

Deutsche Kreditbank, Aktiengesellschaft, Taubenstr. 7 – 9, 10117 Berlin

Schulmöbel Bayer OHG	Kontoauszug Nummer 096/2012
Parkstr. 18	vom 28.12.2012 bis 29.12.2012
84032 Landshut	Kontonummer 12577370

Bu.-Tag	Wert	Wir haben für Sie gebucht	Belastung in EUR	Gutschrift in EUR
28.12.	28.12.	Einlage Susanne Bayer		30.000,00

| ALTER KONTOSTAND | 20.745,00 EUR H | |
| NEUER KONTOSTAND | 50.745,00 EUR H | IHR DISPOKREDIT 10.000,00 EUR |

DEUTSCHE KREDITBANK AG IBAN. DE20120300000012577370 Seite 1 von 1
TAUBENSTR. 7 – 9 BIC: BYLADEM1001
10117 BERLIN Steuernr.: DE137178746

6.4 Buchen Sie den Beleg 1.

6.5 Begründen Sie, wie sich diese Buchung auf die Bilanz auswirkt.

Aufgabenbereich 4: Liquiditätsplanung

Der Auszug aus der vorläufigen Saldenbilanz der Schulmöbel Bayer OHG sieht zum 31. Dezember 2012 wie folgt aus:

Konto	Soll	Haben
2600 VSt.	34.718,00	
4800 USt.		113.284,00

6.6 Bilden Sie den Buchungssatz für den Abschluss des Kontos 2600 VSt.

6.7 Berechnen Sie die Umsatzsteuer-Zahllast und buchen Sie deren Passivierung.

Aufgabenbereich 5: Risikovorbeugung

Die hohe Nachfrage nach Schulmöbeln im laufenden Jahr wirkt sich für die Schulmöbel Bayer OHG auch auf verschiedene Unternehmensrisiken aus. Um die hohen Auftragszahlen abzuarbeiten, mussten die Mitarbeiter/-innen über Monate hinweg Mehrarbeit, teilweise auch am Samstag, leisten.

6.8 Die hohe Arbeitsbelastung der Beschäftigten infolge der Mehrarbeit führte zu einer Häufung von kleineren Betriebsunfällen. Deshalb erhöht die Berufsgenossenschaft den Unfallversicherungsbeitrag für das laufende Geschäftsjahr auf 1.232,00 EUR. Buchen Sie die Banklastschrift dieses Versicherungsbeitrags.

6.9 Durch die dauerhafte Überlastung der Beschäftigten litt die Fertigungsqualität. Die Geschäftsführung muss mit höheren Reklamationsquoten rechnen. Buchen Sie die notwendige Erhöhung der Rückstellung für Gewährleistungsansprüche um 5.000,00 EUR.

6.10 Die Schulmöbel Bayer OHG muss in der Brandschutzversicherung höhere Versicherungssummen abschließen. Der neue Versicherungsbeitrag in Höhe von 480,00 EUR wird Anfang Juni 2012 fällig. Der Versicherungszeitraum erstreckt sich vom 1. Juni 2012 bis 31. Mai 2013. Buchen Sie die Banklastschrift zum 1. Juni 2012 sowie die notwendige Abgrenzung zum Geschäftsjahresende 2012.

Verteilung der Bewertungseinheiten

Frage	6.1	6.2	6.3	6.4	6.5	6.6	6.7	6.8	6.9	6.10	gesamt
Punkte	4	2	4	1	2	1	1,5	1	1	2,5	20

Modul 1 – Lösungen

1.1 0720   Maschinen   150.000,00 €
     2600   Vorsteuer   28.500,00 €
     an   440002 Kreditor Mayer   178.500,00 €

Beim Kauf eines Anlageguts sind die Anschaffungsnebenkosten, wie in diesem Fall die Fracht, auf dem entsprechenden Anlagekonto zu aktivieren.

1.2 **Anlagenkarte für bewegliche Gegenstände des Anlagevermögens**

Gegenstand	Schneidemaschine	Kostenstelle	402
Baujahr	2006	Anschaffungskosten	120.000,00 EUR
Hersteller	Dr. Keller GmbH		
Standort	Landshut	Abschreibung:	
Inbetriebnahme	23.04.2006	– linear	12,5 %
Nutzungsdauer	8 Jahre	– degressiv	–
Verkauf am	15.06.2012	Verkaufspreis netto	21.000,00 EUR

Datum	AK bzw. RBW Vorjahr	Abschreibung	Restbuchwert
31.12.2006	120.000,00 EUR	11.250,00 EUR	108.750,00 EUR
31.12.2007	108.750,00 EUR	15.000,00 EUR	93.750,00 EUR
31.12.2008	93.750,00 EUR	15.000,00 EUR	78.750,00 EUR
31.12.2009	78.750,00 EUR	15.000,00 EUR	63.750,00 EUR
31.12.2010	63.750,00 EUR	15.000,00 EUR	48.750,00 EUR
31.12.2011	48.750,00 EUR	15.000,00 EUR	33.750,00 EUR
15.06.2012	33.750,00 EUR	7.500,00 EUR	26.250,00 EUR

Der vorgetragene RBW 2012 entspricht dem RBW im Jahr 2011. Durch Subtraktion des Abschreibungsbetrags in Höhe von 7.500,00 € ergibt sich der RBW zum 15.06.2012.

1.3 Verkaufspreis brutto   24.990,00 €
     – 19 % USt.   3.990,00 €

     = Nettoverkaufspreis   21.000,00 €
     – Restbuchwert lt. Aufgabe 1.2   26.250,00 €

     = Buchverlust   5.250,00 €

1.4 2880   Kasse   24.990,00 €
     an   5469 Erlöse Abgang AV (Buchverlust)   21.000,00 €
             4800 Umsatzsteuer   3.990,00 €

Beim Verkauf eines Anlageguts ist stets der Verkaufserfolg zu ermitteln, um die entsprechenden Erfolgskonten ansprechen zu können. Achtung: Der Kontenrahmen des ISB sieht für das Konto Erlöse Abgang AV (Buchverlust) die Kontonummer 6965 vor. Orientieren Sie sich an dem in Ihrer Schule verwendeten Kontenrahmen.

1.5 6969   Restbuchwert AV (Buchverlust)   26.250,00 €
     an   0720 Maschinen   26.250,00 €

1.6 Laut Rechnung werden bei Zahlung binnen 10 Tagen 2 % Skonto auf den Rechnungsbetrag gewährt. Mit Zahlung am 24. Juni 2012 ist der Skontoabzug noch möglich. Der Nachlass auf den Kaufpreis vermindert die Anschaffungskosten und wird unmittelbar auf dem Anlagenkonto verbucht.

Rechnungsbetrag	178.500,00 €
− 2 % Skonto	3.570,00 €
= Überweisungsbetrag	174.930,00 €

Bruttoskonto	3.570,00 €
− 19 % Umsatzsteueranteil	570,00 €
= Nettoskonto	3.000,00 €

440002	Kreditor Mayer	178.500,00 €	
an	2800 Bank		174.930,00 €
	0720 Maschinen		3.000,00 €
	2600 Vorsteuer		570,00 €

1.7 Jahresabschreibung: = 144.000,00 € : 10 Jahre   = 14.400,00 €
Abschreibung 1. Jahr: = 14.400,00 € : 12 Mon. · 7 Mon. = 8.400,00 €

6520	Abschreibungen auf Sachanlagen	8.400,00 €	
an	0720 Maschinen		8.400,00 €

Bei Anwendung der linearen Abschreibung werden die Anschaffungskosten auf die Zahl der Jahre verteilt. Im Jahr der Anschaffung wird aber nur monatsanteilig abgeschrieben und somit nur 7 Monate (Juni–Dezember).

1.8
Laufzeit im Jahr:	= 2.000 Stunden	
Wiederbeschaffungswert:	$144.000 + \dfrac{10 \cdot 144.000}{100}$	=158.400,00 €
Kalk. Abschreibung:	158.400,00 € : 10 Jahre	= 15.840,00 €
Kalk. Zinsen	$\dfrac{144.000 \ € \cdot 6}{100 \cdot 2}$	= 4.320,00 €
Energieverbrauch:	2.000 Std. · 20 kWh · 0,26 €	= 10.400,00 €
Energiegrundgebühr:	45,00 € · 12 Mon.	= 540,00 €
Raumkosten:	30 qm · 10,00 €/qm · 12 Mon.	= 3.600,00 €
Sonstige Gemeinkosten:	310,00 € · 4	= 1.240,00 €
= maschinenabhängige Gemeinkosten i. J.:		= 35.940,00 €

Maschinenstundensatz: 35.940,00 € : 2.000 Stunden = <u>17,97 €</u> / Std.

Es empfiehlt sich, bei der Maschinenstundensatzrechnung die Kosten stets auf ein ganzes Jahr hochzurechnen. Die Abschreibungen werden vom Wiederbeschaffungswert berechnet. Im vorliegenden Fall müssen auf die gegebenen Anschaffungskosten noch 10 % Preissteigerung aufgeschlagen werden. Die kalkulatorischen Zinsen werden grundsätzlich vom halben Anschaffungswert errechnet, da dieser die durchschnittliche Kapitalbindung über die gesamte Laufzeit der Maschine darstellt. Die Summe der sich ergebenden Gemeinkosten ist durch die Laufzeit der Maschine zu dividieren.

Modul 2 – Lösungen

2.1 6000   Aufwendungen für Rohstoffe   2.125,00 €
     6001   Bezugskosten für Rohstoffe   85,00 €
     2600   Vorsteuer   419,90 €
     an   440001 Kreditor Holzkontor AG   2.629,90 €

Die Frachtkosten sind beim Einkauf von Waren und RHB-Stoffen auf dem Unterkonto Bezugskosten separat zu erfassen.

2.2 440003 Kreditor Kortes KG   2.618,00 €
     an   6010 Aufwendungen für Vorprodukte   2.200,00 €
             2600 Vorsteuer   418,00 €

80 % des Nettowerts von 2.750,00 € entsprechen 2.200,00 €. Aufgrund der Rücksendung erhält die Bayer OHG eine Gutschrift in diesem Wert. Die Vorsteuer ist entsprechend zu korrigieren und die Rücksendung ist auf dem jeweiligen Aufwandskonto im Haben zu verbuchen.

2.3
Fertigungsmaterial	35,00 €
+ 12 % Materialgemeinkosten	4,20 €
= Materialkosten	39,20 €
+ Fertigungslöhne	25,00 €
+ 110 % Fertigungsgemeinkosten	27,50 €
+ Maschinenkosten (16,80 € · 20 min : 60 min)	5,60 €
+ Sondereinzelkosten Fertigung (Lackierung)	1,50 €
= Herstellkosten	98,80 €
+ 15 % Verwaltungsgemeinkosten	14,82 €
+ 5 % Vertriebsgemeinkosten	4,94 €
= Selbstkosten je Seminarraumtisch	118,56 €

2.4
Selbstkosten	5.525,00 €
+ 30 % Gewinn	1.657,50 €
= Barverkaufspreis	7.182,50 €
+ 5 % Vertriebsprovision	386,16 €
+ 2 % Skonto	154,46 €
= Zielverkaufspreis	7.723,12 €
+ 10 % Rabatt	858,12 €
= Angebotspreis	8.581,24 €

Auf die 5.525,00 € Selbstkosten sind 30 % Gewinn aufzuschlagen. Auf Basis des sich ergebenden Barverkaufspreises können Skonto und Vertriebsprovision jeweils vom verminderten Grundwert berechnet werden:
Skonto = 7.182,50 € · 2 : 93 und Provision = 7.182,50 € · 5 : 93.
Der Rabatt wird analog ausgehend vom Zielverkaufspreis errechnet:
7.723,12 € · 10 : 90.

2.5 Die Abweichung der Nettoauszahlung und der Bruttoprämie ergibt sich aus der Lohnsteuer- und Sozialversicherungspflicht. Beide Abzüge werden durch die Prämie ebenfalls erhöht.

2.6
Rechnungsbetrag	2.629,90 €
– Überweisungsbetrag	2.577,30 €
= Bruttoskonto	52,60 €

Bruttoskonto	52,60 €
– 19 % Umsatzsteueranteil	8,40 €
= Nettoskonto	44,20 €

440001 Kreditor Holzkontor AG	2.629,90 €	
an 2800 Bank		2.577,30 €
6002 Nachlässe für Rohstoffe		44,20 €
2600 Vorsteuer		8,40 €

Ein Skontoabzug ist immer auf dem entsprechenden Nachlasskonto zu verbuchen. Die Umsatz- bzw. Vorsteuer muss entsprechend korrigiert werden.

2.7 | 6002 Nachlässe für Rohstoffe | 203,00 € | |
|---|---|---|
| an 6000 Aufwendungen für Rohstoffe | | 203,00 € |

Das Konto 6002 ist ein Unterkonto. Unterkonten werden über das entsprechende Aufwandskonto abgeschlossen. Da das Konto 6002 im Haben gebucht wird (vgl. Aufgabe 2.6.), erfolgt der Ausgleich im Soll.

Modul 3 – Lösungen

3.1 2650 Forderungen an Mitarbeiter   1.000,00 €
     an   2800 Bank   1.000,00 €

3.2

Schulmöbel Bayer OHG

Vergütungsübersicht (Gehalt)
Datei: Hannes Hellmann (Industriekaufmann)

Name: Hannes Hellmann	Geburtsdatum: 15.10.1986	
Bundesland	Bayern	
Jahr/Monat	2012/Juni	

Brutto-Verdienst:	Monat		2.900,00 €
Brutto-Bestandteile:			
Bruttobetrag:		2.900,00 €	2.900,00 €
vwL-Zuschuss Arbeitgeber:		20,00 €	20,00 €
Brutto gesamt:			2.920,00 €
Abzüge (gesetzliche):			
Lohnsteuer:	A I/0		446,75 €
Solidaritätszuschlag:	5,5 %		24,57 €
Kirchensteuer:	8,0 %		35,74 €
Abzüge (Sozialversicherung):			
Krankenversicherung:			239,44 €
Pflegeversicherung:			35,77 €
Rentenversicherung:			286,16 €
Arbeitslosenversicherung:			43,80 €
Abzüge (sonstige):			
Überweisung an Bausparkasse	Sparrate:		40,00 €
Vorschuss	Juni 2012:		1.000,00 €
Gesamtbetrag Überweisung:			767,77 €

Bei Ermittlung des Beitrags zur Krankenversicherung sind 8,2 % vom Gesamtbrutto zu berechnen. Diese setzen sich aus der Hälfte des allgemeinen Satzes von 14,6 % und den zusätzlichen 0,9 % Arbeitnehmersonderbeitrag zusammen. Bei der Arbeitslosenversicherung ist mit dem halben Versicherungssatz von 3 % zu rechnen. Die Sparrate ergibt sich aus dem Personalstammblatt, während der Vorschuss in Aufgabe 3.1 gebucht wurde. Der Überweisungsbetrag ist das Gesamtbrutto abzüglich aller Abzüge.

3.3 Ist-Zuschlagssatz Vertrieb: (17.450,00 € · 100) : 132.500,00 € = 13,17 %

3.4 Auch wenn die Vertriebsgemeinkosten für den Juni feststehen würden, könnte der Zuschlagssatz nicht errechnet werden, da sich die Zuschlagsgrundlage, die Herstellkosten des Umsatzes, bis dahin noch verändern wird.

3.5 4840   Verbindlichkeiten Sozialversicherung   4.389,79 €
     an   2800 Bank   4.389,79 €

     6290   Aushilfslohn   541,45 €
     an   2800 Bank   541,45 €

3.6 Wartungsarbeiten stellen Gemeinkosten dar. Somit sind die Aushilfslöhne für Wartungsarbeiten im Rahmen des Betriebsabrechnungsbogens in der Kostenstelle Fertigung zu erfassen.

3.7 10 % von 580.000,00 € = 58.000,00 €

     6440   Aufwendungen für Altersversorgung   58.000,00 €
     an   3700 Pensionsrückstellungen   58.000,00 €

3.8 Pensionsrückstellungen stellen echte, aber ungewisse Verbindlichkeiten dar. Sie sind aufgrund des Grundsatzes der kaufmännischen Vorsicht zu erfassen. Darüber hinaus sind sie notwendig, um den Aufwand periodengerecht zuzuordnen.

3.9 3930   Rückstellung für ungewisse Verbindl.   1.200,00 €
     6770   Rechts- und Beratungskosten   3,00 €
     2600   Vorsteuer   228,57 €
     an   440006 Kreditor Knauer   1.431,57 €

Nach Abschluss des Verfahrens ist die Rückstellung aufzulösen. Der um 3,00 € höhere Nettoaufwand muss als zusätzlicher Aufwand erfasst werden. Auch die Vorsteuer und die Verbindlichkeit auf dem Kreditorenkonto sind entsprechend zu verbuchen.

Modul 4 – Lösungen

4.1

Selbstkosten	94,00 €
– **Verlust**	**1,83 €**
= Barverkaufspreis	92,17 €
+ 2 % Skonto	1,88 €
= Zielverkaufspreis	94,05 €
+ 10 % Kundenrabatt	10,45 €
= Nettoverkaufspreis	104,50 €

Verlust = 1,83 € · 100 : 94,00 € = 1,95 %

Es handelt sich hierbei um eine Differenzkalkulation. Ausgehend vom Nettoverkaufspreis von 104,50 € werden Rabatt und Skonto abgezogen. Die Differenz aus dem sich ergebenden Barverkaufspreis und den Selbstkosten ist der verbleibende Verlust. Dieser ist dann zu den Selbstkosten in Beziehung zu setzen.

4.2 Angesichts der Höhe des Verlustbetrags ist anzunehmen, dass die variablen Kosten des Auftrags gedeckt sind. Der Auftrag trägt somit zur Deckung der fixen Kosten bei. Darüber hinaus könnte mit diesem Auftrag ein neuer Kunde gewonnen werden. Ein weiteres Argument, den Auftrag trotz Verlust anzunehmen, ist, dass dadurch der Angriff des neuen Wettbewerbers abgewehrt und Marktanteile gesichert würden.

4.3

	240001	Debitor Europaschule e. V.	4.048,38 €
an	5000	Umsatzerlöse eigene Erzeugnisse	2.268,00 €
	5100	Umsatzerlöse Handelswaren	1.134,00 €
	4800	Umsatzsteuer	646,38 €

Hierbei ist zu beachten, dass die Stühle selbst hergestellt werden, während die Tafeln als Handelswaren eingekauft werden.

4.4

	2800	Bank	4.048,38 €
an	240001	Debitor Europaschule e. V.	4.048,38 €

4.5

	Ergo-Flex	Swing-Start
Verkaufspreis	97,00 €	69,00 €
– variable Kosten	73,00 €	51,00 €
= Deckungsbeitrag I/Stück	24,00 €	18,00 €
· Absatzmenge	1.125 Stück	2.880 Stück
= Deckungsbeitrag I gesamt	27.000,00 €	51.840,00 €
– erzeugnisfixe Kosten	31.500,00 €	17.600,00 €
= Deckungsbeitrag II	– 4.500,00 €	34.240,00 €

Betriebsergebnis = DB II – unternehmensfixe Kosten
= –4.500,00 € + 34.240,00 € – 11.000,00 €
= 18.740,00 €

Alternativ hätte man auch den Gesamtdeckungsbeitrag I errechnen können, um davon dann direkt alle fixen Kosten zu subtrahieren.

4.6 Die kurzfristige Preisuntergrenze entspricht der Höhe der variablen Kosten, in diesem Fall 51,00 €.
Bei diesem Preis wären zwar die variablen Kosten gedeckt, es würde allerdings kein Beitrag zur Deckung der Fixkosten erbracht. Langfristig müssen zumindest die erzeugnisfixen Kosten vom Produkt selbst erbracht werden.

4.7 Break-even-Point/Ergo-Flex = 31.500,00 € : 24,00 € = 1.312,5 = 1.313 Stück

Gesucht ist der Break-even-Point für das Produkt Ergo-Flex. An der Gewinnschwelle deckt der Erlös durch die verkaufte Menge alle erzeugnisfixen Kosten. Zur Berechnung dieses Punkts sind die fixen Kosten durch den Deckungsbeitrag je Stück zu dividieren.

Modul 5 – Lösungen

5.1 240004 Debitor Kongresshotel GmbH 9.960,30 €
an 5000 Umsatzerlöse eigene Erzeugnisse 7.065,00 €
5100 Umsatzerlöse Handelswaren 1.305,00 €
4800 Umsatzsteuer 1.590,30 €

Hierbei ist zu beachten, dass auf dem Beleg vermerkt ist, dass 90 % der Transportkosten, das entspricht 315,00 €, den Tischen zuzuschlagen sind, während die Flipcharts die restlichen 35,00 € zu tragen haben. Die jeweiligen Transportkosten werden direkt auf das entsprechende Erlöskonto gebucht.

5.2 5001 Erlösberichtigung eigene Erzeugnisse 1.200,00 €
4800 Umsatzsteuer 228,00 €
an 240004 Debitor Kongresshotel GmbH 1.428,00 €

Ein dem Kunden gewährter Nachlass ist mit Umsatzsteuerkorrektur auf dem entsprechenden Konto Erlösberichtigung zu buchen.

5.3 Bruttoforderung 8.532,30 €
– 60 % Zahlungseingang 5.119,38 €

= ausfallende Forderung 3.412,92 €
– 19 % Umsatzsteueranteil 544,92 €

= Nettoausfall der Forderung 2.868,00 €

2800 Bank 5.119,38 €
an 240004 Debitor Kongresshotel GmbH 5.119,38 €

6951 Abschreibung uneinbringlicher Ford. 2.868,00 €
4800 Umsatzsteuer 544,92 €
an 240004 Debitor Kongresshotel GmbH 3.412,92 €

Zunächst ist vom ursprünglichen Forderungsbetrag die Gutschrift aus Aufgabe 5.2 abzuziehen. Daraus ergibt sich die ausfallende Forderung. Die Umsatzsteuer muss entsprechend korrigiert werden.

5.4 6953 Einstellung in PWB 500,00 €
an 3680 PWB 500,00 €

5.5 Bestandsveränderung fertige Erzeugnisse:
Anfangsbestand 12.400,00 € – Endbestand 4.300,00 € = 8.100,00 € Bestandsminderung

5202 Bestandsveränderung fert. Erzeug. 8.100,00 €
an 2200 fertige Erzeugnisse 8.100,00 €

Bestandsveränderung unfertige Erzeugnisse:
Anfangsbestand 2.400,00 € – Endbestand 8.300,00 € = – 5.900,00 € Bestandsmehrung

2100 unfertige Erzeugnisse 5.900,00 €
an 5201 Bestandsveränderung unfert. Erzeug. 5.900,00 €

5.6

	Fertigungsmaterial	170.630,00 €
	+ Materialgemeinkosten	126.410,00 €
	= Materialkosten	297.040,00 €
	+ Fertigungslöhne	214.250,00 €
	+ Fertigungsgemeinkosten	283.280,00 €
	= Herstellkosten der Erzeugung	794.570,00 €
	− Bestandsveränderung unfertige Erzeugnisse	5.900,00 €
	+ Bestandsveränderung fertige Erzeugnisse	8.100,00 €
	= Herstellkosten des Umsatzes	796.770,00 €
	+ Verwaltungs-/Vertriebsgemeinkosten	78.630,00 €
	= Selbstkosten des Umsatzes	875.400,00 €

Neben den gegebenen Einzel- und Gemeinkosten sind insbesondere die Bestandsveränderungen zu berücksichtigen. Da sich die Verwaltungs- und Vertriebsgemeinkosten auf die abgesetzten Produkte beziehen, werden Mehrbestände subtrahiert und Minderbestände addiert.

5.7   2800   Bank   3.000,00 €
       an   5401 Mietertrag   3.000,00 €

5.8   5401   Mietertrag   2.500,00 €
       an   4900 passive Rechnungsabgrenzung   2.500,00 €

3.000,00 € Halbjahresmiete : 6 Monate = 500,00 € Monatsmiete
5 Monate liegen im Folgejahr (Zahlung bis 31. 05. 2013)
500,00 € · 5 Monate = 2.500,00 € sind abzugrenzen.

Würde die Abgrenzungsbuchung nicht vorgenommen, würde der Mietertrag für die Monate Januar bis Mai 2013 ebenfalls in die Gewinn- und Verlustrechnung des Jahres 2012 einfließen. Durch die Abgrenzung verringert sich der Betrag auf dem Konto 5401 um diesen Betrag. Die Mieterträge für das Jahr 2013 werden auf dem Konto 4900 Passive Rechnungsabgrenzung „geparkt". Im Folgejahr wird dieses Konto wieder aufgelöst und der Mietertrag wird auf dem Konto 5401 verbucht.

Modul 6 – Lösungen

6.1	Fertigungsmaterial		18,00 €
	+ 65 % Materialgemeinkosten		11,70 €
	= Materialkosten		29,70 €
	+ Fertigungslöhne	(27,60 € · 80 min : 60 min)	36,80 €
	+ 160 % Fertigungsgemeinkosten		58,88 €
	= Herstellkosten		125,38 €
	+ 15 % Verwaltungs-/Vertriebsgemeinkosten		18,81 €
	+ Sondereinzelkosten Vertrieb (Spezialverpackung)		2,40 €
	= Selbstkosten je Seminarraumtisch		146,59 €

6.2	Soll-Kosten lt. Kostenrechnung	123,00 €
	− Ist-Kosten lt. Aufgabe 6.1	146,59 €
	= Kostenunterdeckung	23,59 €

Es handelt sich um eine Kostenunterdeckung, da zu wenig Kosten eingerechnet wurden.
Die Kostenunterdeckung wird den Gewinn der Schulmöbel Bayer OHG verringern.

6.3	Bruttoumsatz	54.145,00 €
	− 19 % Umsatzsteuer	8.645,00 €
	= Nettoumsatz	45.500,00 €
	hiervon 3 % = Nettobonus	1.365,00 €
	+ 19 % Umsatzsteuer	259,35 €
	= Bruttobonus/Gutschrift	1.624,35 €

	5001	Erlösberichtigung eigene Erzeugnisse	1.365,00 €	
	4800	Umsatzsteuer	259,35 €	
	an	240003 Debitor Bildungsakademie		1.624,35 €

Es ist wichtig, zu beachten, dass sich die Höhe des Bonus am Nettoumsatz orientiert. Deshalb wird nur ein Bonus von 3 % gewährt. Als nachträglicher Rabatt wird er als Erlösberichtigung verbucht.

6.4	2800	Bank	30.000,00 €	
	an	30012 Privateinlage S. Bayer		30.000,00 €

6.5 Die Buchung der Privateinlage erhöht das Eigenkapital sowie das Umlaufvermögen und führt damit zu einer Bilanzverlängerung (Aktiv-Passiv-Mehrung).

6.6	4800	Umsatzsteuer	34.718,00 €	
	an	2600 Vorsteuer		34.718,00 €

6.7	4800	Umsatzsteuer	78.566,00 €	
	an	8010 Schlussbilanzkonto		78.566,00 €

Vorsteuer und Umsatzsteuer werden miteinander verrechnet. Das Konto mit dem kleineren Bestand wird jeweils über das andere Konto abgeschlossen. Das verbleibende Konto wird in die Schlussbilanz überführt. Im vorliegenden Fall wird der Saldo des Umsatzsteuerkontos in der Schlussbilanz passiviert.

| 6.8 | 6420 | Beitrag zur Berufsgenossenschaft | 1.232,00 € | |
| | an | 2800 Bank | | 1.232,00 € |

| 6.9 | 6980 | Zuführung zu Rückstellungen für Gewährleistungen | 5.000,00 € | |
| | an | 3910 sonst. Rückstellungen für Gewährleistungen | | 5.000,00 € |

6.10	6900	Aufwendungen für Versicherungen	480,00 €	
	an	2800 Bank		480,00 €
	2900	Aktive Rechnungsabgrenzung	200,00 €	
	an	6900 Aufwendungen f. Versicherungen		200,00 €

480,00 € Jahresprämie : 12 Monate = 40,00 € Monatsprämie
5 Monate liegen im Folgejahr (Zahlung bis 31. 05. 2013)
40,00 € · 5 Monate = 200,00 € sind abzugrenzen.

Würde diese Abgrenzungsbuchung nicht vorgenommen, würde der Versicherungsanteil für die Monate Januar bis Mai 2013 ebenfalls in die Gewinn- und Verlustrechnung des Jahres 2012 einfließen. Durch die Abgrenzung wird dieser Anteil im Konto 6900 wieder gegengebucht und auf dem Konto 2900 Aktive Rechnungsabgrenzung „geparkt".

Abschlussprüfung 2013 an Wirtschaftsschulen
Rechnungswesen

Bitte beachten Sie:
- Lösungswege bzw. Rechenvorgänge sind klar und nachvollziehbar darzustellen.
- Bei Buchungssätzen kann die volle Punktzahl nur erreicht werden, wenn sowohl Kontonummer als auch Kontenbezeichnung richtig angegeben sind.

Unternehmensbeschreibung

Eckert-Stifte OHG

Die Eckert-Stifte OHG in Bamberg ist ein mittelständisches Unternehmen, das sich auf die Herstellung von hochwertigen Bleistiften spezialisiert hat. Darüber hinaus vertreibt das Unternehmen auch Handelswaren (Bleistiftspitzer, Radiergummis).

Gesellschafter/-in	Konto Eigenkapital	Konto Privateinlagen	Konto Privatentnahmen
Eckert, Uwe	30001	30011	30051
Eckert, Ulrike	30002	30012	30052

Mitarbeiter
25 fest angestellte Mitarbeiter, davon 15 Lohn- und 10 Gehaltsempfänger/innen

Stoffe, Vorprodukte/Fremdbauteile, eigene Erzeugnisse und Handelswaren

Rohstoffe:	Zedernholzbretter
Hilfsstoffe:	Goldprägefolie, wasserlösliche Lacke
Vorprodukte:	Graphitminen, Metallkappen
Betriebsstoffe:	Schmieröle, Schmierfette
Eigene Erzeugnisse:	Bleistifte (Verpackungseinheit 10 Stück)
Handelswaren:	Bleistiftspitzer, Radiergummis

Lieferanten und Kunden

Kontonummer	Lieferanten	Kontonummer	Kunden
440001	Holzhandel Hübner GmbH, Nürnberg	240001	Büroversand Metzel OHG, Fürth
440002	Autohaus Huber GmbH, Bamberg	240002	Kaufhaus AG, Hof
440003	Metallwerke Regensburg AG, Regensburg	240003	Bürowelt Bauer e. K., Bamberg
440004	Maschinenbauer Mithoff AG, Kempten	240004	Werbemittel Roth GmbH, Hof
440099	Sonstige Kreditoren	240099	Sonstige Debitoren

Modul 1

Bisher hat die Eckert-Stifte OHG die Fahrzeuge ihres Fuhrparks geleast. Sie möchte aber die auslaufenden Leasingverträge nicht mehr erneuern, sondern die Fahrzeuge kaufen. So läuft der Vertrag eines Lieferwagens (VW Caddy) zum Ende des Monats aus.

1.1 Buchen Sie die letzte Leasingrate laut Beleg 1 (siehe Anlage).

1.2 Führen Sie ein Argument an, das die Eckert-Stifte OHG bewogen haben könnte, die Fahrzeuge in der Vergangenheit zu leasen.

Das Ersatzfahrzeug für den VW Caddy wird noch im Juni ausgeliefert. Folgende Rechnung liegt Ihnen auszugsweise vor (Beleg 2 – siehe Anlage).

1.3 Buchen Sie den Beleg 2 (siehe Anlage).

1.4 Buchen Sie die Begleichung der Rechnung Nummer 1-117893 (Beleg 2) am 28. Juni 2013 durch die Eckert-Stifte OHG per Bank.

Nach der Beschriftung des neuen Fahrzeugs mit dem Unternehmensnamen betragen die Anschaffungskosten letztendlich 14.535,00 EUR. Die betriebsgewöhnliche Nutzungsdauer für den Lieferwagen beträgt neun Jahre.

1.5 Zur Verfolgung der Wertentwicklung des Lieferwagens in den nächsten Jahren stellt die Eckert-Stifte OHG einen Abschreibungsplan auf. Erstellen Sie diesen Plan bis zum Restbuchwert am Ende des Jahres 2014.

1.6 Buchen Sie die Abschreibung zum 31. 12. 2013.

Nachdem in diesem Jahr die Leasingverträge weiterer Fahrzeuge auslaufen, investiert die Eckert-Stifte OHG in den Fuhrpark insgesamt 130.000,00 EUR. Dieser Betrag wird zu 40.000,00 EUR aus dem Bankguthaben und zu 90.000,00 EUR durch die Aufnahme eines Darlehens finanziert.

1.7 Stellen Sie die Auswirkungen auf die Bilanz dar, indem Sie die grauen Felder der Arbeitsbilanz ausfüllen (Anlage 1, Seite 2013-4).

Die Eckert-Stifte OHG erfasst die Kosten des Fuhrparks, ebenso wie alle übrigen Gemeinkosten, in einem Betriebsabrechnungsbogen (BAB).

1.8 Verteilen Sie in dem beiliegenden Betriebsabrechnungsbogen (Anlage 2, Seite 2013-4) die Kosten für Leasing und Kraftstoff auf die Kostenstellen.

1.9 Berechnen Sie die Zuschlagssätze (zwei Nachkommastellen) für die Kostenstellen „Material" und „Verwaltung/Vertrieb", wenn im Juni folgende Bestandsveränderungen zu berücksichtigen sind:

	Anfangsbestand in EUR	Endbestand in EUR
Fertige Erzeugnisse	2.755,00	3.420,00
Unfertige Erzeugnisse	1.728,00	366,00

Die übrigen Angaben entnehmen Sie dem BAB für den Monat Juni.

Verteilung der Bewertungseinheiten

Frage	1.1	1.2	1.3	1.4	1.5	1.6	1.7	1.8	1.9	gesamt
Punkte	2,5	1	1,5	3,5	3	1	2,5	2	3	20

Modul 1 – Anlage

Beleg 1

```
GESCHÄFTSGIRO   S-ONLINE   80512    BLZ 770 500 00      Kontoauszug   35
SPARKASSE BAMBERG UST-IdNr. DE132272903                 Blatt          1
Datum         Erläuterungen                                      Betrag
Kontostand in EUR am 31.05.2013, Auszug 34              20.965,46 +
                                              --------------
03.06.2013 Leasingrate VW Caddy 06/13,    Wert: 03.06.     371,28 -
           Vertrag-Nr.691(inkl. 59,28 € USt)
                                              --------------
Kontostand in EUR am 03.06.2013, 11:36 Uhr              20.594,18 +


Eckert-Stifte OHG
Kirschäckerstr. 12              Int. Bank Account Number:
96052 Bamberg                   De78 7705 0000 0000 80512
                                SWIFT-BIC: BYLADEM 1SKB
                                www.sparkasse-bamberg.de
```

Beleg 2

Autohaus Huber GmbH

[Kärntenstr. 11, 96052 Bamberg]

Eckert-Stifte OHG
Kirschäckerstr. 12
96052 Bamberg

Telefon: 0951 8435-0
Telefax: 0951 8435-10
E-Mail: info@autohaus-huber.de

Rechnung/Lieferschein

Rechnungsdatum: 21.6.2013   Rechnungsnummer: 1-117893   Kundennummer: 258439

Artikelbezeichnung	Menge	Einzelpreis	Gesamtpreis
Ford Transit Connect 1,8 l TDCi, 55 kW/75 PS, Modell T 200, Ausstattung City Light, kurzer Radstand, Farbe: weiß	1	13.700,00 €	13.700,00 €
Sonderausstattung: Schiebetür rechts	1	270,00 €	270,00 €
Überführungskosten	1	340,00 €	340,00 €

Rechnungsbetrag, netto: 14.310,00 €   19 % USt: 2.718,90 €   **Rechnungsbetrag brutto: 17.028,90 €**

Zahlungsbedingungen: innerhalb von 10 Tagen 2 % Skonto vom Rechnungsbetrag, innerhalb von 30 Tagen rein netto.

Modul 1 – Anlage

Name, Klasse: ....

Anlage 1

zu Aufgabe 1.7:

Vorläufige Arbeitsbilanz in EUR

	Aktiva			Passiva	
	vor der Investition	**nach** der Investition		**vor** der Investition	**nach** der Investition
Anlage-vermögen	1.300.000,00		Eigen-kapital	1.050.000,00	
Umlauf-vermögen	600.000,00		Fremd-kapital	850.000,00	
Summe	1.900.000,00		Summe	1.900.000,00	

Anlage 2

zu Aufgabe 1.8

Kostenarten	zu verteilender Betrag	Verteilungs-grundlage	Material	Fertigung	Verwaltung/ Vertrieb
Leasing	1.940,00 EUR	Verhältniszahlen	2	14	9
Kraftstoff	810,00 EUR	gefahrene km	1 495 km	195 km	2 810 km

BAB Juni 2013 in EUR				
Kostenarten	**zu verteilender Betrag**	**Material**	**Fertigung**	**Verwaltung/ Vertrieb**
Leasing	1.940,00			
Kraftstoff	810,00			
Sonstige Gemeinkosten	. . .	. . .	. . .	. . .
Summe der Ist-Gemeinkosten	**33.070,00**	**2.717,00**	**16.957,00**	**13.396,00**
Einzelkosten		**56.870,00**	**24.580,00**	

Modul 2

Die Eckert-Stifte OHG kaufte bei der Holzhandel Hübner GmbH Zedernholzbretter für die Produktion. Der folgende Rechnungsauszug der Holzhandel Hübner GmbH liegt vor (Beleg 1 – siehe Anlage).

2.1 Buchen Sie Beleg 1 (siehe Anlage).

2.2 In der Kostenartenrechnung wird zwischen fixen und variablen Kosten unterschieden. In welche Kostenart werden die Zedernholzbretter eingeordnet? Begründen Sie Ihre Antwort.

Aufgrund steigender Konkurrenz aus Asien auf dem Markt für Bleistifte wird bei den lackierten und bei den naturbelassenen Stiften jeweils mit fallenden Nettoverkaufspreisen gerechnet. Folgende Daten für den Monat Juni 2013 liegen bereits vor:

	lackierte Stifte	**naturbelassene Stifte**
Kapazität	1.215.000 Stück	536.000 Stück
produzierte/verkaufte Menge	1.000.000 Stück	500.000 Stück
Nettoverkaufspreis pro Stück	0,69 EUR	0,74 EUR
variable Kosten pro Stück	0,14 EUR	0,12 EUR
erzeugnisfixe Kosten	300.000,00 EUR	200.000,00 EUR
unternehmensfixe Kosten	240.000,00 EUR	

2.3 Berechnen Sie das Betriebsergebnis für den Monat Juni 2013 mit Hilfe eines geeigneten Schemas.

2.4 Berechnen Sie den Auslastungsgrad (= Beschäftigungsgrad) bei der kritischen Stückzahl der lackierten Stifte.

2.5 Berechnen Sie, bei welchem Nettoverkaufspreis pro Stück die auf die lackierten Stifte entfallenden Kosten gerade noch gedeckt werden.

Wegen der steigenden Konkurrenz entschließt sich die Geschäftsleitung der Eckert-Stifte OHG, die naturbelassenen Stifte ab sofort in Höhe der langfristigen produktbezogenen Preisuntergrenze von 0,52 EUR pro Stift anzubieten.

2.6 Um wie viel Euro wird sich durch diese Preissenkung das Betriebsergebnis aus Aufgabe 2.3 verändern, wenn die bisherige Absatzmenge aufrechterhalten werden kann?

Die Preissenkung bringt den erhofften Erfolg: Die Büroversand Metzel OHG bestellt 3 000 Stück naturbelassene Stifte.

2.7 Buchen Sie hierzu Beleg 2 (siehe Anlage).

2.8 Am 12. Juli 2013 begleicht die Büroversand Metzel OHG die Rechnung aus Aufgabe 2.7 per Banküberweisung. Buchen Sie diesen Vorgang unter Berücksichtigung der Zahlungsbedingungen.

Verteilung der Bewertungseinheiten

Frage	2.1	2.2	2.3	2.4	2.5	2.6	2.7	2.8	gesamt
Punkte	2	1	6	3	2,5	1	1,5	3	20

Modul 2 – Anlage

Beleg 1

Re.-Nummer: 164-13			Re.-Datum: 15. 05. 2013		
Pos.	**Menge**	**Art.-Nr.**	**Artikel**	**Einzelpreis in EUR**	**Gesamtpreis in EUR**
1	1.000 Stück	10012	Zedernholzbretter	74,00	74.000,00
			Mengenrabatt 20 %		14.800,00
			Warenwert, netto		59.200,00
			Versandkosten, netto		350,00
			Umsatzsteuer 19 %		11.314,50
			Rechnungsbetrag		**70.864,50**

Zahlbar innerhalb von 30 Tagen netto,
bei Zahlung innerhalb von 10 Tagen 2 % Skonto auf den Warenwert

Beleg 2

Eckert-Stifte OHG

[Eckert-Stifte OHG, Kirschäckerstr. 12, 96052 Bamberg]

Büroversand Metzel OHG
Habichtstr. 86
90766 Fürth

Kirschäckerstr. 12
96052 Bamberg
Tel.: +49 951 860-275
Fax: +49 951 860-272
E-Mail: info@eckert-ohg-bamberg.de
Internet: www.eckert-ohg-bamberg.de

USt-IdNr.: DE132279156
Steuer-Nr.: 153/142/50616

Rechnung

Diese Daten bitte bei Zahlung und Schriftwechsel angeben			Lieferdatum	05.07.2013		
Kundennummer	Rechnungsnummer	Rechnungsdatum	Unsere Auftragsnr.	Unser Auftragsdatum	Ihre Bestellnr.
240001	2013-0335	05.07.2013	335	02.07.2013	765-13

Pos.	Artikelnummer	Artikelbezeichnung	Menge	Einzelpreis EUR	Rabatt in %	Gesamt netto EUR
1	7003-20	Bleistift, naturbelassen, HB	3.000	0,52	–	1.560,00

Warenwert netto	Versandkosten netto	Steuerpfl. Nettoentgelt	USt-Satz	USt-Betrag	Rechnungsbetrag brutto
1.560,00 EUR	25,00 EUR	1.585,00 EUR	19 %	301,15 EUR	**1.886,15 EUR**

Zahlung: Innerhalb **10 Tagen** mit **2 % Skonto** Innerhalb **30 Tagen netto**	Abzugsfähiger Skonto	Skontobetrag brutto	Bei Skontoabzug zu zahlen
	2 % aus 1.886,15 EUR	37,72 EUR	**1.848,43 EUR**

Sitz der Gesellschaft
Bamberg

Registergericht
Amtsgericht Bamberg
HRA Nr. 8335

Geschäftsführer
Ulrike Eckert
Uwe Eckert

Bankverbindung
Stadtsparkasse Bamberg
BLZ 770 500 00
Kto.-Nr. 80 512

Modul 3

Die Eckert-Stifte OHG erhält Anfang Mai eine Anfrage des Kunden Kaufhaus AG. Dieser Werbemittelhändler möchte den Angebotspreis für eine Großpackung (1.000 Stück) Bleistifte wissen. Der Kunde wünscht eine umweltfreundliche Sonderlackierung sowie eine individuelle Verpackung mit Kundenlogoaufdruck.

3.1 Kalkulieren Sie auf Grundlage der folgenden Angaben (gelten für 1.000 Stück) zunächst die Selbstkosten für eine Großpackung Bleistifte.

Fertigungsmaterial	50,00 EUR
Fertigungslöhne	25,00 EUR
Materialgemeinkostenzuschlagssatz	15 %
Restfertigungsgemeinkostenzuschlagssatz	100 %
Verwaltungsgemeinkostenzuschlagssatz	30 %
Vertriebsgemeinkostenzuschlagssatz	8 %
Maschinenstundensatz	30,00 EUR/Std.
Maschinenlaufzeit	16 Minuten
Kosten der umweltfreundlichen Sonderlackierung der Stifte	22,00 EUR
Kosten des Kundenlogoaufdrucks auf die Verpackung	10,25 EUR

3.2 Eine in obiger Kalkulation noch nicht berücksichtigte Erhöhung des Holzeinkaufspreises führt zu **neuen Selbstkosten von 231,04 EUR je Großpackung**. Ermitteln Sie auf der Basis dieser neuen Selbstkosten den Angebotspreis für eine Großpackung Bleistifte. Weitere Angaben:

Vertreterprovision	3 %
Kundenskonto	2 %
Gewinnzuschlag	25 %
Mengenrabatt	20 %

Nach zähen Verhandlungen einigt sich die Eckert-Stifte OHG mit dem Kunden Kaufhaus AG auf einen Nettoverkaufspreis von 300,00 EUR je Großpackung. Darüber hinaus wird kein weiterer Rabatt mehr gewährt. Der Kunde bestellt daraufhin 120 Großpackungen der Bleistifte (Art.-Nr. 7003-15). Für den Versand veranschlagt die Eckert-Stifte OHG 320,00 EUR zzgl. 19 % USt.

3.3 Vervollständigen Sie das auszugsweise vorliegende Rechnungsformular (Beleg 1 – siehe Anlage).

3.4 Buchen Sie den Rechnungsausgang an diesen Kunden.

3.5 In diesem Zusammenhang erhält die Eckert-Stifte OHG folgende Quittung von ihrem Frachtführer (Beleg 2 – siehe Anlage). Nehmen Sie die nötige Buchung vor.

3.6 Entgegen der bisherigen Erfahrungen zahlt die Kaufhaus AG auch nach wiederholter Mahnung nicht. Die Eckert-Stifte OHG muss davon ausgehen, dass der Kunde in ernsthaften Zahlungsschwierigkeiten steckt. Nehmen Sie die notwendige Buchung vor, wenn die Bruttoforderungen gegen die Kaufhaus AG insgesamt 48.813,80 EUR betragen.

3.7 Die Befürchtungen haben sich bestätigt. Die Eckert-Stifte OHG erhält im Dezember 2013 die Nachricht, dass über das Vermögen der Kaufhaus AG in Hof ein Insolvenzverfahren eröffnet wurde.

Auf Anfrage teilt der Insolvenzverwalter mit, dass voraussichtlich 90 % der Forderungen verloren sein werden. Alle anderen Kunden zahlen fristgemäß. Berechnen und buchen Sie die Anpassung der Einzelwertberichtigung zum 31. 12. 2013.

Schlussbestand des Wertberichtigungskontos zum 31. 12. des Vorjahres:
3670 EWB: 35.000,00 EUR

Verteilung der Bewertungseinheiten

Frage	3.1	3.2	3.3	3.4	3.5	3.6	3.7	gesamt
Punkte	6	3,5	3,5	1,5	1,5	1	3	20

Modul 3 – Anlage

Beleg 1

zu Aufgabe 3.3:

Name, Klasse: ....

Eckert-Stifte OHG

[Eckert-Stifte OHG, Kirschäckerstr. 12, 96052 Bamberg]

Kaufhaus AG
Sonnenplatz 8
95028 Hof

Kirschäckerstr. 12
96052 Bamberg
Tel.: +49 951 860-275
Fax: +49 951 860-272
E-Mail: info@eckert-ohg-bamberg.de
Internet: www.eckert-ohg-bamberg.de

USt-IdNr.: DE132279156
Steuer-Nr.: 153/142/50616

Rechnung

Diese Daten bitte bei Zahlung und Schriftwechsel angeben			Lieferdatum	16. 05. 2013		
Kundennummer	Rechnungsnummer	Rechnungsdatum	Unsere Auftragsnr.	Unser Auftragsdatum	Ihre Bestellnr.	
240002	2013-0201	16. 05. 2013	201	14. 05. 2013	13-523	

Pos.	Artikelnummer	Artikelbezeichnung	Menge	Einzelpreis EUR	Rabatt in %	Gesamt netto EUR

Warenwert netto	Versandkosten netto	Steuerpfl. Nettoentgelt	USt-Satz	USt-Betrag	Rechnungsbetrag brutto

2013-10

Beleg 2

Quittung

Nr. 185

	netto			320 EUR	00
	19 %	USt		60 EUR	80
	gesamt			380 EUR	80

Betrag in Worten

dreihundertachzig -- Cent wie oben

von *Eckert-Stifte OHG, Bamberg*

für *Lieferung von 120 Packungen Bleistifte an Kaufhaus AG, Hof*

dankend erhalten Bamberg, 16. 05. 2013 *K. Golyszny*

Spedition Global AG
Am Hafen 157
96052 Bamberg

Modul 4

Zur Modernisierung der Fertigung kauft die Eckert-Stifte OHG eine Präzisions-Kreissägemaschine im Wert von 14.994,00 EUR inkl. USt sowie ein Schleif- und Poliergerät im Wert von 406,98 EUR inkl. USt bei der Maschinenbauer Mithoff AG auf Ziel.

4.1 Buchen Sie den Rechnungseingang.

Bei Lieferung der Maschinen stellt sich heraus, dass die Maschinenbau Mithoff AG Interesse an einer nicht mehr benötigten Sägemaschine der Eckert-Stifte OHG hat. Per Telefon wird die Inzahlunggabe mit dem zuständigen Sachbearbeiter vereinbart. Nebenstehende Telefonnotiz liegt Ihnen vor (Beleg 1 – siehe Anlage).

4.2 Berechnen Sie den Buchgewinn der alten Sägemaschine, wenn sie bis auf den Erinnerungswert abgeschrieben wurde.

4.3 Buchen Sie die Inzahlunggabe der Sägemaschine.

4.4 Buchen Sie die alte Sägemaschine aus.

Die neue Sägemaschine läuft an fünf Tagen pro Woche im Zwei-Schicht-Betrieb insgesamt 4 000 Stunden im Jahr. Des Weiteren liegen folgende Daten vor:

Wiederbeschaffungskosten	13.800,00 EUR
letztendliche Anschaffungskosten	13.500,00 EUR
betriebsgewöhnliche Nutzungsdauer	14 Jahre
kalkulatorischer Zinssatz	3,8 % p. a.
Raumbedarf der Maschine	13 m^2
Raumkosten	38,75 EUR je m^2 pro Monat
Stromverbrauchskosten	18 kWh zum Preis von 0,19 EUR je kWh
Stromgrundgebühr	600,00 EUR pro Jahr
Wartungskosten	190,00 EUR pro 800 Stunden Laufzeit

4.5 Berechnen Sie den Maschinenstundensatz.

4.6 Erläutern Sie, wie sich die Einführung einer zusätzlichen Schicht auf den Maschinenstundensatz auswirkt.

In Zusammenhang mit den neuen Maschinen liegt Ihnen folgender Beleg vor (Beleg 2 – siehe Anlage).

4.7 Buchen Sie die Geschäftsfälle des Belegs 2 (siehe Anlage).

4.8 Nehmen Sie die zeitliche Abgrenzung der Betriebshaftpflichtversicherung (siehe Beleg 2) zum 31. 12. 2013 vor.

Verteilung der Bewertungseinheiten

Frage	4.1	4.2	4.3	4.4	4.5	4.6	4.7	4.8	gesamt
Punkte	4	1	2,5	1	6,5	1	2	2	20

Modul 4 – Anlage

Beleg 1

Gesprächsnotiz	
M. Mithoff AG	Herr Grünfelder
Unternehmen	Gesprächspartner
0831 81418	01. 10. 2013
Telefonnummer	Datum

Thema
- Inzahlunggabe gebrauchter Maschinen bei Neukauf
- Preis alte Sägemaschine 280,– € netto
- sofortige Mitnahme
- Betrag vom Rechnungsbetrag der neu gekauften Präzisions-Kreissägemaschine abziehen

gez. Rüdiger Fallkorn

Beleg 2

```
GESCHÄFTSGIRO   S-ONLINE   80512     BLZ 770 500 00      Kontoauszug  96
SPARKASSE BAMBERG UST-IdNr. DE132272903                  Blatt   1
Datum        Erläuterungen                                         Betrag
Kontostand in EUR am 27.09.2013, Auszug 95                     42.741,90 +
01.10.2013  R+V. Versicherung, Betriebs-    Wert: 01.10.           177,60 -
            haftpflicht, Vers.Nr.12/8524-K,
            Okt. 13 bis einschl. Sept. 14
04.10.2013  Maschinenbauer Mithoff AG, RN   Wert: 04.10.        15.067,78 -
            17045; abzgl. Inzahlunggabe
Kontostand in EUR am 04.10.2013, 09:12 Uhr                     27.496,52 +

   Eckert-Stifte OHG
   Kirschäckerstr. 12                     Int. Bank Account Number:
   96052 Bamberg                          DE78 7705 0000 0000 80512
                                          SWIFT-BIC: BYLADEM 1SKB
                                          www.sparkasse-bamberg.de
```

Modul 5

Auch für die Eckert-Stifte OHG werden Umweltverträglichkeit und soziale Auswirkungen der Geschäftstätigkeit immer wichtiger. Sie setzt auf das PEFC-Umweltsiegel für Holzprodukte und nimmt im Mai einen neuen Bleistift ins Programm auf, der aus regional und nachhaltig produziertem Holz hergestellt wird. Für den Monat Juni liegen folgende Daten zum neuen Produkt vor:

Nettoverkaufspreis je Stück	0,63 EUR
variable Kosten je Stück	0,29 EUR
produktfixe Kosten	9.800,00 EUR
bisherige Auftragsmenge	68.400 Stück
Kapazitätsauslastung	90 %

5.1 Berechnen Sie den zu erwartenden Deckungsbeitrag I und den Beitrag dieses Produktes zum Betriebsergebnis für den Monat Juni.

5.2 Geben Sie den Preis an, den die Eckert-Stifte OHG für den neuen Bleistift kurzfristig gerade noch akzeptieren könnte. Erläutern Sie dabei, was man unter der kurzfristigen Preisuntergrenze versteht und wann dieser Preis Anwendung findet.

Anfang Juni liegt der Eckert-Stifte OHG eine neue Anfrage der Werbemittel Roth Gmbh vor. Auszugsweise heißt es darin: (Beleg 1 – siehe Anlage)

5.3 Die Geschäftsleitung bittet Sie zu prüfen, ob für diesen Zusatzauftrag zu den angegebenen Konditionen ein Angebot abgegeben werden soll. Begründen Sie Ihre Antwort rechnerisch.

5.4 Berechnen Sie die Veränderung des Betriebsergebnisses für den Monat Juni bei Annahme des Zusatzauftrages.

Die Eckert-Stifte OHG liefert am 28. Juni 2013 die angefragten Bleistifte in 10er-Packungen (Auszug Beleg 2) an die Werbemittel Roth GmbH. Diese hat zwischenzeitlich auch noch 500 Radiergummis, Kautschuk weiß, bestellt.

5.5 Buchen Sie Beleg 2. Verteilen Sie dabei die Versandkosten im Verhältnis 3 : 1 auf Bleistifte und Radiergummis.

5.6 Die Werbemittel Roth GmbH sendet die 500 Radiergummis zurück, da es sich um eine Falschlieferung handelt, und bekommt von der Eckert-Stifte OHG eine Gutschrift über den Bruttowarenwert. Die Versandkosten werden nicht erstattet. Buchen Sie den Vorgang.

Am 16. Juli 2013 teilt die Werbemittel Roth GmbH mit, dass sie in Zahlungsschwierigkeiten geraten ist. Die gesamten Forderungen gegen die Roth GmbH betragen 6.687,80 EUR. Die Eckert-Stifte OHG ist nach Verhandlungen bereit, auf 30 % der gesamten Forderungen gegenüber der Werbemittel Roth GmbH zu verzichten. Für die verbleibenden 70 % der Forderungen erhält die Eckert-Stifte OHG einen Bankscheck.

5.7 Berechnen und buchen Sie den Forderungsausfall aufgrund des Verzichtes der Eckert-Stifte OHG sowie die Bankgutschrift für die Scheckeinreichung.

Verteilung der Bewertungseinheiten

Frage	5.1	5.2	5.3	5.4	5.5	5.6	5.7	gesamt
Punkte	3	2	3	1,5	3	3	4,5	20

Modul 5 – Anlage

> Beleg 1

Anfrage: Bitte um ein Angebot für PEFC-zertifizierte Bleistifte

Sehr geehrte Frau Eckert, sehr geehrter Herr Eckert,

mit großem Interesse haben wir die Neueinführung Ihres Bleistiftes mit dem PEFC-Gütesiegel verfolgt.

Bitte senden Sie uns bis spätestens 10.06.2013 ein Angebot über 3.500 PEFC-zertifizierte Bleistifte zu. Als langjähriger Kunde hoffen wir auf ein preisliches Entgegenkommen Ihrerseits. Wir sind bereit, 0,55 EUR netto pro Stift zu zahlen. Wir benötigen die Stifte noch bis Ende Juni 2013.

Bitte teilen Sie uns mit, ob Sie mit den von uns vorgeschlagenen Konditionen einverstanden sind.

Mit freundlichen Grüßen
Jürgen Schäfer
Geschäftsführer Werbemitttel Roth GmbH

Beleg 2

[Eckert-Stifte OHG, Kirschäckerstr. 12, 96052 Bamberg]

Werbemittel Roth GmbH
Schaumbergstraße 9
95032 Hof

96052 Bamberg
Tel.: +49 951 860-275
Fax: +49 951 860-272
E-Mail: info@eckert-ohg-bamberg.de
Internet: www.eckert-ohg-bamberg.de

USt-IdNr.: DE132279156
Steuer-Nr.: 153/142/50616

Rechnung

Diese Daten bitte bei Zahlung und Schriftwechsel angeben			Lieferdatum	28. 06. 2013		
Kundennummer	Rechnungsnummer	Rechnungsdatum	Unsere Auftragsnr.	Unser Auftragsdatum		Ihre Bestellnr.
240004	2013-0235	28. 06. 2013	235	14. 06. 2013		765-13

Pos.	Artikelnummer	Artikelbezeichnung	Menge	Einzelpreis EUR	Rabatt in %	Gesamt netto EUR
1	7003-25	10er-Packung Bleistifte, PEFC	350	5,50	–	1.925,00
2	7005-40	Radiergummi, Kautschuk rot	500	0,50	–	250,00

Warenwert netto	Versandkosten netto	Steuerpfl. Nettoentgelt	USt-Satz	USt-Betrag	Rechnungsbetrag brutto
2.175,00 EUR	20,00 EUR	2.195,00 EUR	19 %	417,05 EUR	**2.612,05 EUR**
Zahlung: Innerhalb **10 Tagen** mit **2 % Skonto** Innerhalb **30 Tagen** netto		Abzugsfähiger Skonto		Skontobetrag brutto	Bei Skontoabzug zu zahlen
		2 % aus 2.612,05 EUR		52,24 EUR	**2.559,81 EUR**

Modul 6

Zum Bilanzstichtag 2013 muss der Jahresabschluss vorbereitet werden. Dazu sind einige Berechnungen und Buchungen notwendig.

6.1 Jahresbonus
Laut Debitorenauszug hat die Eckert-Stifte OHG an die Bürowelt Bauer e. K. Bleistifte im Gesamtwert von 22.883,70 EUR brutto verkauft. Der Kunde erhält hierfür einen Bonus in Höhe von 2 %. Berechnen und buchen Sie den Bonus.

6.2 Bestandsveränderungen
Für die Fremdbauteile wurde zum 1. Januar 2013 ein Anfangsbestand in Höhe von 2.230,00 EUR ermittelt. Am Jahresende 2013 liegt der Endbestand bei 4.078,00 EUR. Berechnen und buchen Sie die Bestandsveränderung.

6.3 Kontenabschluss

Umsatzerlöse für eigene Erzeugnisse	336.000,00 EUR
Erlösberichtigungen für eigene Erzeugnisse	4.615,20 EUR

Bilden Sie den Buchungssatz für den Abschluss des Kontos Erlösberichtigungen für eigene Erzeugnisse.

6.4 Provisionen
Buchen Sie die Banküberweisung der auszugsweise vorliegenden Provisionsabrechnung (Beleg 1 – siehe Anlage) für den Handelsvertreter Peter Simon.

6.5 Forderungsbewertung
Der Schlussbestand an einwandfreien Forderungen beträgt am 31. 12. 2013 178.000,00 EUR. Berechnen und buchen Sie die Anpassung der Pauschalwertberichtigung in Höhe von 1 %. Aus dem Jahr 2012 wird eine Pauschalwertberichtigung in Höhe von 2.200,00 EUR übernommen.

6.6
Erklären Sie die Notwendigkeit der Pauschalwertberichtigung am 31. 12. 2013 aus Sicht der Eckert-Stifte OHG.

6.7 Rückstellungen
Welcher Sachverhalt könnte die Eckert-Stifte OHG zu folgender Buchung veranlasst haben?

Soll	EUR	Haben	EUR
6980 Zuführ. z. Rückst. f. Gewährl.	5.600,00	3910 Sonst. Rückst. f. Gewährl.	5.600,00

6.8 Endabrechnung Wartungsvertrag
Am 27. Dezember 2013 geht die Abschlussrechnung des Heizungsmonteurs ein. Die Rechnung für das 4. Quartal beläuft sich auf 2.998,80 EUR brutto. Ein Drittel der Rechnung entfällt auf das Privathaus von Uwe Eckert. Buchen Sie den Rechnungseingang.

6.9 **Planungen für das Jahr 2014**
Die Eckert-Stifte OHG plant im neuen Jahr in den Markt für Künstlerbedarf einzusteigen.
Ein Konkurrent der Eckert-Stifte OHG bietet hochwertige Zeichenstifte in Großpackungen zu einem Listenverkaufspreis von 370,00 EUR netto an.
Berechnen Sie den erzielbaren Gewinn der Eckert-Stifte OHG in Euro und Prozent (zwei Dezimalstellen) für eine Großpackung Zeichenstifte, wenn die Eckert-Stifte OHG bei Selbstkosten von 291,50 EUR den Listenverkaufspreis der Konkurrenz um 10 % unterbietet.
Es werden 4 % Vertreterprovision sowie 5 % Rabatt und 2 % Skonto gewährt.

Verteilung der Bewertungseinheiten

Frage	6.1	6.2	6.3	6.4	6.5	6.6	6.7	6.8	6.9	gesamt
Punkte	3	1,5	1	1,5	3	1	1	3,5	4,5	20

Modul 6 – Anlage

Beleg 1

Handelsvertretung Peter Simon
Neusässer Straße 3
86156 Augsburg

Provisionszahlung Nr. 8-2013 20. 12. 2013
Ihre Steuernummer 103/1234/9999

Für die in 2013 vermittelten Umsätze erhalten Sie die folgende Provision überwiesen:

Auftragsnummer:	Auftragswert:	Provisionssatz:	Provision
200	30.000,00 EUR	5 %	1.500,00 EUR
202	42.000,00 EUR	5 %	2.100,00 EUR
224	36.600,00 EUR	5 %	1.830,00 EUR
Gesamtprovision, netto			5.430,00 EUR
zzgl. 19 % USt			1.031,70 EUR
Gesamtprovision, brutto			**6.461,70 EUR**

Modul 1 – Lösungen

1.1 | 6710 | Aufwendungen für Leasing | 312,00 € |
    | 2600 | Vorsteuer | 59,28 € |
    | an | 2800 Bank | | 371,28 €

Die Angabe „inklusive 59,28 € USt" verweist auf die Tatsache, dass der Belastungsbetrag brutto ist.

1.2 Geringere Kapitalbindung: Der sofortige Kapitalbedarf bei Beschaffung eines Fahrzeugs ist bei Leasing niedriger als bei Kauf. Dafür ist die monatliche Belastung verteilt auf die Leasinglaufzeit höher.

1.3 | 0840 | Fuhrpark | 14.310,00 € |
    | 2600 | Vorsteuer | 2.718,90 € |
    | an | 440002 Kreditor Huber | | 17.028,90 €

Die Sonderausstattung ist ebenso auf dem Anlagekonto zu aktivieren wie die Anschaffungsnebenkosten, in diesem Fall die Überführungskosten. Diese fallen einmalig an und dienen der Ingangsetzung des Anlageguts.

1.4 | 440002 | Kreditor Huber | 17.028,90 € |
    | an | 2800 Bank | | 16.688,32 € |
    | | 0840 Fuhrpark | | 286,20 € |
    | | 2600 Vorsteuer | | 54,38 €

Die Skontofrist beträgt laut Rechnung 10 Tage, d. h., die Rechnung müsste bei Inanspruchnahme des Skontos bis 1. 7. 2013 beglichen werden. Die Zahlung erfolgt am 28. 6. 2013, sodass der Rechnungsbetrag um 2 % gekürzt werden darf. Die Anschaffungskostenminderungen werden netto auf dem entsprechenden Anlagekonto erfasst.

1.5 Berechnung der Jahresabschreibung: 14.535,00 € : 9 Jahre = 1.615,00 €

Abschreibung 2013 (monatsanteilig):   1.615,00 € · 7/12   =   942,08 €

Anschaffungskosten Juni 2013	14.535,00 €
– AfA 2013	942,08 €
= Restbuchwert 31. 12. 2013	13.592,92 €
– AfA 2014	1.615,00 €
= Restbuchwert 31. 12. 2014	11.977,92 €

Im ersten Schritt ist die Abschreibung für ein ganzes Jahr zu ermitteln, indem die Anschaffungskosten auf die Jahre der Nutzung verteilt werden. Bei Berechnung der Abschreibung für das Anschaffungsjahr ist zu berücksichtigen, dass das Anlagegut erst ab Juni 2013 genutzt wird, sodass nach der Regel „pro rata temporis" für das erste Jahr nur 7 Monate anzusetzen sind.

1.6 | 6520 | AfA Sachanlagen | 942,08 € |
    | an | 0840 Fuhrpark | | 942,08 €

1.7 **Vorläufige Arbeitsbilanz in EUR**

Aktiva			Passiva		
	vor der Investition	**nach** der Investition		**vor** der Investition	**nach** der Investition
Anlagevermögen	1.300.000,00	1.430.000,00	Eigenkapital	1.050.000,00	1.050.000,00
Umlaufvermögen	600.000,00	560.000,00	Fremdkapital	850.000,00	940.000,00
Summe	1.900.000,00	1.990.000,00	Summe	1.900.000,00	1.990.000,00

Durch die Investition ist eine Zunahme des Anlagevermögens in Höhe der Investitionssumme zu verzeichnen, gleichzeitig nimmt auf der Aktivseite das Umlaufvermögen durch die Bankzahlung ab. Die offenstehende Zahlung wird durch ein Darlehen finanziert, sodass sich das Fremdkapital entsprechend erhöht.

1.8

BAB Juni 2013 in EUR				
Kostenarten	**zu verteilender Betrag**	**Material**	**Fertigung**	**Verwaltung/ Vertrieb**
Leasing	1.940,00	155,20	1.086,40	698,40
Kraftstoff	810,00	269,10	35,10	505,80
sonstige Gemeinkosten	· · ·	· · ·	· · ·	· · ·
Summe der Ist-Gemeinkosten	33.070,00	2.717,00	16.957,00	13.396,00
Einzelkosten		56.870,00	24.580,00	

Berechnung:
1.940,00 € : 25 Anteile = 77,60 €/Anteil
810,00 € : 4.500 km = 0,18 €/km

Zuerst ist die Summe des Verteilungsschlüssels zu berechnen. Mittels Division des zu verteilenden Betrags durch die Verteilungsschlüsselsumme kann der Wert je Einheit ermittelt werden. Dieser wird schließlich durch Multiplikation mit den Werten des Verteilungsschlüssels auf die einzelnen Kostenstellen hochgerechnet.

1.9
Fertigungsmaterial (MEK)	56.870,00 €
+ Materialgemeinkosten	2.717,00 €
= Materialkosten	59.587,00 €
+ Fertigungslöhne (FEK)	24.580,00 €
+ Fertigungsgemeinkosten	16.957,00 €
= Herstellkosten der Erzeugung	101.124,00 €
− Mehrbestand Fertige Erzeugnisse	665,00 €
+ Minderbestand Unfertige Erzeugnisse	1.362,00 €
= Herstellkosten des Umsatzes	101.821,00 €

Zuschlagssätze für die Kostenstellen „Material" und „Verwaltung und Vertrieb":

MGK: $\dfrac{2.717,00\ €\cdot 100}{56.870,00\ €} = 4,78\ \%$

VwVtGK: $\dfrac{13.396,00\ €\cdot 100}{101.821,00\ €} = 13,16\ \%$

Modul 2 – Lösungen

2.1

	6000	Aufwendungen für Rohstoffe	59.200,00 €	
	6001	Bezugskosten Rohstoffe	350,00 €	
	2600	Vorsteuer	11.314,50 €	
an	440001	Kreditor Hübner		70.864,50 €

Beim Einkauf werden die Versandkosten separat auf das Unterkonto Bezugskosten gebucht.

2.2 Die Kosten für die Zedernholzbretter fallen nur an, wenn auch produziert wird. Sie stellen damit variable Kosten dar.

2.3

	lackierte Stifte	naturbelassene Stifte
Nettoerlös/Stück	0,69 €	0,74 €
– variable Kosten/Stück	0,14 €	0,12 €
= Deckungsbeitrag I/Stück	0,55 €	0,62 €
· produzierte/verkaufte Menge	1.000.000 Stück	500.000 Stück
= Deckungsbeitrag I gesamt	550.000,00 €	310.000,00 €
– erzeugnisfixe Kosten	300.000,00 €	200.000,00 €
= Deckungsbeitrag II	250.000,00 €	110.000,00 €
Deckungsbeitrag II gesamt		360.000,00 €
– unternehmensfixe Kosten		240.000,00 €
= Betriebsergebnis		120.000,00 €

2.4 Break-Even-Point (bzw. Gewinnschwelle) $= \dfrac{300.000,00\ €}{0,55\ €/\text{Stück}} = \underline{\underline{545.455\ \text{Stück}}}$

Beschäftigungsgrad $= \dfrac{545.455\ \text{Stück} \cdot 100}{1.215.000\ \text{Stück}} = \underline{\underline{44,89\ \%}}$

Im ersten Schritt ist die Gewinnschwelle zu berechnen, wobei bei einem Mehrproduktunternehmen von den erzeugnisfixen Kosten auszugehen ist. Die sich ergebende kritische Menge ist im zweiten Schritt in Beziehung zur vorhandenen Kapazität zu setzen.

2.5 Preisuntergrenze (langfristig) $= 0,14\ €/\text{Stück} + \dfrac{300.000,00\ €}{1.000.000\ \text{Stück}} = \underline{\underline{0,44\ €/\text{Stück}}}$

Gesucht ist hier die langfristige Preisuntergrenze. Ein Produkt sollte langfristig neben den variablen Kosten auf jeden Fall auch die erzeugnisfixen Kosten tragen, sodass diese auf die entsprechende Stückzahl umzulegen sind. In diesem Fall war in Ermangelung weiterer Angaben von der gegebenen Absatzmenge von 1 Mio. Stück auszugehen.

2.6 Betriebsergebnis neu = DB II (lackierte Stifte) – unternehmensfixe Kosten
= 250.000,00 € – 240.000,00 €
= 10.000,00 €

Somit sinkt das Betriebsergebnis um 110.000,00 €.

Bei Festsetzung der langfristigen Preisuntergrenze werden sowohl die variablen als auch die erzeugnisfixen Kosten gerade gedeckt. D. h., das Produkt „naturbelassene Stifte" leistet keinen Beitrag mehr zur Deckung der unternehmensfixen Kosten. Der Deckungsbeitrag II beträgt 0,00 €.

2.7 240001 Debitor Metzel 1.886,15 €
    an   5000 Umsatzerlöse eig. Erzeugnisse   1.585,00 €
           4800 Umsatzsteuer   301,15 €

Beim Verkauf werden dem Kunden in Rechnung gestellte Versand- und Verpackungskosten direkt auf dem jeweiligen Erlöskonto erfasst.

2.8 2800 Bank 1.848,43 €
     5001 Erlösberichtigung FE 31,70 €
     4800 Umsatzsteuer 6,02 €
    an   240001 Debitor Metzel   1.886,15 €

Da der Kunde innerhalb der bis zum 15. 7. 2013 laufenden Skontofrist zahlt, wird er – wie vereinbart – 2 % Skonto vom Rechnungsbetrag abziehen. Der sich ergebende Bruttoskonto ist entsprechend um die Umsatzsteuer zu korrigieren und netto auf dem Konto Erlösberichtigung zu verbuchen.

Modul 3 – Lösungen

3.1

Fertigungsmaterial	50,00 €
+ 15 % Materialgemeinkosten	7,50 €
= Materialkosten	57,50 €
+ Fertigungslöhne	25,00 €
+ 100 % Restfertigungsgemeinkosten	25,00 €
+ Maschinenkosten (30,00 € · 16 min /60 min)	8,00 €
+ Sondereinzelkosten Fertigung (Sonderlackierung)	22,00 €
= Herstellkosten	137,50 €
+ 30 % Verwaltungsgemeinkosten	41,25 €
+ 8 % Vertriebsgemeinkosten	11,00 €
+ Sondereinzelkosten Vertrieb (Verpackungsdruck)	10,25 €
= Selbstkosten je Großpackung	200,00 €

Sonderlackierung und der Aufdruck des Kundenlogos sind als Sondereinzelkosten zu erfassen.

3.2

Selbstkosten	231,04 €
+ 25 % Gewinnzuschlag	57,76 €
= Barverkaufspreis	288,80 €
+ 3 % Vertreterprovision	9,12 €
+ 2 % Skonto	6,08 €
= Zielverkaufspreis	304,00 €
+ 20 % Mengenrabatt	76,00 €
= Nettoangebotspreis	380,00 €

Berechnung:
Gewinn   = 231,04 € · 25 : 100
Provision = 288,80 € · 3 : 95
Skonto   = 288,80 € · 2 : 95
Rabatt   = 304,00 € · 20 : 80

Auf die gegebenen 231,04 € Selbstkosten sind 25 % Gewinn aufzuschlagen. Ausgehend von dem sich ergebenden Barverkaufspreis sind der Skonto und die Vertriebsprovision vom verminderten Grundwert zu berechnen. Der Rabatt wird vom Zielverkaufspreis mit vermindertem Grundwert berechnet.

3.3

Eckert-Stifte OHG

[Eckert-Stifte OHG, Kirschäckerstr. 12, 96052 Bamberg]

Kaufhaus AG
Sonnenplatz 8
95028 Hof

Kirschäckerstr. 12
96052 Bamberg
Tel.: +49 951 860-275
Fax: +49 951 860-272
E-Mail: info@eckert-ohg-bamberg.de
Internet: www.eckert-ohg-bamberg.de

USt-IdNr.: DE132279156
Steuer-Nr.: 153/142/50616

Rechnung

Diese Daten bitte bei Zahlung und Schriftwechsel angeben			Lieferdatum		16.05.2013	
Kundennummer	Rechnungsnummer	Rechnungsdatum	Unsere Auftragsnr.	Unser Auftragsdatum	Ihre Bestellnr.
240002	2013-0201	16.05.2013	201	14.05.2013	13-523

Pos.	Artikelnummer	Artikelbezeichnung	Menge	Einzelpreis EUR	Rabatt in %	Gesamt netto EUR
1	7003-15	Großpackung Bleistifte	120	300,00	–	36.000,00

Warenwert netto	Versandkosten netto	Steuerpfl. Nettoentgelt	USt-Satz	USt-Betrag	Rechnungsbetrag brutto
36.000,00 €	320,00 €	36.320,00 €	19 %	6.900,80 €	43.220,80 €

3.4 240002 Debitor Kaufhaus AG   43.220,80 €
     an   5000 Umsatzerlöse eig. Erzeugnisse   36.320,00 €
          4800 Umsatzsteuer   6.900,80 €

Beim Verkauf werden die einem Kunden in Rechnung gestellten Versandkosten auf dem jeweiligen Erlöskonto erfasst.

3.5 6140 Aufwendungen f. Ausgangsfrachten   320,00 €
     2600 Vorsteuer   60,80 €
     an 2880 Kasse   380,80 €

Bei Beleg 2 handelt es sich um einen Kassenbeleg über die Zahlung von Frachtkosten für die Auslieferung der eigenen Erzeugnisse.

3.6	2470	Zweifelhafte Forderungen	48.813,80 €	
	an	240002 Debitor Kaufhaus AG		48.813,80 €

Bestehen hinreichende Hinweise, dass die Zahlungsfähigkeit eines Kunden nicht mehr gewährleistet ist, ist die Forderung als zweifelhaft umzubuchen.

3.7	Bruttoforderung	48.813,80 €
	– 19 % Umsatzsteuer	7.793,80 €
	= Nettoforderungen	41.020,00 €
	davon 90 % = erforderliche Wertberichtigung	36.918,00 €
	Erforderliche Einzelwertberichtigung	36.918,00 €
	– bestehende Einzelwertberichtigung	35.000,00 €
	= Erhöhung	1.918,00 €

	6952	Einstellung EWB	1.918,00 €	
	an	3670 EWB		1.918,00 €

Wertberichtigungen zum Bilanzstichtag sind grundsätzlich auf den Nettowert zu bilden. Die Umsatzsteuer wird erst bei einem definitiven Ausfall korrigiert. Die gegebenenfalls vorhandene Einzelwertberichtigung ist an die sich ergebende Wertberichtigung anzupassen.

Modul 4 – Lösungen

4.1
	0720	Maschinen	12.600,00 €
	0790	GWG Maschinen	342,00 €
	2600	Vorsteuer	2.458,98 €
an	440004	Kreditor Mithoff	15.400,98 €

Zuerst sind aus den Bruttobeträgen die Umsatzsteueranteile herauszurechnen. Die Kreissägemaschine ist als technische Anlage auf dem Konto 0720 zu aktivieren. Das selbstständig nutzungsfähige Poliergerät hat einen Anschaffungswert unter 410,00 € und wird daher als geringwertiges Wirtschaftsgut auf dem Konto 0790 erfasst.

4.2
Nettoerlös der alten Sägemaschine	280,00 €
– Restbuchwert	1,00 €
= Buchgewinn	279,00 €

4.3
	440004	Kreditor Mithoff	333,20 €
an	5465	Erlöse Anlagevermögen (Buchgewinn)	280,00 €
	4800	Umsatzsteuer	53,20 €

Die Gutschrift erfolgt brutto auf dem Kreditorenkonto, d. h., die Verbindlichkeit wird bei der Inzahlunggabe gemindert. Da es sich um einen Buchgewinn handelt, ist das entsprechende Erlöskonto anzusprechen.

4.4
	6965	Restbuchwert AV (Buchgewinn)	1,00 €
an	0720	Maschinen	1,00 €

Der Restbuchwert ist über das entsprechende Aufwandskonto auszubuchen. Achtung: Der Kontenplan des ISB sieht für das Konto Restbuchwert AV (Buchgewinn) die Kontonummer 5469 vor. Orientieren Sie sich an dem in Ihrer Schule verwendeten Kontenplan.

4.5

Laufzeit im Jahr:	= 4 000 Stunden		
Kalk. Abschreibung:	13.800,00 € : 14	=	985,71 €
Kalk. Zinsen	$\dfrac{13.500,00 \text{ €} \cdot 3,8}{100 \cdot 2}$	=	256,50 €
Raumkosten:	13 m² · 38,75 €/m² · 12	=	6.045,00 €
Energieverbrauch:	4 000 Std. · 18 kWh · 0,19 €/kWh	=	13.680,00 €
Energiegrundgebühr:		=	600,00 €
Wartungskosten:	190,00 € · 4 000 Std./800 Std.	=	950,00 €
= maschinenabhängige Gemeinkosten pro Jahr:		=	22.517,21 €

Maschinenstundensatz: 22.517,21 € : 4 000 Stunden = 5,63 €/Std.

Es empfiehlt sich, bei der Maschinenstundensatzrechnung die Kosten zunächst stets auf ein ganzes Jahr hochzurechnen. Die Abschreibungen werden vom Wiederbeschaffungswert berechnet. Die Berechnung der kalkulatorischen Zinsen erfolgt grundsätzlich vom halben Anschaffungswert, da dieser über die gesamte Laufzeit der Maschine die durchschnittliche Kapitalbindung darstellt. Die Summe der sich ergebenden Gemeinkosten ist durch die Laufzeit der Maschine pro Jahr zu dividieren.

4.6 Durch die Einführung einer zusätzlichen Schicht erhöht sich die Laufzeit, weshalb sich die fixen Kosten der Maschine auf eine größere Stundenanzahl verteilen. Der Maschinenstundensatz wird somit sinken.

4.7 6900   Aufwendungen für Versicherungen   177,60 €
    an   2800 Bank   177,60 €

    440004   Kreditor Mithoff   15.067,78 €
    an   2800 Bank   15.067,78 €

4.8 2900   Aktive Rechnungsabgrenzung   133,20 €
    an   6900 Aufwendungen für Versicherungen   133,20 €

177,60 € Jahresprämie : 12 Monate = 14,80 € Monatsprämie
9 Monate liegen im Folgejahr (Zahlung bis September 2014)
14,80 € · 9 Monate = 133,20 € sind abzugrenzen.

Würde die Abgrenzungsbuchung nicht vorgenommen, würde der Versicherungsanteil für die Monate Januar bis September des Folgejahres in die Gewinn- und Verlustrechnung des Jahres 2013 einfließen. Durch die Abgrenzung wird dieser Anteil vom Konto 6900 wieder ausgebucht und auf dem Konto 2900 Aktive Rechnungsabgrenzung „geparkt". Im Folgejahr wird das Konto 2900 aufgelöst und der Versicherungsanteil fließt auf das Konto 6900 des Jahres 2014.

Modul 5 – Lösungen

5.1 Deckungsbeitrag I/Stück = 0,63 € – 0,29 € = 0,34 €/Stück
Deckungsbeitrag II gesamt = 68.400 · 0,34 €/Stück – 9.800,00 € = 13.456,00 €

Nach Deckung der variablen Kosten (= db I) sind auch die erzeugnisfixen Kosten zu decken. Der verbleibende Betrag wird das Betriebsergebnis entsprechend verbessern.

5.2 Die kurzfristige Preisuntergrenze liegt bei den variablen Kosten bei 0,29 €.
Zumindest die variablen Kosten sollten gedeckt sein, da ansonsten bei zunehmendem Absatz der Verlust gesteigert würde.
Dieser Preis könnte Anwendung finden, wenn ein Produkt aggressiv am Markt eingeführt werden soll, oder bei der Überprüfung, ob die Annahme eines Zusatzauftrags sinnvoll ist.

5.3 Deckungsbeitrag I/Zusatzauftrag = 0,55 € – 0,29 € = 0,26 €/Stück

Ermittlung der freien Kapazität:

Kapazität $= \dfrac{68.400 \text{ Stück} \cdot 100}{90} = 76.000$ Stück

Freie Kapazität = 76.000 Stück – 68.400 Stück = 7.600 Stück

Der Auftrag sollte angenommen werden, da zum einen ausreichend Kapazität vorhanden ist und zum anderen je verkauftem Stück noch zusätzlich 0,26 € erwirtschaftet würden.

5.4 Zunahme Betriebsgewinn = 3.500 Stück · 0,26 €/Stück = 910,00 €

5.5 240004 Debitor Roth 2.612,05 €
    an 5000 Umsatzerlöse eig. Erzeugnisse 1.940,00 €
        5100 Umsatzerlöse Handelswaren 255,00 €
        4800 Umsatzsteuer 417,05 €

Beim Verkauf werden die einem Kunden in Rechnung gestellten Versandkosten auf dem jeweiligen Erlöskonto erfasst. In diesem Falle sind die 20,00 € im Verhältnis 3:1 aufzuteilen.

5.6 5100 Umsatzerlöse Handelswaren 250,00 €
    4800 Umsatzsteuer 47,50 €
    an 240004 Debitor Roth 297,50 €

Im Falle einer Rücksendung wird Storno gebucht, d. h., der Buchungssatz wird „umgedreht". Das Erlöskonto wird somit ebenso direkt korrigiert wie die anteilige Umsatzsteuer.

5.7 Forderungsausfall
    6951 Abschreibung uneinbringl. Ford. 1.686,00 €
    4800 Umsatzsteuer 320,34 €
    an 240004 Debitor Roth 2.006,34 €

Zahlungseingang
2800 Bank 4.681,46 €
an 240004 Debitor Roth 4.681,46 €

Forderungsausfall: 6.687,80 € · 30 % = 2.006,34 €
Umsatzsteueranteil: 2.006,34 € · 19 : 119 = 320,34 €
Zahlungseingang: 6.687,80 € · 70 % = 4.681,46 €

70 % der offenen Rechnung in Höhe von 6.687,80 € werden als Zahlungseingang gebucht. Die sich ergebende Differenz in Höhe von 2.006,34 € stellt den Forderungsausfall dar. Bei diesem Betrag darf aufgrund des definitiven Ausfalls die Umsatzsteuer anteilig korrigiert werden.

Modul 6 – Lösungen

6.1	Bruttoumsatz		22.883,70 €
	davon 2 % = Bruttobonus		457,67 €
	– anteilige 19 % Umsatzsteuer		73,07 €
	= Nettobonus		384,60 €

	5001	Erlösberichtigung eigene Erzeugnisse	384,60 €	
	4800	Umsatzsteuer	73,07 €	
	an	240003 Debitor Bauer		457,67 €

6.2	2010	Fremdbauteile	1.848,00 €	
	an	6010 Aufwendungen f. Fremdbauteile		1.848,00 €

Da der Endbestand über dem Anfangsbestand liegt, handelt es sich um einen Mehrbestand. Die Differenz (4.078,00 € – 2.230,00 €) in Höhe von 1.848,00 € ist dem aktiven Bestandskonto zuzubuchen. Die Gegenbuchung erfolgt aufwandsmindernd im Aufwandskonto 6010 auf der Habenseite.

6.3	5000	Umsatzerlöse eigene Erzeugnisse	4.615,20 €	
	an	5001 Erlösberichtigung eigene Erzeugnisse		4.615,20 €

Das Konto Erlösberichtigung wird üblicherweise im Soll gebucht und hat damit seinen Saldo auf der Habenseite.

6.4	6150	Aufwendungen f. Vertriebsprovision	5.430,00 €	
	2600	Vorsteuer	1.031,70 €	
	an	2800 Bank		6.461,70 €

6.5	Bruttoforderung	178.000,00 €
	– 19 % Umsatzsteuer	28.420,17 €
	= Nettoforderungen	149.579,83 €
	davon 1 % pauschale Wertberichtigung	1.495,80 €
	– vorhandene Pauschalwertberichtigung	2.200,00 €
	= Herabsetzung	704,20 €

	3680	Pauschalwertberichtigung	704,20 €	
	an	5450 Erträge aus Herabsetzung Wertberichtigung		704,20 €

6.6 Mit der pauschalen Wertberichtigung wird das allgemeine Kreditrisiko erfasst. Es wird der Tatsache Rechnung getragen, dass in den heute noch als einwandfrei eingeschätzten Forderungen zweifelhaft werdende Forderungen stecken können.

6.7 Die Erhöhung der Gewährleistungsrückstellung könnte durch ein deutliches Umsatzwachstum notwendig geworden sein oder durch eine Zunahme von Reklamationen.

6.8 30051 Privatentnahme   999,60 €
     6780   Haus- u. Grundstücksaufwendungen   1.680,00 €
     2600   Vorsteuer   319,20 €
     an   440099 Kreditor Sonstige   2.998,80 €

Privatanteil: 2.998,80 € : 3 · 1   =   999,60 €
Geschäftsanteil brutto: 2.998,80 € : 3 · 2   = 1.999,20 €
Vorsteueranteil hieraus: 1.999,20 € · 19 : 119 =   319,20 €
Nettoaufwand: 1.999,20 € – 319,20 € = 1.680,00 €

Ein Drittel der Rechnung wird inklusive der anteiligen Steuer als Privatentnahme gebucht. Nur für die verbleibenden zwei Drittel darf anteilig auch die Vorsteuer gebucht werden.

6.9		
Selbstkosten		291,50 €
+ **Gewinn**		**5,87 €**
= Barverkaufspreis		297,37 €
+ 4 % Vertreterprovision		12,65 €
+ 2 % Skonto		6,33 €
= Zielverkaufspreis		316,35 €
+ 5 % Kundenrabatt		16,65 €
= Nettoverkaufspreis		333,00 €

Gewinn = 5,87 € · 100 / 291,50 € = **2,01 %**

Es handelt sich hierbei um eine Differenzkalkulation. Ausgehend vom Nettoverkaufspreis von 333,00 € (= 370,00 € – 37,00 €) werden Rabatt, Skonto und Provision abgezogen. Die Differenz aus dem sich ergebenden Barverkaufspreis und den Selbstkosten ist der verbleibende Gewinn. Dieser ist dann zu den Selbstkosten in Beziehung zu setzen.

Abschlussprüfung 2014 an Wirtschaftsschulen
Rechnungswesen

Bitte beachten Sie:
- Lösungswege bzw. Rechenvorgänge sind klar und nachvollziehbar darzustellen.
- Bei Buchungssätzen kann die volle Punktzahl nur erreicht werden, wenn sowohl Kontonummer als auch Kontenbezeichnung richtig angegeben sind.

Unternehmensbeschreibung

Spielwaren Korb OHG

Die Spielwaren Korb OHG in Coburg ist ein mittelständisches Unternehmen, das sich auf die Herstellung von Holzspielzeug spezialisiert hat. Darüber hinaus vertreibt das Unternehmen auch Handelswaren (Brettspiele und Puppen).

Gesellschafter/-in	Konto Eigenkapital	Konto Privateinlagen	Konto Privatentnahmen
Korb, Josefine	30001	30011	30051
Korb, Maria	30002	30012	30052

Personal
22 fest angestellte Mitarbeiter/innen

Stoffe, Vorprodukte/Fremdbauteile, eigene Erzeugnisse und Handelswaren

Rohstoffe: Eichenbretter, Buchenbretter, Fichtenbretter
Hilfsstoffe: Schrauben, Nägel, Kleber, Eisendraht
Betriebsstoffe: Schmieröle, Schmierfette
Vorprodukte/Fremdbauteile: Scharniere, Gummireifen, Glasperlen
Eigene Erzeugnisse: Holzbausteine, Schaukelpferde, Holzautos, Puppenwagen
Handelswaren: Brettspiele, Puppen

Lieferanten und Kunden

Kontonummer	Lieferanten
440001	Echtholz GmbH, Hirschaid
440002	Eisen Fischer KG, Nürnberg
440003	Mineralölvertriebs GmbH, Schweinfurt
440004	Jugo Holzmaschinen AG, Würzburg
440005	Puppenmanufaktur GmbH, Sonneberg
440006	Autohaus Köhler e. K., Nürnberg
440007	Toys for fun OHG, Passau
440099	Sonstige Kreditoren

Kontonummer	Kunden
240001	Spielwaren Müller KG, Bamberg
240002	Spielewelt AG, Nürnberg
240003	Versandhaus Keller KG, Nürnberg
240004	Spiele Dressler GmbH, Schweinfurt
240005	Games & More GmbH, Erlangen
240099	Sonstige Debitoren

Modul 1

Die Spielwaren Korb OHG kauft für die Fertigung des Holzautos Modell „Feuerwehr" verschiedene Teile ein. Hierzu liegt Ihnen folgender Rechnungsauszug des Lieferanten Eisen Fischer KG vor (Beleg 1 – siehe Anlage):

1.1 Buchen Sie Beleg 1.

Die Spielwaren Korb OHG stellt bei der Prüfung der Waren aus Rechnung Nr. 14-587 fest, dass die Edelstahlschrauben in falscher Ausführung geliefert wurden.
Da die Schrauben so nicht für die Produktion verwendet werden können, sendet die Spielwaren Korb OHG diese an die Eisen Fischer KG zurück und erhält eine Gutschrift in Höhe des anteiligen Rechnungsbetrages.

1.2 Nehmen Sie die erforderliche Buchung vor.

1.3 Die Spielwaren Korb OHG begleicht am 24. Juni 2014 den offenen Rechnungsbetrag (Re.-Nr. 14-587) an die Eisen Fischer KG. Buchen Sie die Banküberweisung unter Berücksichtigung der Gutschrift und der Zahlungsbedingungen.

Die Spielwaren Korb OHG erhält folgende Anfrage:

Angebotsanfrage

Von: **Simone Bub <simone.bub@games&more-er.de>**
Gesendet: **Freitag, 20. 06. 2014 09 :12**
An: **info@spielwaren-korb.de**

Sehr geehrte Damen und Herren,

wir planen eine Sonderangebotsaktion und möchten hierzu Ihr Holzauto Modell „Feuerwehr", Art.-Nr. HA-1025, in unser Sortiment aufnehmen. Wir fragen daher an, ob Sie bei Abnahme von mindestens 100 Stück einen Angebotspreis von 35,00 EUR netto je Stück bieten können. Wir erwarten Ihre Antwort bis Montag, 23. 06. 2014.

Mit freundlichen Grüßen

Simone Bub (Zentraleinkauf)
Games & More GmbH, Erlangen

1.4 Entscheiden Sie unter Zuhilfenahme folgender Daten, ob die Spielwaren Korb OHG die Anfrage positiv beantworten und ein Angebot abgeben soll.

    Selbstkosten je Holzauto: 27,60 EUR

    Rabattstaffel: ab   50 Stück   5 %
                      ab 100 Stück   10 %

    Vertreterprovision:
    bei Angeboten, die vom Kunden selbst angefragt werden: 2 %
    bei Angeboten, die vom Vertreter abgegeben werden: 5 %

    Kundenskonto: 2 %

    Hausinterne Festlegung im ersten Halbjahr 2014:
    Keine Angebotsabgabe, wenn der Gewinn voraussichtlich unterhalb von 9,5 % liegt.

1.5 Der Kunde Games & More GmbH bestellt 100 Stück des Feuerwehrautos Art.-Nr. HA-1025 zum Angebotspreis von 35,00 EUR je Stück. Vervollständigen Sie die Ausgangsrechnung in der Anlage (Beleg 2 auf Seite 2014-6) unter Verwendung der Rabattstaffel aus Aufgabe 1.4 und unter Berücksichtigung einer Versandkostenpauschale von 50,00 EUR zzgl. 19 % USt.

1.6 Buchen Sie die Ausgangsrechnung (Beleg 2 auf Seite 2014-6).

1.7 Die Spielwaren Korb OHG bezahlt die tatsächlich angefallenen Frachtkosten für den Transport der Feuerwehrautos in Höhe von 65,45 EUR brutto bar an den Spediteur. Buchen Sie diesen Vorgang.

Verteilung der Bewertungseinheiten

Frage	1.1	1.2	1.3	1.4	1.5	1.6	1.7	gesamt
Punkte	2	2,5	4	4	3,5	1,5	2,5	20

Modul 1 – Anlage

Beleg 1

RECHNUNG

Re.-Nr.	14-587
Re.-Datum	18. 06. 2014
Lieferdatum	18. 06. 2014

Pos.	Art.-Nr.	Bezeichnung	Menge	Einzelpreis in EUR	Rabatt	Gesamtpreis in EUR
1	002-254788	Scharniere 40 x 80	100 Stück	3,58	–	358,00
2	005-325471	Edelstahlschrauben 8 x 30	50 Pakete	3,04	–	152,00
				Zwischensumme		510,00
				+19 % USt		96,90
				Rechnungsbetrag		606,90

zahlbar innerhalb 8 Tagen mit 2 % Skonto, 30 Tage netto Kasse

Name, Klasse: ....

Beleg 2

zu Aufgabe 1.5:

Spielwaren Korb OHG

[Spielwaren Korb OHG, Im Grund 5, 96450 Coburg]

Games & More GmbH
Kuttlerstraße 8
91054 Erlangen

Im Grund 5
96450 Coburg
Tel.: 09561 849-0
Fax: 09561 849-20
E-Mail: info@spielwaren-korb.de
Internet: www.spielwaren-korb.de

USt-IdNr.: DE132447401
Steuernr.: 207/127/54502

Rechnung

Kundennummer: 240005
Rechnungsnummer: 2014-1682
Rechnungs- und
Lieferdatum: 26. 06. 2014
Auftragsnummer: 6558
Auftragsdatum: 24. 06. 2014
Ihre Bestellnummer: B-1487

Pos.	Artikelnummer	Artikelbezeichnung	Menge	Einzelpreis EUR	Rabatt in %	Gesamt netto EUR
1	HA-1025	Feuerwehrauto	100	je Stk 3,5€	15 10	~~51,50~~ ~~525€~~

Warenwert netto EUR	Versandkosten netto EUR	Steuerpfl. Nettoentgelt EUR	USt-Satz	USt-Betrag EUR	Rechnungsbetrag brutto EUR
3150	50	3200	19 %	608	~~3.808~~ 4.088

Zahlung: innerhalb 10 Tagen mit 2 % Skonto vom Rechnungsbetrag, innerhalb 30 Tagen netto	Skontobetrag brutto EUR	Bei Skontoabzug zu zahlen EUR
	76,16	3.731,84

Sitz der Gesellschaft	Registergericht	Geschäftsführer	Bankverbindung
Coburg	Amtsgericht Coburg HRA 4838	Josefine Korb Maria Korb	Sparkasse Coburg-Lichtenfels BLZ 783 500 00, Kto.-Nr. 480238 IBAN DE96 7835 0000 0000 4802 38 BIC BYLADEM1COB

Modul 2

Die Spielwaren Korb OHG kauft zur Erweiterung der Produktionskapazität eine leerstehende Halle auf einem angrenzenden Grundstück mittels eines Darlehens und einer Privateinlage.

2.1 Buchen Sie dazu die beiden Zahlungsbewegungen auf Beleg 1 (siehe Anlage).

2.2 Am 27. Februar 2014 wird durch die Zahlung des kompletten Kaufpreises das Eigentum übertragen. Buchen Sie die Begleichung des Kaufpreises für die Halle mit Grundstück per Bank, wenn der Gesamtkaufpreis gemäß der Zahlungsaufforderung des Notars 660.000,00 EUR beträgt. Der Anteil des Grundstücks am Gesamtkaufpreis macht 1/3 aus.

2.3 Wie wirken sich die beiden Geschäftsvorfälle aus Aufgabe 2.1 auf das Eigen- und Fremdkapital der Spielwaren Korb OHG aus? Begründen Sie jeweils Ihre Antwort.

Im Rahmen der Kapazitätserweiterung nimmt die Spielwaren Korb OHG am 28. Februar 2014 eine neue Produktionsmaschine in Betrieb. Die Maschine kann bei 8 Arbeitsstunden pro Arbeitstag maximal 2.496 Stunden pro Jahr laufen. Für den Betriebsurlaub und die Wartung werden insgesamt 24 Tage im Jahr angesetzt. Zusätzlich liegen folgende Daten vor:

- Anschaffungskosten: 21.600,00 EUR
- voraussichtliche Wiederbeschaffungskosten: 5 % höher als die Anschaffungskosten
- betriebsgewöhnliche Nutzungsdauer: 10 Jahre
- kalkulatorische Zinsen: 5 %
- Strombedarf: 30 kWh zum Preis von 0,14 EUR je Kilowattstunde
- Grundgebühr Energie: 130,00 EUR pro Monat
- Raumbedarf der Maschine: 15,50 m²
- Raumkosten: 14,00 EUR je m² pro Monat
- Betriebsstoffkosten: 30,00 EUR pro Quartal

2.4 Berechnen Sie den Maschinenstundensatz.

2.5 Berechnen und buchen Sie die lineare Abschreibung der neuen Produktionsmaschine für das Jahr 2014, wenn diese im Anschaffungsmonat Februar bereits in Betrieb genommen wird.

2.6 Berechnen Sie den Restbuchwert der neuen Produktionsmaschine zum 31. Dezember 2014.

Für den laufenden Betrieb der neuen Produktionsmaschine müssen Schmieröle und Schmierfette nachbestellt werden. Dazu liegt Ihnen folgender Rechnungsauszug der Mineralölvertriebs GmbH vor (Beleg 2 – siehe Anlage):

2.7 Buchen Sie Beleg 2.

Verteilung der Bewertungseinheiten

Frage	2.1	2.2	2.3	2.4	2.5	2.6	2.7	gesamt
Punkte	2	2,5	2	8	2	0,5	3	20

Modul 2 – Anlage

Beleg 1

```
GESCHÄFTSGIRO   S-ONLINE   480238      BLZ 783 500 00    Kontoauszug   24
SPARKASSE Coburg-Lichtenfels USt-IdNr. DE132447401       Blatt          1
```

Datum	Erläuterungen	Betrag
Kontostand in EUR am 24.02.2014, Auszug 23		13.559,46 +
26.02.2014 Bankdarlehen Nr. 1356112	Wert: 26.02.	400.000,00 +
26.02.2014 Josefine Korb Privateinlage	Wert: 26.02.	260.000,00 +
Kontostand in EUR am 26.02.2014, 10:45 Uhr		673.559,46 +

```
Spielwaren Korb OHG
Im Grund 5                          Int. Bank Account Number:
96450 Coburg                        DE96 7835 0000 0000 4802 38
                                    SWIFT-BIC: BYLADEM1COB
                                    www.sparkasse-co-lif.de
```

Beleg 2

Rechnungs-Nr. 2014-5874   Rechnungs-/Lieferdatum: 28.02.2014

Pos.	Menge	Art.-Nr.	Artikel	Einzelpreis in EUR	Gesamtpreis in EUR
1	120 Dosen	34010	Schmierfett	7,50	900,00
2	10 Kanister	34011	Schmieröl	25,00	250,00
3			Leihverpackung		30,00
4			Fracht pauschal		60,00
			+ 19 % Umsatzsteuer		235,60
			Rechnungsbetrag		**1.475,60**

zahlbar innerhalb von 30 Tagen netto ohne Abzug

Modul 3

Da die Spielwaren Korb OHG bei einer Marktanalyse festgestellt hat, dass ihre Schaukelpferde fast ausschließlich für Jungen gekauft werden, plant sie die versuchsweise Produktion des Sondermodells „Little Sue", dessen spezieller Glasperlenschmuck den Geschmack der Mädchen treffen soll.

3.1 Berechnen Sie die voraussichtlichen Selbstkosten für ein Schaukelpferd „Little Sue", wenn die Kosten- und Leistungsrechnung mit folgenden Daten kalkuliert:

Holz	33,00 EUR
Glasperlen	2,94 EUR
Materialgemeinkostenzuschlagssatz	48 %
Fertigungsstelle I	
– Fertigungslöhne I	40 min zu 27,00 EUR/Stunde
– Fertigungsgemeinkostenzuschlagssatz I	115 %
Fertigungsstelle II	
– Fertigungslöhne II	30 min zu 24,00 EUR/Stunde
– Fertigungsgemeinkostenzuschlagssatz II	155 %
Verwaltungs- und Vertriebsgemeinkostenzuschlagssatz	13 %

Nach Anlaufen der Produktion betragen die tatsächlichen Selbstkosten 132,00 EUR pro Schaukelpferd.

3.2 Stellen Sie die Kostenabweichung fest und geben Sie an, ob es sich um eine Kostenüber- oder -unterdeckung handelt.

3.3 Berechnen Sie auf Basis der tatsächlichen Selbstkosten den Nettoverkaufspreis, zu dem das Schaukelpferd „Little Sue" angeboten werden kann, wenn die Spielwaren Korb OHG üblicherweise Skonto in Höhe von 2 % sowie 15 % Rabatt zur Markteinführung gewährt und einen Gewinn von 12 % erzielen möchte.

Da die Verkaufszahlen des Schaukelpferdes „Little Sue" weit unter den erwarteten Stückzahlen liegen, beauftragt die Spielwaren Korb OHG die Vertriebsmitarbeiterin Maike Jacobson, das Produkt aktiv zu vermarkten und bei verschiedenen Kunden zu präsentieren.

3.4 Tatsächlich kann Maike Jacobsen zum Beispiel die Spielewelt AG vom Schaukelpferd „Little Sue" überzeugen und ihr dieses Produkt verkaufen. Buchen Sie den Ihnen hierzu vorliegenden Beleg 1 (siehe Seite 2014-11).

Die Geschäftsführung beschließt, Maike Jacobsen einen größeren Dienstwagen zur Verfügung zu stellen und verkauft ihren alten Kleinwagen. Der Restbuchwert des Kleinwagens beträgt zum Zeitpunkt des Verkaufs 1.500,00 EUR. Der Käufer bezahlt den vereinbarten Kaufpreis von 1.963,50 EUR (inkl. 19 % USt) bar.

3.5 Berechnen Sie den Verkaufserfolg (Buchgewinn oder -verlust).

3.6 Buchen Sie den Barverkauf des Kleinwagens.

3.7 Buchen Sie den Kleinwagen aus.

Zum Jahresende betragen die Gesamtforderungen der Spielwaren Korb OHG 205.417,80 EUR. Darin sind die Forderungen an die Spielewelt AG, die vor kurzem Insolvenz anmeldete, in Höhe von 14.684,60 EUR noch enthalten. Weitere zweifelhafte Forderungen liegen am Jahresende nicht vor.

3.8 Buchen Sie die zweifelhafte Forderung um.

3.9 Berechnen und buchen Sie nun die Anpassung der Pauschalwertberichtigung auf die restlichen Forderungen, wenn von einem allgemeinen Ausfallrisiko von 1,2 % ausgegangen wird. Beachten Sie, dass aus dem letzten Jahr noch eine Pauschalwertberichtigung in Höhe von 3.196,25 EUR vorhanden ist.

Verteilung der Bewertungseinheiten

Frage	3.1	3.2	3.3	3.4	3.5	3.6	3.7	3.8	3.9	gesamt
Punkte	5	1,5	3,5	2	1,5	1,5	1	1	3	20

Modul 3 – Anlage

Beleg 1

zu Aufgabe 3.4:

Spielwaren Korb OHG

[Spielwaren Korb OHG, Im Grund 5, 96450 Coburg]

Spielewelt AG
Eslarner Straße 10
90482 Nürnberg-Mögeldorf

Im Grund 5
96450 Coburg
Tel.: 09561 849-0
Fax: 09561 849-20
E-Mail: info@spielwaren-korb.de
Internet: www.spielwaren-korb.de

USt-IdNr.: DE132447401
Steuernr.: 207/127/54502

Rechnung

Kundennummer: 240002
Rechnungsnummer: 2014-1674
Rechnungs- und
Lieferdatum: 12. 06. 2014
Auftragsnummer: 6542
Auftragsdatum: 14. 05. 2014
Ihre Bestellnummer: 89/SK

Pos.	Artikelnummer	Artikelbezeichnung	Menge	Einzelpreis EUR	Rabatt in %	Gesamt netto EUR
1	SCH-87	Schaukelpferd „Little Sue"	20	178,00	15	3.026,00

Warenwert netto EUR	Versandkosten netto EUR	Steuerpfl. Nettoentgelt EUR	USt-Satz	USt-Betrag EUR	Rechnungsbetrag brutto EUR
3.026,00	250,00	3.276,00	19 %	622,44	**3.898,44**

Zahlung: innerhalb 10 Tagen mit 2 % Skonto vom Rechnungsbetrag, innerhalb 30 Tagen netto	Skontobetrag brutto EUR	Bei Skontoabzug zu zahlen EUR
	77,97	3.820,47

Sitz der Gesellschaft
Coburg

Registergericht
Amtsgericht Coburg
HRA 4838

Geschäftsführer
Josefine Korb
Maria Korb

Bankverbindung
Stadtsparkasse Coburg-Lichtenfels
BLZ 782 500 00, Kto.-Nr. 480238
IBAN DE96 7835 0000 0000 4802 38
BIC BYLADEM1COB

Modul 4

Für das dritte Quartal 2014 plant die Spielwaren Korb OHG für den Geschäftsbereich Puppenwagen, zu dem die Modelle „Butterfly" und „Princess" gehören, mit folgenden Zahlen:

	Modell „Butterfly"	Modell „Princess"
geplante Menge	190 Stück	410 Stück
Nettoverkaufspreis/Stück	125,00 EUR	71,00 EUR
variable Kosten/Stück	82,00 EUR	52,00 EUR
erzeugnisfixe Kosten	3.910,00 EUR	2.650,00 EUR
anteilige unternehmensfixe Kosten	7.850,00 EUR	

4.1 Berechnen Sie mithilfe eines geeigneten Schemas das erwartete Betriebsergebnis für den Geschäftsbereich Puppenwagen für das dritte Quartal 2014.

4.2 Berechnen Sie den Break-Even-Point für das Modell „Butterfly".

4.3 Erklären Sie den Begriff Break-Even-Point. Die Erklärung kann auch in Form einer Skizze erfolgen.

Im Juni 2014 erhält die Spielwaren Korb OHG die auszugsweise vorliegende Anfrage der Spiele Dressler GmbH bezüglich hochwertiger Puppenwagen (Beleg 1 – siehe Anlage):

Die Spielwaren Korb OHG modifiziert ein bestehendes Puppenwagenmodell nach den Vorstellungen der Spiele Dressler GmbH. Für das neue Modell „Diamond" ergeben sich variable Stückkosten in Höhe von 143,50 EUR.

4.4 Um wie viel Prozent sind die variablen Stückkosten beim Modell „Diamond" höher als beim bisher teuersten Modell „Butterfly"?

4.5 Aus welchen Gründen (nennen Sie zwei) könnten die variablen Stückkosten beim Modell „Diamond" höher sein?

4.6 Die Spielwaren Korb OHG verfügt noch über freie Kapazitäten. Soll für die Anfrage der Spiele Dressler GmbH ein Angebot abgegeben werden? Begründen Sie Ihre Antwort rechnerisch und erläutern Sie auch die Auswirkung auf das Betriebsergebnis.

Für das neue Modell „Diamond" benötigt die Spielwaren Korb OHG qualitativ hochwertiges Holz. Deshalb holt sie neue Angebote ein. Zwei Angebote über Holzbretter gleicher Dicke und Breite befinden sich in der engeren Auswahl:

Anbieter	A	B
Länge	180 cm	90 cm
Menge	50 Stück	100 Stück
Listenpreis/Stück	6,00 EUR	3,35 EUR
Rabatt	–	15 %
Skonto	4 %	–
Lieferkosten	1,80 EUR/10 Stück	15,00 EUR pauschal

4.7 Welches der beiden Angebote bietet den günstigeren Einstandspreis? Begründen Sie Ihre Antwort rechnerisch.

4.8 Erläutern Sie die unterschiedliche buchhalterische Behandlung von Rabatt und Skonto beim Einkauf.

Verteilung der Bewertungseinheiten

Frage	4.1	4.2	4.3	4.4	4.5	4.6	4.7	4.8	gesamt
Punkte	4,5	1	2	1,5	2	2	5	2	20

Modul 4 – Anlage

Beleg 1

Spiele Dressler GmbH
Roßmarkt 15
97421 Schweinfurt

Spielwaren Korb OHG	Anfrage Nr.: Telefon:
Im Grund 5	PW/8 09721 19612-5
96450 Coburg	Ansprechpartner: Telefax:
	Frau Leya Schulz 09721 19612-10

Anfrage: exklusive Puppenwagen   Schweinfurt, 3. Juni 2014

Sehr geehrte Damen, sehr geehrte Herren,

wie telefonisch besprochen möchten wir für das Hochpreissegment qualitativ hochwertige und besonders exklusive Puppenwagen einführen, die sich stark von den bisher im Handel befindlichen Wagen abheben. Wir sind bereit, maximal 190,00 EUR netto pro Stück zu bezahlen.

Wir freuen uns auf die Zusendung Ihres Angebots bis spätestens 25. Juni 2014.

Modul 5

Die Spielwaren Korb OHG nimmt das neue hochwertige Schaukelpferdmodell „Belami" in ihr Programm auf. Dieses Modell ist sowohl mit Kufen als auch mit Rollen ausgestattet und kann bei Bedarf mit wenigen Handgriffen umgebaut werden. Folgende Daten liegen für den Monat Juni zum neuen Produkt vor:

Nettoverkaufspreis/Stück	220,00 EUR
variable Kosten/Stück	94,60 EUR
erzeugnisfixe Kosten	15.800,00 EUR
maximale Kapazität	210 Stück

Im Juni bestellen Kunden insgesamt 150 Stück des neuen Schaukelpferdmodells „Belami".

5.1 Berechnen Sie den Beitrag dieser Bestellungen zum Betriebsergebnis.

5.2 Ermitteln Sie die Stückzahl, die von diesem Produkt mindestens abgesetzt werden muss, damit sich das Betriebsergebnis im Juni (bei gleichbleibender Erlös- und Kostensituation der anderen Produkte) nicht verschlechtert.

5.3 Berechnen Sie den niedrigsten Preis, den die Spielwaren Korb OHG für das neue Schaukelpferd langfristig noch akzeptieren kann, wenn die Absatzmenge in den folgenden Monaten bei 150 Stück bleibt.

5.4 Berechnen Sie die Kapazitätsauslastung im Monat Juni in Prozent (zwei Dezimalstellen) aufgrund der bisherigen Nachfrage.

Zur Befestigung der Rollen für das neue Schaukelpferdmodell müssen für die Produktionsabteilung besondere Akkuschrauber angeschafft werden. Die Spielwaren Korb OHG bestellt bei ihrem Lieferanten Jugo Holzmaschinen AG online acht Akkuschrauber für insgesamt 2.127,72 EUR brutto auf Ziel. Versandkosten fallen aufgrund der Höhe des Bestellwertes nicht an.

5.5 Buchen Sie den Einkauf.

Nach abgeschlossener Fertigung und Endkontrolle liefert die Spielwaren Korb OHG 150 Schaukelpferde des Modells „Belami" am 9. Juni 2014 an die Spielwaren Müller KG aus.

5.6 Buchen Sie die Ausgangsrechnung (Beleg 1 auf Seite 2014-16).

5.7 Acht Schaukelpferde wurden leider beim Transport beschädigt. Die Spielwaren Müller KG sendet diese an die Spielwaren Korb OHG zurück. Buchen Sie den Vorgang ohne Kürzung der Versandkosten.

5.8 Die Spielwaren Müller KG begleicht unsere Forderung. Buchen Sie den Rechnungsausgleich laut vorliegendem Kontoauszug (Beleg 2 – siehe Anlage).

5.9 Erläutern Sie, wie sich der Kundenskonto auf den Unternehmenserfolg der Spielwaren Korb OHG auswirkt

Verteilung der Bewertungseinheiten

Frage	5.1	5.2	5.3	5.4	5.5	5.6	5.7	5.8	5.9	gesamt
Punkte	2	1,5	2,5	1,5	2,5	1,5	3	4	1,5	20

Modul 5 – Anlage

Beleg 1

zu Aufgabe 5.6:

Spielwaren Korb OHG

[Spielwaren Korb OHG, Im Grund 5, 96450 Coburg]

Spielwaren Müller KG
Zwerggasse 1
96047 Bamberg

Im Grund 5
96450 Coburg
Tel.: 09561 849-0
Fax: 09561 849-20
E-Mail: info@spielwaren-korb.de
Internet: www.spielwaren-korb.de

USt-IdNr.: DE132447401
Steuernr.: 207/127/54502

Rechnung

Kundennummer:	240001
Rechnungsnummer:	2014-1599
Rechnungs- und Lieferdatum:	09. 06. 2014
Auftragsnummer:	6489
Auftragsdatum:	02. 06. 2014
Ihre Bestellnummer:	B-1366

Pos.	Artikelnummer	Artikelbezeichnung	Menge	Einzelpreis EUR	Rabatt in %	Gesamt netto EUR
1	SCH-1022	Schaukelpferd „Belami"	150	220,00	–	33.000,00

Warenwert netto EUR	Versandkosten netto EUR	Steuerpfl. Nettoentgelt EUR	USt-Satz	USt-Betrag EUR	Rechnungsbetrag brutto EUR
33.000,00	165,00	33.165,00	19 %	6.301,35	**39.466,35**

Zahlung: innerhalb 10 Tagen mit 2 % Skonto vom Rechnungsbetrag, innerhalb 30 Tagen netto		Skontobetrag brutto EUR	Bei Skontoabzug zu zahlen EUR
		789,33	38.677,02

Sitz der Gesellschaft	Registergericht	Geschäftsführer	Bankverbindung
Coburg	Amtsgericht Coburg HRA 4838	Josefine Korb Maria Korb	Stadtsparkasse Coburg-Lichtenfels BLZ 782 500 00, Kto.-Nr. 480238 IBAN DE96 7835 0000 0000 4802 38 BIC BYLADEM1COB

2014-16

Beleg 2

Datum	Erläuterungen	Betrag

GESCHÄFTSGIRO S-ONLINE   480238   BLZ 783 500 00   Kontoauszug   65
SPARKASSE Coburg-Lichtenfels USt-IdNr. DE132447401   Blatt   1

Kontostand in EUR am 10.06.2014, Auszug 64   20.965,46 +

18.06.2014 Re.-Nr. 2014-1599 vom 09.06.2014 Wert: 18.06.   36.624,51 +
           abzügl. Rücksendung und Skonto
           Spielwaren Müller KG

Kontostand in EUR am 18.06.2014, 09:45 Uhr   57.589,97 +

Spielwaren Korb OHG
Im Grund 5   Int. Bank Account Number:
96450 Coburg   DE96 7835 0000 0000 4802 38
                                    SWIFT-BIC: BYLADEM1COB
                                    www.sparkasse-co-lif.de

Modul 6

Im Dezember bereitet die Spielwaren Korb OHG den Jahresabschluss zum Bilanzstichtag 2014 vor und stellt Planungen für das kommende Geschäftsjahr an.

6.1 Für das Geschäftsjahr 2014 muss eine Rückstellung für die Steuerberatungskosten gebildet werden. Als Grundlage für die Schätzung der Rechnungshöhe wird die Steuerberaterrechnung für das Geschäftsjahr 2013 in Höhe von 2.546,60 EUR brutto herangezogen. Buchen Sie die entsprechende Rückstellung.

6.2 Die Gesellschafterin Josefine Korb entnimmt als Weihnachtsgeschenk für ihre Drillinge je ein Schaukelpferd im Nettowert von 180,00 EUR pro Stück aus dem Lager. Buchen Sie diesen Vorgang.

In der 49. Kalenderwoche kommt es laut Auszug auf dem Bankkonto der Spielwaren Korb OHG zu folgenden Bewegungen (Beleg 1 – siehe Anlage):

6.3 Buchen Sie die Geschäftsvorgänge des Belegs 1. Beachten Sie, dass die Forderung an Herrn Schmidt bereits vollständig abgeschrieben worden ist.

6.4 Nehmen Sie die Abgrenzung der Mietzahlung für den Lagerraum zum 31. Dezember 2014 vor.

Im Rahmen der Abschlussarbeiten muss die Buchhaltungsabteilung eine Einzelwertberichtigung auf eine zweifelhafte Forderung vornehmen. Voraussichtlich fallen 70 % der ursprünglichen Forderung in Höhe von 8.925,00 EUR (inkl. 19 % USt) aus. Der aktuelle Saldo auf dem Einzelwertberichtigungskonto beträgt 7.264,00 EUR.

6.5 Berechnen und buchen Sie die notwendige Einzelwertberichtigung.

6.6 Erläutern Sie kurz, wie sich die Anpassung der Wertberichtigung in Aufgabe 6.5 auf den Unternehmenserfolg der Spielwaren Korb OHG im aktuellen Geschäftsjahr auswirkt.

Die Spielwaren Korb OHG hat im Laufe des Jahres die Heizung modernisiert. Dadurch arbeitet diese nun deutlich energiesparender, was zu spürbar geringeren Heizkosten führt.

6.7 Teilen Sie die gesenkten Energiekosten für Dezember in Höhe von 5.280,00 EUR im Verhältnis von 2:10:3:1 auf die Kostenstellen Material, Fertigung, Verwaltung und Vertrieb auf.

6.8 Aufgrund der Veränderung der Gemeinkosten durch die Heizungsmodernisierung erhalten Sie den Auftrag, die Herstellkosten des Umsatzes (HKU) neu zu ermitteln. Hierzu liegen Ihnen folgende Daten vor:

Fertigungsmaterial	154.200,00 EUR	MGK	85 %
Fertigungslöhne	220.800,00 EUR	FGK	120 %

	Anfangsbestand	Schlussbestand
Unfertige Erzeugnisse	22.450,00 EUR	17.350,00 EUR
Fertigerzeugnisse	12.320,00 EUR	16.000,00 EUR

Berechnen Sie die Herstellkosten des Umsatzes im Dezember.

6.9 Berechnen Sie auf Basis der neu ermittelten Herstellkosten des Umsatzes den veränderten Verwaltungsgemeinkostenzuschlagssatz, wenn die Verwaltungsgemeinkosten im Dezember 131.316,50 EUR betragen.

Verteilung der Bewertungseinheiten

Frage	6.1	6.2	6.3	6.4	6.5	6.6	6.7	6.8	6.9	gesamt
Punkte	1,5	3	3,5	1,5	3	1	2	3,5	1	20

Modul 6 – Anlage

Beleg 1

```
GESCHÄFTSGIRO   S-ONLINE    480238      BLZ 783 500 00    Kontoauszug   99
SPARKASSE Coburg-Lichtenfels USt-IdNr. DE132447401            Blatt      1
```

Datum	Erläuterungen		Betrag
Kontostand in EUR am 05.12.2014, Auszug 98			9.317,14 +
			– – – – – – – – – – – – – –
08.12.2014	Miete Lagerraum Dez. 2014 bis einschl. Feb. 2015	Wert: 08.12.	1.425,00 –
11.12.2014	Zahlungseingang zu Insolvenzverfahren H. Schmidt, AZ M/17; Insolvenzverwalter J. Weitner	Wert: 11.12.	257,04 +
			– – – – – – – – – – – – – –
Kontostand in EUR am 11.12.2014, 14:37 Uhr			8.149,18 +

```
Spielwaren Korb OHG
Im Grund 5                              Int. Bank Account Number:
96450 Coburg                       DE96 7835 0000 0000 4802 38
                                       SWIFT-BIC: BYLADEM1COB
                                       www.sparkasse-co-lif.de
```

Modul 1 – Lösungen

1.1
	6010	Aufwendungen für Vorprodukte	358,00 €
	6020	Aufwendungen für Hilfsstoffe	152,00 €
	2600	Vorsteuer	96,90 €
an	440002	Kreditor Fischer	606,90 €

Der Nettoaufwand ist entsprechend der Unternehmensbeschreibung in Aufwand für Vorprodukte und Aufwand für Hilfsstoffe aufzuteilen.

1.2
	440002	Kreditor Fischer	180,88 €
an		6020 Aufwendungen für Hilfsstoffe	152,00 €
		2600 Vorsteuer	28,88 €

Die Rücksendung der Schrauben wird durch eine Stornobuchung, d. h. durch das Umdrehen des ursprünglichen Buchungssatzes, erfasst. Dabei werden der Aufwand, die Vorsteuer und das Kreditorenkonto direkt korrigiert.

1.3

Offener Rechnungsbetrag	426,02 €	(= 606,90 € – 180,88 €)
– 2 % Skonto	8,52 €	(davon Steueranteil 8,52 € · 19 : 119 = 1,36 €)
= Überweisungsbetrag	417,50 €	

	440002	Kreditor Fischer	426,02 €
an		2800 Bank	417,50 €
		6012 Nachlässe für Vorprodukte	7,16 €
		2600 Vorsteuer	1,36 €

Die Zahlung kann laut Rechnung binnen acht Tagen unter Abzug von 2 % Skonto geleistet werden. D. h., bei Ausnutzung des Skontos ist bis 26. 6. 2014 zu zahlen. Die Zahlung erfolgt am 24. 6. 2014, sodass der Rechnungsbetrag um 2 % gekürzt werden darf.

1.4

Selbstkosten	27,60 €
+ Gewinnzuschlag	2,64 €
= Barverkaufspreis	30,24 €
+ 2 % Vertreterprovision	0,63 €
+ 2 % Skonto	0,63 €
= Zielverkaufspreis	31,50 €
+ 10 % Mengenrabatt	3,50 €
= Nettoangebotspreis	35,00 €

Berechnung: Gewinn in % = 2,64 € · 100 : 27,60 € = 9,57

Da der Gewinn über 9,5 % liegt, kann der Auftrag angenommen werden.

Die Berechnung erfolgt hier auf Basis einer Differenzkalkulation, durch Rückrechnung ausgehend vom Nettoangebotspreis (35,00 €). Wegen der Anfrage durch den Kunden werden nur 2 % Vertreterprovision eingerechnet. Der Gewinn entspricht der Differenz aus Barverkaufspreis und Selbstkosten. Alternativ wäre auch eine Vorwärtskalkulation ausgehend von den Selbstkosten in Höhe von 27,60 € und 9,5 % Gewinnaufschlag möglich. Da der ermittelte Nettoangebotspreis mit 34,98 € unter den angebotenen 35,00 € liegt, würde der Mindestgewinn erreicht. Hierbei ist zu beachten, dass Skonto, Provision und Rabatt ausgehend vom verminderten Grundwert zu berechnen sind.

1.5

Spielwaren Korb OHG

Im Grund 5
96450 Coburg
Tel.: 09561 849-0
Fax: 09561 849-20
E-Mail: info@spielwaren-korb.de
Internet: www.spielwaren-korb.de

[Spielwaren Korb OHG, Im Grund 5, 96450 Coburg]

USt-IdNr.: DE132447401
Steuernr.: 207/127/54502

Games & More GmbH
Kuttlerstraße 8
91054 Erlangen

Rechnung

Kundennummer: 240005
Rechnungsnummer: 2014-1682
Rechnungs- und Lieferdatum: 26. 06. 2014
Auftragsnummer: 6558
Auftragsdatum: 24. 06. 2014
Ihre Bestellnummer: B-1487

Pos.	Artikelnummer	Artikelbezeichnung	Menge	Einzelpreis EUR	Rabatt in %	Gesamt netto EUR
1	HA-1025	Holzauto FEUERWEHR	100	35,00	10	3.150,00

Warenwert netto EUR	Versandkosten netto EUR	Steuerpfl. Nettoentgelt EUR	USt-Satz	USt-Betrag EUR	Rechnungsbetrag brutto EUR
3.150,00	50,00	3.200,00	19 %	608,00	**3.808,00**

Zahlung: innerhalb 10 Tagen mit 2 % Skonto vom Rechnungsbetrag, innerhalb 30 Tagen netto	Skontobetrag brutto EUR	Bei Skontoabzug zu zahlen EUR
	76,16	3.731,84

Sitz der Gesellschaft	Registergericht	Geschäftsführer	Bankverbindung
Coburg	Amtsgericht Coburg HRA 4838	Josefine Korb Maria Korb	Stadtsparkasse Coburg-Lichtenfels BLZ 783 500 00, Kto.-Nr. 480238 IBAN DE96 7835 0000 0000 4802 38 BIC BYLADEM1COB

1.6	240005	Debitor Games & More	3.808,00 €	
	an	5000 Umsatzerlöse eig. Erzeugnisse		3.200,00 €
		4800 Umsatzsteuer		608,00 €

Beim Verkauf werden die dem Kunden in Rechnung gestellten Versandkosten direkt auf dem Umsatzerlöskonto erfasst.

1.7	6140	Aufwand für Ausgangsfracht	55,00 €	
	2600	Vorsteuer	10,45 €	
	an	2880 Kasse		65,45 €

Fracht, die für den Versand der Waren anfällt, wird als Aufwand für Ausgangsfrachten erfasst.

Modul 2 – Lösungen

2.1	2800	Bank	400.000,00 €	
	an	4250 Langfrist. Bankverbindlichkeiten		400.000,00 €
	2800	Bank	260.000,00 €	
	an	30011 Privateinlage J. Korb		260.000,00 €
2.2	0510	Bebaute Grundstücke	220.000,00 €	
	0530	Betriebsgebäude	440.000,00 €	
	an	2800 Bank		660.000,00 €

Der Gesamtkaufpreis ist wie angegeben auf den Grundstücks- und Gebäudewert aufzuteilen und entsprechend zu verbuchen.

2.3 Die Aufnahme eines Bankdarlehens stellt eine Erhöhung des Fremdkapitals dar, da das Kapital nur befristet und gegen Zahlung von Zinsen überlassen wird. Bei der Einlage der Gesellschafterin Josefine Korb handelt es sich um zusätzliches Eigenkapital in Form der Beteiligungsfinanzierung.

2.4	Laufzeit im Jahr:	$2\,496$ Stunden $- (24 \cdot 8$ Stunden$)$	=	2 304 Stunden
	Kalk. Abschreibung:	$22.680,00$ € $: 10$	=	2.268,00 €
	Kalk. Zinsen	$\dfrac{21.600,00\ \text{€} \cdot 5}{100 \cdot 2}$	=	540,00 €
	Raumkosten:	$15,5\ m^2 \cdot 14,00$ €$/m^2 \cdot 12$	=	2.604,00 €
	Energieverbrauch:	$2\,304$ Std. $\cdot 30$ kWh $\cdot 0,14$ €/kWh	=	9.676,80 €
	Energiegrundgebühr:	$130,00$ € $\cdot 12$	=	1.560,00 €
	Betriebsstoffkosten:	$30,00$ € $\cdot 4$	=	120,00 €
	= maschinenabhängige Gemeinkosten pro Jahr:		=	16.768,80 €

Maschinenstundensatz: 16.768,80 € : 2 304 Stunden = 7,28 €/Std.

Es empfiehlt sich, bei der Maschinenstundensatzrechnung die Kosten auf ein Jahr hochzurechnen. Die Abschreibungen werden vom Wiederbeschaffungswert berechnet, hier der Anschaffungswert plus 5 % Preissteigerung. Die kalkulatorischen Zinsen werden grundsätzlich vom halben Anschaffungswert errechnet, da dieser über die gesamte Laufzeit der Maschine die durchschnittliche Kapitalbindung darstellt. Die Summe der sich ergebenden Gemeinkosten ist durch die Laufzeit der Maschine pro Jahr zu dividieren.

2.5 Berechnung der Jahresabschreibung: 21.600,00 € : 10 Jahre = 2.160,00 €
Abschreibung 2014 (monatsanteilig): 2.160,00 € · 11 : 12 = 1.980,00 €

6520	AfA Sachanlagen	1.980,00 €	
an	0720 Maschinen		1.980,00 €

/ / / / *Zuerst ist die Abschreibung für ein ganzes Jahr zu errechnen, indem die Anschaffungskosten auf die Jahre der Nutzung verteilt werden. Im nächsten Schritt ist zu berücksichtigen, dass das Anlagegut erst ab Februar 2014 genutzt wird, sodass für das erste Jahr nach der Regel pro rata temporis nur 11 Monate anzusetzen sind.*

2.6 Anschaffungskosten Februar 2014   21.600,00 €
− AfA 2014   1.980,00 €

= Restbuchwert 31. 12. 2014   19.620,00 €

2.7	6030	Aufwendungen für Betriebsstoffe	1.150,00 €	
	6031	Bezugskosten für Hilfsstoffe	90,00 €	
	2600	Vorsteuer	235,60 €	
	an	440003 Kreditor Mineralölvertrieb		1.475,60 €

Modul 3 − Lösungen

3.1	Fertigungsmaterial	35,94 €	(33,00 € + 2,94 €)
	+ 48 % Materialgemeinkosten	17,25 €	
	= Materialkosten	53,19 €	
	+ Fertigungslöhne I	18,00 €	
	+ 115 % Fertigungsgemeinkosten I	20,70 €	
	+ Fertigungslöhne II	12,00 €	
	+ 155 % Fertigungsgemeinkosten II	18,60 €	
	= Herstellkosten	122,49 €	
	+ 13 % Verwaltungs- und Vertriebsgemeinkosten	15,92 €	
	= Selbstkosten je Schaukelpferd	138,41 €	

/ / *Die Fertigungsgemeinkosten sind aufgrund unterschiedlicher prozentualer Höhe getrennt zu erfassen.*

3.2 Soll-Kosten − Ist-Kosten = 138,41 € − 132,00 € = **6,41 € Überdeckung**

3.3	Selbstkosten	132,00 €
	+ 12 % Gewinnzuschlag	15,84 €
	= Barverkaufspreis	147,84 €
	+ 2 % Skonto	3,02 €
	= Zielverkaufspreis	150,86 €
	+ 15 % Rabatt	26,62 €
	= Nettoverkaufspreis	177,48 €

Auf die gegebenen 132,00 € Selbstkosten sind 12 % Gewinn aufzuschlagen. Ausgehend von dem sich ergebenden Barverkaufspreis sind der Skonto und der Rabatt jeweils vom verminderten Grundwert zu berechnen.
Skonto = 147,84 € · 2 : 98 und Rabatt = 150,86 € · 15 : 85.

3.4	240002	Debitor Spielewelt AG	3.898,44 €	
	an	5000 Umsatzerlöse eig. Erzeugnisse		3.276,00 €
		4800 Umsatzsteuer		622,44 €

Beim Verkauf werden die einem Kunden in Rechnung gestellten Versandkosten direkt auf dem Umsatzerlöskonto erfasst.

3.5	Nettoerlös des Kleinwagens		1.650,00 €
	− Restbuchwert Kleinwagen		1.500,00 €
	= Buchgewinn		150,00 €

3.6	2880	Kasse	1.963,50 €	
	an	5465 Erlöse Anlagevermögen (Buchgewinn)		1.650,00 €
		4800 Umsatzsteuer		313,50 €

3.7	6965	Restbuchwert AV (Buchgewinn)	1.500,00 €	
	an	0840 Fuhrpark		1.500,00 €

Beim Verkauf von Anlagegütern ist zuerst durch den Vergleich von Nettoerlös und Restbuchwert der Buchgewinn bzw. Buchverlust zu ermitteln. Daraus ergibt sich dann, welche Konten bei der Verbuchung anzusprechen sind.
Achtung: Der Kontenplan des ISB sieht für das Konto Restbuchwert AV (Buchgewinn) die Kontonummer 5469 vor. Orientieren Sie sich an dem in Ihrer Schule verwendeten Kontenplan.

3.8	2470	Zweifelhafte Forderungen	14.684,60 €	
	an	240002 Debitor Spielewelt AG		14.684,60 €

3.9	Ursprüngliche einwandfreie Forderungen		205.417,80 €
	− Zweifelhafte Forderungen		14.684,60 €
	= Einwandfreie Bruttoforderungen		190.733,20 €
	− 19 % Umsatzsteuer		30.453,20 €
	= Nettoforderungen		160.280,00 €
	davon 1,2 % = erforderliche Wertberichtigung		1.923,36 €

Erforderliche Pauschalwertberichtigung		1.923,36 €
− bestehende Pauschalwertberichtigung		3.196,25 €
= Herabsetzung		1.272,89 €

	3680	PWB	1.272,89 €	
	an	5450 Erträge Herabsetzung Wertbericht.		1.272,89 €

Wertberichtigungen zum Bilanzstichtag sind grundsätzlich auf den Nettowert zu bilden. Zuvor ist allerdings die in 3.8 umgebuchte zweifelhafte Forderung abzuziehen. Die sich ergebende Wertberichtigung ist stets an eine evtl. vorhandene Wertberichtigung anzupassen. In diesem Fall ergibt sich eine Herabsetzung, da die bestehende Pauschalwertberichtigung höher ist.

Modul 4 – Lösungen

4.1

	Butterfly	Princess
Nettoerlös/Stück	125,00 €	71,00 €
– variable Kosten/Stück	82,00 €	52,00 €
= Deckungsbeitrag I/Stück	43,00 €	19,00 €
· produzierte/verkaufte Menge	190 Stück	410 Stück
= Deckungsbeitrag I gesamt	8.170,00 €	7.790,00 €
– erzeugnisfixe Kosten	3.910,00 €	2.650,00 €
= Deckungsbeitrag II	4.260,00 €	5.140,00 €
Deckungsbeitrag II gesamt		9.400,00 €
– unternehmensfixe Kosten		7.850,00 €
= Betriebsergebnis		1.550,00 €

4.2 Break-Even-Point Butterfly $= \dfrac{3.910,00\ €}{43,00\ €/\text{Stück}} = 90,93$ Stück, d. h. <u>91 Stück</u>

Bei einem Mehrproduktunternehmen sollte das einzelne Erzeugnis zumindest seine variablen und erzeugnisfixen Kosten tragen. Somit ist hier von den erzeugnisfixen Kosten auszugehen.

4.3 Der Break-Even-Point, auch Gewinnschwelle genannt, gibt die Stückzahl an, bei der der erzielte Gesamtdeckungsbeitrag gerade ausreicht, um die fixen Kosten zu decken.

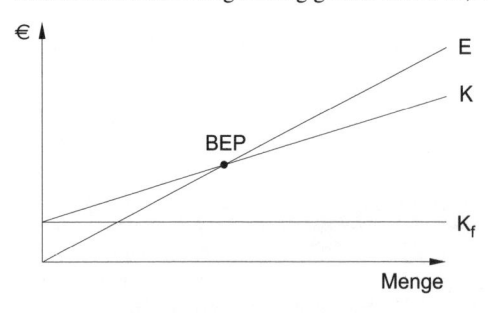

4.4 143,50 € – 82,00 € = 61,50 € · 100 : 82 € = <u>75,00 %</u>

4.5 Die Verwendung teurerer, höherwertigerer Materialien sowie lohnintensivere Verarbeitung könnten zu den höheren variablen Kosten führen.

4.6 Deckungsbeitrag des Zusatzauftrages = (190,00 € – 143,50 €) = 46,50 €
Bei freien Kapazitäten sollte die Anfrage des Kunden positiv beschieden werden, da sich mit jedem abgesetzten Stück das Betriebsergebnis um 46,50 € verbessern würde.

4.7

	A		**B**	
Listeneinkaufspreis	300,00 €	(50 St. · 6,00 €)	335,00 €	(100 St. · 3,35 €)
– Rabatt	0,00 €		50,25 €	
= Zieleinkaufspreis	300,00 €		284,75 €	
– Skonto	12,00 €		0,00 €	
= Bareinkaufspreis	288,00 €		284,75 €	
+ Bezugskosten	9,00 €		15,00 €	
= Einstandspreis	297,00 €		299,75 €	

Angebot A ist rein rechnerisch um 2,75 € günstiger.

Da die Bretter eine unterschiedliche Länge ausweisen, sind die Angebote mit 50 Stück (A) und 100 Stück (B) zu berechnen.

4.8 Der Rabatt wird auf der Rechnung ausgewiesen und sofort abgezogen, sodass er auch buchhalterisch nicht erfasst wird. Ob der Skonto in Anspruch genommen wird, entscheidet dagegen der Kunde durch den Zeitpunkt der Zahlung. Somit wird der Skonto als nachträglicher Rabatt erst bei der Zahlung als Erlösberichtigung bzw. Nachlass buchhalterisch erfasst.

Modul 5 – Lösungen

5.1 Deckungsbeitrag I/Stück = 220,00 € – 94,60 € = 125,40 € /Stück

Deckungsbeitrag I gesamt	18.810,00 €
– erzeugnisfixe Kosten	15.800,00 €
= Deckungsbeitrag II Belami	3.010,00 €

Zuerst ist der Deckungsbeitrag I zu ermitteln, also der Beitrag eines einzelnen verkauften Produkts zur Deckung aller fixen Kosten. Bezogen auf die Absatzzahl von 150 Stück ist dieser Gesamtdeckungsbeitrag um die erzeugnisfixen Kosten des Schaukelpferds „Belami" zu bereinigen.

5.2 Break-Even-Point (Gewinnschwelle) = $\dfrac{15.800,00 \text{ €}}{125,40 \text{ €/Stück}}$ = 126 Stück

Bei einem Mehrproduktunternehmen lässt sich der Break-Even eines einzelnen Produkts nur auf die erzeugnisfixen Kosten beziehen. Er gibt somit an, wie viel Stück mindestens verkauft werden müssen, um die erzeugnisfixen Kosten zu decken.

5.3 Preisuntergrenze (langfristig) = 94,60 €/Stück + $\dfrac{15.800,00 \text{ €}}{150 \text{ Stück}}$ = 199,93 €/Stück

Gesucht ist hier die langfristige Preisuntergrenze. Ein Produkt sollte langfristig neben den variablen Kosten auf jeden Fall auch die erzeugnisfixen Kosten tragen, sodass diese auf die entsprechende Stückzahl umzulegen sind.

5.4 $\text{Beschäftigungsgrad} = \dfrac{150 \text{ Stück} \cdot 100}{210 \text{ Stück}} = \underline{\underline{71{,}43\,\%}}$

Gesucht ist der aktuelle Beschäftigungsgrad, d. h. die aktuelle Absatzmenge bezogen auf die Kapazität.

5.5 0890   GWG   1.788,00 €
     2600   Vorsteuer   339,72 €
     an   440004 Kreditor Jugo   2.127,72 €

Zuerst ist der Nettoeinkaufspreis der 8 Akkuschrauber zu berechnen:
2.127,72 € · 19 : 119 = 1.788,00 €.
Danach ist der Einzelpreis eines Akkuschraubers zu errechen:
1.788,00 € : 8 = 223,50 €.
Da er selbstständig nutzungsfähig ist und in der Anschaffung mehr als 150,00 €, aber weniger als 410,00 € kostet, ist er als Geringwertiges Wirtschaftsgut zu erfassen.

5.6 240001 Debitor Müller KG   39.466,35 €
     an   5000 Umsatzerlöse eig. Erzeugnisse   33.165,00 €
            4800 Umsatzsteuer   6.301,35 €

Beim Verkauf werden die dem Kunden in Rechnung gestellten Versandkosten direkt auf dem Umsatzerlöskonto erfasst. Der Skonto ist noch nicht zu erfassen, da der Kunde erst entscheidet, ob er diesen in Anspruch nimmt.

5.7 5000   Umsatzerlöse eig. Erzeugnisse   1.760,00 €
     4800   Umsatzsteuer   334,40 €
     an   240001 Debitor Müller KG   2.094,40 €

Bei einer Rücksendung wird das Erlöskonto direkt korrigiert. D. h., es erfolgt eine Stornobuchung, der ursprüngliche Buchungssatz wird umgedreht.

5.8 Offener Rechnungsbetrag   37.371,95 €   (= 39.466,35 € – 2.094,40 €)
     – 2 % Skonto brutto   747,44 €   (davon Steueranteil
                                                    747,44 € · 19 : 119 = 119,34 €)

     = Überweisungsbetrag   36.624,51 €

     2800   Bank   36.624,51 €
     5001   Erlösberichtigung eig. Erz.   628,10 €
     4800   Umsatzsteuer   119,34 €
     an   240001 Debitor Müller KG   37.371,95 €

Der noch offene Rechnungsbetrag ergibt sich aus der Differenz der ursprünglichen Forderung aus Aufgabe 5.6 und der Gutschrift aus Aufgabe 5.7. Angesichts des Überweisungsbetrags auf dem Kontoauszug ergibt sich ein Bruttoskonto von 747,44 €, der auch rechnerisch genau den angebotenen 2 % entspricht.

5.9 Ein Skonto stellt eine Erlösschmälerung dar und verringert damit den Gewinn des Unternehmens bzw. erhöht den Verlust des Unternehmens.

Modul 6 – Lösungen

6.1	Bruttorechnungsbetrag		2.546,60 €
	– anteilige 19 % Umsatzsteuer		406,60 €
	= Nettorechnungsbetrag		2.140,00 €

	6770	Rechts- und Beratungskosten	2.140,00 €	
	an	3900 Sonstige Rückstellungen		2.140,00 €

6.2	30051	Privatentnahme Josefine Korb	642,60 €	
	an	5420 Gegenstandsentnahme		540,00 €
		4800 Umsatzsteuer		102,60 €

Eine Privatentnahme erfolgt stets zum Einstandspreis und ist umsatzsteuerpflichtig. In diesem Falle ist das spezielle Privatkonto von Josefine Korb zu verwenden.

6.3	6700	Aufwand Miete	1.425,00 €	
	an	2800 Bank		1.425,00 €
	2800	Bank	257,04 €	
	an	5495 Zahlungseingang abgeschrieb. Ford.		216,00 €
		4800 Umsatzsteuer		41,04 €

Da die Forderung gegen Herrn Schmidt bereits voll abgeschrieben wurde, ist diese ertrags- und umsatzsteuerwirksam als Zahlungseingang zu erfassen. Hierfür steht das Konto 5495 zur Verfügung.

6.4 **Berechnung:**
1.425,00 € : 3 Monate = 475,00 €/Monat · 2 Monate = 950,00 €

	2900	Aktive Rechnungsabgrenzung	950,00 €	
	an	6700 Aufwand Miete		950,00 €

Da die im Dezember erfasste Mietzahlung auch die Monate Januar und Februar im neuen Jahr betrifft, ist der Aufwand für diese beiden Monate abzugrenzen, d. h., vom Aufwandskonto wieder auszubuchen und auf dem Konto Aktive Rechnungsabgrenzung zu „parken". Die aktive Rechnungsabgrenzung stellt allgemein ausgedrückt eine Leistungsforderung für eine bereits erbrachte Zahlung dar.

6.5	Bruttoforderung	8.925,00 €
	– 19 % Umsatzsteuer	1.425,00 €
	= Nettoforderungen	7.500,00 €
	davon 70 % geschätzter Ausfall (neue EWB)	5.250,00 €
	– vorhandene Einzelwertberichtigung	7.264,00 €
	= Herabsetzung	2.014,00 €

	3670	EWB	2.014,00 €	
	an	5450 Erträge aus Herabsetzung Wertberichtigung		2.014,00 €

6.6 Durch die Buchung des Ertragskontos 5450 im Haben erhöht sich der Gewinn bzw. verringert sich der Verlust.

6.7 Gemeinkostenaufteilung auf die vier Hauptkostenstellen:
1. Schritt: Summe des Verteilungsschlüssels: $2 + 10 + 3 + 1$ $= 16$ Anteile
2. Schritt: Energiekosten je Anteil: 5.280,00 € : 16 Anteile = 330,00 €/Ant.
3. Schritt: Hochrechnung auf die vier Hauptkostenstellen:
Material: 330,00 € · 2 Anteile   =   660,00 €
Fertigung: 330,00 € · 10 Anteile = 3.300,00 €
Verwaltung: 330,00 € · 3 Anteile   =   990,00 €
Vertrieb: 330,00 € · 1 Anteil   =   330,00 €

6.8
Fertigungsmaterial (MEK)	154.200,00 €
+ 85 % Materialgemeinkosten	131.070,00 €
= Materialkosten	285.270,00 €
+ Fertigungslöhne (FEK)	220.800,00 €
+ 120 % Fertigungsgemeinkosten	264.960,00 €
= Herstellkosten der Erzeugung	771.030,00 €
− Mehrbestand Fertige Erzeugnisse	3.680,00 €
+ Minderbestand Unfertige Erzeugnisse	5.100,00 €
= Herstellkosten des Umsatzes	772.450,00 €

Minderbestände bei den fertigen und unfertigen Erzeugnissen sind zu addieren, da sie bereits Verwaltungs-und Vertriebskosten verursacht haben, Mehrbestände entsprechend zu subtrahieren.

6.9 $\text{VwVtGK (\%)} = \dfrac{131.316{,}50 \ \text{€} \cdot 100}{772.450{,}00 \ \text{€}} = 17{,}00 \ \%$

Schulkontenrahmen für die Wirtschaftsschule

Kontenklasse 0	Kontenklasse 1	Kontenklasse 2
Aktiva Anlagevermögen	Aktiva Anlagevermögen	Aktiva Umlaufvermögen

0 Immaterielle Vermögensgegenstände u. Sachanlagen
00 Ausstehende Einlagen
   0000 Ausstehende Einlagen
Immaterielle Vermögensstände
02 Konzessionen, Lizenzen, Software
   0200 Konzessionen, Lizenzen, Software
03 Geschäfts- u. Firmenwert
   0300 Geschäfts- und Firmenwert
Sachanlagen
05 Grundstücke, grundstücksgleiche Rechte und Bauten einschließlich der Bauten auf fremden Grundstücken
   0500 unbebaute Grundstücke
   0510 bebaute Grundstücke
   0530 Betriebsgebäude
   0590 Wohngebäude
07 technische Anlagen u. Masch.
   0700 Anlagen u. Maschinen der Energieversorgung
   0720 Anlagen u. Maschinen der Produktion
   0760 Verpackungsanlagen u. -maschinen
   0790 geringwertige Anlagen und Maschinen
08 andere Anlagen, Betriebs- u. Geschäftsausstattungen
   0800 andere Anlagen
   0810 Werkstätteneinrichtungen
   0820 Werkzeuge u. Ä.
   0830 Lager- und Transporteinrichtungen
   0840 Fuhrpark
   0850 sonstige Betriebsausstattungen
   0860 Büromaschinen u. Ä.
   0870 Büromöbel u. sonstige Geschäftsausstattung
   0890 GWG Sammelposten
09 geleistete Anzahlungen und Anlagen im Bau
   0900 geleistete Anzahlungen auf Sachanlegen
   0950 Anlagen im Bau
	1 Finanzanlagen
	13 Beteiligungen
	   1300 Beteiligungen
	15 Wertpapiere des Anlagevermögens
	   1500 Wertpapiere des AV
	16 sonst. Finanzanalysen
	   1600 sonstige Finanzanlagen
		2 Umlaufvermögen
		Vorräte
		20 Roh-, Hilfs-, und Betriebsstoffe
		   2000 Rohstoffe / Fertigungsmaterial
		   2010 Fremdbauteile
		   2020 Hilfsstoffe
		   2030 Betriebsstoffe
		21 unfertige Erzeugnisse, unfertige Leistungen
		   2100 unfertige Erzeugnisse
		22 fertige Erzeugnisse und Waren
		   2200 fertige Erzeugnisse
		   2280 Waren (Handelsw.)
		23 geleistete Anzahlungen auf Vorräte
		   2300 geleistete Anzahlungen auf Vorräte
		Forderungen und sonstige Vermögensgegenstände
		24 Forderungen aus Lieferungen und Leistungen
		   2400 Forderungen aus Lieferungen und Leistungen
		   2470 zweifelhafte Forderungen
		26 sonstige Vermögensgegenstände
		   2600 Vorsteuer
		   2602 abziehbare Vorsteuer innergemeinschaftl. Erwerb
		   2603 bezahlte Einfuhrumsteuer
		   2650 Forderungen an Mitarbeiter
		   2690 übrige sonstige Forderungen
		28 flüssige Mittel
		   2800 Guthaben bei Kreditinstituten (Bank)
		   2850 Postbank
		   2880 Kasse
		   2890 Geldtransitkonto
		29 aktive Rechnungsabgrenzung
		   2900 aktive Rechnungsabgrenzung
		   2910 Disagio

Schulkontenrahmen für die Wirtschaftsschule

Kontenklasse 3	Kontenklasse 4	Kontenklasse 5
Passiva	Passiva	Erträge

3 Eigenkapital u. Rückstellungen

Eigenkapital

30 Eigenkapital /gez. Kapital bei Personengesellschaften:
   3000 Kapital Gesellschafter A
   3001 Privateinlage
   3005 Privatentnahme
34 Jahresüberschuss/ Jahresfehlbetrag
36 Wertberichtigungen
   3670 Einzelwertberichtigungen zu Forderungen
   3680 Pauschalwertberichtigung zu Forderungen

Rückstellungen

37 Rückstellungen f. Pensionen
   3700 Rückstellungen für Pensionen
38 Steuerrückstellungen
   3800 Steuerrückstellungen
39 sonst. Rückstellungen
   3910 – für Gewährleistungen
   3930 – für andere ungewisse Verbindlichkeiten
   3970 – für drohende Verluste aus schwebenden Geschäften
   3990 – für Aufwendungen

4 Verbindlichkeiten u. passive Rechnungsabgrenzungen

41 Anleihen
   4100 Anleihen
42 Verbindlichkeiten gegenüber Kreditinstituten
   4200 kurzfristige Bankverbindlichkeiten
   4250 langfristige Bankverbindlichkeiten
43 erhaltene Anzahlungen auf Bestellungen
   4300 erhaltene Anzahlungen auf Bestellungen
44 Verbindlichkeiten aus Lieferungen und Leistungen
   4400 Verbindlichkeiten aus Lieferungen und Leistungen
48 sonst. Verbindlichkeiten
   4800 Umsatzsteuer
   4802 Umsatzsteuer aus innergemeinschaftl. Erwerb
   4809 Umsatzsteuer-Vorauszahlung
   4830 sonst. Verbindlichkeiten gegenüber dem Finanzamt
   4840 Verbindlichkeiten gegenüber Sozialversicherungsträgern
   4850 Verbindlichkeiten gegenüber Mitarbeitern
   4860 Verbindlichkeiten aus vermögenswirksamen Leistungen
   4890 übrige sonstige Verbindlichkeiten
49 passive Rechnungsabgrenzung
   4900 passive Rechnungsabgrenzung

5 Erträge

50 Umsatzerlöse für eigene Erzeugnisse und andere eigene Leistung.
   5000 Umsatzerlöse für eigene Erzeugnisse
   5001 Erlösberichtig.
   5050 Steuerfreie Umsätze (eigene Erzeugnisse) an Drittländer
   5051 Erlösberichtig.
   5055 Steuerfreie innergem. Lieferung (eigene Erzeugnisse)
   5056 Erlösberichtig. steuerfr. innergem. Lieferung
51 Umsatzerlöse f. Waren u. sonst. Umsatzerlöse
   5100 Umsatzerlös für Handelswaren
   5101 Erlösberichtig.
   5150 steuerfreie Umsätze (HW) an Drittländer
   5151 Erlösberichtig. (Drittländer)
   5155 steuerfreie innergem. Lieferungen (HW)
   5156 Erlösberichtig. steuerf. innergem. Lieferungen
   5190 sonst. Umsatzerlöse
   5191 Erlösberichtig.
52 Erhöhung oder Verminderung der Bestände an unfertigen und Erzeugnissen
   5201 Bestandsveränderungen an unfertigen Erzeugnissen u. nicht abgerechneten Leist.
   5202 Bestandsveränderungen an fertigen Erz.
53 andere aktivierte Eigenleistungen
   5300 aktivierte Eigenleistungen

Schulkontenrahmen für die Wirtschaftsschule

Kontenklasse 5	Kontenklasse 6	Kontenklasse 6
Erträge	Aufwendungen	Aufwendungen

54 sonst. betriebl. Erträge
   5400 Nebenerlöse
      5401 aus Vermiet. u. Verpacht.
   5410 sonstige Erlöse
   5420 Gegenstandsentnahme
   5425 Leistungsentnahme
   5430 andere sonstige betriebl. Erträge
   5450 Erträge aus der Auflösung oder Herabsetzung von Wertberichtigungen auf Forderungen
   5465 Erlöse Anlageverkauf b. Buchgewinn
   5469 Erlöse Anlageverkauf b. Buchverlust
   5480 Erträge aus der Herabsetzung von Rückstellungen
   5490 periodenfremde Erträge und Rückerstattungen
   5495 Zahlungseingänge auf abgeschriebene Forderungen
55 Erträge aus Beteiligungen
56 Erträge aus anderen Wertpapieren und Ausleihungen des Finanzanlagevermögens
57 sonst. Zinsen u. ähnliche Erträge
   5710 Zinserträge
58 außerordentliche Erträge
   5800 außerordentliche Erträge

6 Betriebliche Aufwendungen
Materialaufwand
60 Aufwendungen für Roh-, Hilfs- und Betriebsstoffe und für bezogene Waren
   6000 Aufw. für Rohstoffe/Fertigungsmaterial
      6001 Bezugsk./
      6002 Nachlässe
   6010 Aufw. für Vorprodukte/Femdbauteile
      6011 Bezugskosten/
      6012 Nachlässe
   6020 Aufw. für Hilfsstoffe
      6021 Bezugskosten/
      6022 Nachlässe
   6030 Aufw. für Betriebsstoffe
      6031 Bezugskosten/
      6032 Nachlässe
   6040 Aufw. für Verpackungsmaterial
      6041 Bezugskosten/
      6042 Nachlässe
   6050 Aufw. für Energie
      6051 Bezugskosten/
      6052 Nachlässe
   6060 Aufw. für Reparaturmat.
      6061 Bezugskosten/
      6062 Nachlässe
   6070 Aufw. für sonst. Mat.
      6071 Bezugskosten/
      6072 Nachlässe
   6080 Aufw. für Handelswaren
      6081 Bezugskosten/
      6082 Nachlässe
   6085 innergem. Erwerb
      6086 Bezugskosten innerg. Erwerb
      6087 Nachl. innergem. Erwerb
   6090 Leist. ausl. Unternehmen (Drittländer)
      6091 Bezugskost. Leist. Drittländer
      6092 Nachlässe Leist. Drittländer
61 Aufw. für bezogene Leistungen
   6100 Fremdleistungen für Erzeugnisse und andere Umsatzleistungen
   6140 Ausgangsfrachten und Fremdlager

   6150 Vertriebsprovisionen
   6160 Fremdinstandhaltung
   6170 sonst. Aufwendungen für bezogene Leistungen
Personalaufwand
62 Löhne
   6200 Löhne f. geleist. Arbeitszeit einschl. Zulagen
   6210 Löhne für andere Zeiten (Urlaub, Feiertag, Krankheit)
   6220 sonst. tarifl. oder vertragl. Aufw. f. Lohnempfänger
   6230 freiwillige Zuwendungen
   6250 Sachbezüge
   6290 Aushilfslöhne
   6295 pauschal. Lohnsteuer für Aushilfen
63 Gehälter
   6300 Gehälter einschl. Zulagen
   6310 Urlaubs- u. Weihnachtsgeld
   6320 sonst. tarifl. oder vertragl. Aufwendungen
   6330 freiwillige Zuwendungen
   6350 Sachbezüge
64 soziale Abgaben und Aufw. für Altersvorsorge u. f. Unterstütz.
   6400 Arbeitgeberanteil zur Sozialversicherung (Lohnbereich)
   6410 Arbeitgeberanteil zur Sozialversicherung (Gehaltsbereich)
   6420 Beiträge zur Berufsgenossenschaft
   6440 Aufw. für Altersvorsorgung
Abschreibungen auf Anlagevermögen
65 Abschreibungen
   6510 Abschreibungen auf immaterielle Vermögensgegenstände des Anlagevermögens
   6520 Abschreibungen auf Sachanlagen
   6540 Abschreibung GWG Sammelposten
   6550 Abschreibungen auf Umlaufvermögen

Schulkontenrahmen für die Wirtschaftsschule

Kontenklasse 6	Kontenklasse 7	Kontenklasse 8
Aufwendungen	Aufwendungen	Ergebnisrechnung

sonstige betriebliche Aufwendungen
66 sonstige Personalaufwendungen
67 Aufwendungen für die Inanspruchnahme von Rechten und Diensten
    6700 Mieten, Pachten
    6705 Aufwendungen für gemietete Räume
    6710 Aufwendungen für Leasing
    6720 Lizenzen und Konzessionen
    6730 Gebühren, Beiträge
    6750 Kosten des Geldverkehrs
    6760 Provisionsaufwendungen
    6770 Rechts- u. Beratungskosten
    6780 Haus- und Grundstücksaufwendungen
68 Aufwendungen für Kommunikation
    6800 Büromaterial
    6810 Zeitungen und Fachliteratur
    6820 Telefongebühren
    6825 Kurier-, Express- und Postdienstleistungen
    6850 Reisekosten
    6860 Bewirtung und Präsentation
    6870 Werbung
69 Aufwendungen für Beiträge und sonst. sowie Wertkorrekturen und periodenfremde Aufwendungen
    6900 Versicherungsbeiträge
    6920 Beiträge z. Wirtschaftsverbänden und Berufsvertretungen
    6930 Verluste aus Schadensfällen
    6950 Abschreibungen auf Forderungen
    6951 Abschreibungen auf Forderungen wegen Uneinbringlichkeit
    6952 Einstellung in Einzelwertberichtigung
    6953 Einstellung in Pauschalwertberichtigung
    6964 Aufwendungen für Entsorgung aus Anlagevermögen
    6965 Restbuchwert Anlageverkauf bei Buchgewinn
    6969 Restbuchwert Anlageverkauf bei Buchverlust
    6980 Zuführung bei Rückstellung für Gewährleistung
    6990 Periodenfremde Aufwendungen
	7 Weitere Aufwendungen
	70 betriebliche Steuer
	    7020 Grundsteuer
	    7030 Kraftfahrzeugsteuer
	    7090 sonstige betriebliche Steuern
	74 Abschreibungen auf Finanzlage und auf Wertpapiere d. Umlaufvermögens und Verluste aus entsprechenden Abgängen
	75 Zinsen und ähnliche Aufwendungen
	    7510 Zinsaufwendungen
	    7600 außerordentliche Aufwendungen
	77 Steuern von Einkommen und Ertrag
	    7700 Gewerbertragssteuer
	    7730 bezahlte Kapitalertragssteuer
		8 Ergebnisrechnung
		80 Eröffnung / Abschluss
		    8000 Eröffnungsbilanzkonto
		    8010 Schlussbilanzkonto
		    8020 GuV-Konto

Ihre Meinung ist uns wichtig!

Ihre Anregungen sind uns immer willkommen. Bitte informieren Sie uns mit diesem Schein über Ihre Verbesserungsvorschläge!

Titel-Nr.	Seite	Vorschlag

Bitte hier abtrennen

Lernen ▪ Wissen ▪ Zukunft
STARK

24-V_Abs

Bitte ausfüllen und im frankierten Umschlag
an uns einsenden. Für Fensterkuverts geeignet.

Zutreffendes bitte ankreuzen!
Die Absenderin/der Absender ist:

- ☐ Lehrer/in in den Klassenstufen:
- ☐ Fachbetreuer/in
  Fächer:
- ☐ Seminarlehrer/in
  Fächer:
- ☐ Regierungsfachberater/in
  Fächer:
- ☐ Oberstufenbetreuer/in

- ☐ Schulleiter/in
- ☐ Referendar/in, Termin 2. Staatsexamen:
- ☐ Leiter/in Lehrerbibliothek
- ☐ Leiter/in Schülerbibliothek
- ☐ Sekretariat
- ☐ Eltern
- ☐ Schüler/in, Klasse:
- ☐ Sonstiges:

Unterrichtsfächer: (Bei Lehrkräften)

STARK Verlag
Postfach 1852
85318 Freising

Kennen Sie Ihre Kundennummer?
Bitte hier eintragen.

Absender (Bitte in Druckbuchstaben)

Name/Vorname

Straße/Nr.

PLZ/Ort/Ortsteil

Telefon privat — **Geburtsjahr**

E-Mail

Schule/Schulstempel (Bitte immer angeben!)

Bitte hier abtrennen

Erfolgreich durch die Abschlussprüfung mit den STARK-Reihen

Abschlussprüfung

Anhand von Original-Aufgaben die Prüfungssituation trainieren. Schülergerechte Lösungen helfen bei der Leistungskontrolle.

Training

Unterrichtsrelevantes Wissen schülergerecht präsentiert. Übungsaufgaben mit Lösungen sichern den Lernerfolg.

Klassenarbeiten

Praxisnahe Übungen für eine gezielte Vorbereitung auf Klassenarbeiten.

Stark in Klassenarbeiten

Schülergerechtes Training wichtiger Themenbereiche für mehr Lernerfolg und bessere Noten.

Kompakt-Wissen

Kompakte Darstellung des prüfungsrelevanten Wissens zum schnellen Nachschlagen und Wiederholen.

Und vieles mehr auf www.stark-verlag.de

(Bitte blättern Sie um)

Den Abschluss in der Tasche – und dann?

In den STARK-Ratgebern finden Schülerinnen und Schüler alle Informationen für einen erfolgreichen Start in die berufliche Zukunft.

Alle Titel zu
Beruf & Karriere
www.berufundkarriere.de

Bestellungen bitte direkt an:
STARK Verlagsgesellschaft mbH & Co. KG · Postfach 1852 · 85318 Freising
Tel. 0180 3 179000* · Fax 0180 3 179001* · www.stark-verlag.de · info@stark-verlag.de
*9 Cent pro Min. aus dem deutschen Festnetz, Mobilfunk bis 42 Cent pro Min.
Aus dem Mobilfunknetz wählen Sie die Festnetznummer: 08167 9573-0

Lernen · Wissen · Zukunft
STARK